Histoire des institutions judiciaires congolaises de 1910 à nos jours

Études africaines

Collection dirigée par Denis Pryen et François Manga Akoa

Dernières parutions

Serge TCHAHA, *La francophonie économique. Horizons des possibles vus d'Afrique*, 2012.
Godwin TETE, *Histoire du Togo. Le coup de force permanent (2006-2011)*, 2012.
Ulrich Kévin KIANGUEBENI, *Le droit du patrimoine culturel congolais*, 2012.
Cyriaque Simon-Pierre AKOMO-ZOGHE, *Les esclaves Bantu de Colombie, Evangélisation et acculturation*, 2012.
Hygin Didace AMBOULOU, *Pratique et déontologie notariales en droit positif*, 2012.
Hopiel EBIATSA, *La monarchie de droit ancestral TEKE. Sacralité et autorité*, 2012.
Georges KIBONG A MIRA, *Régulation du marché des télécommunications en Afrique*, 2012.
Mahamadou DANDA, *Niger : le cas du Damagaram. Développement régional et identités locales*, 2012.
Ngimbi KALUMVUEZIKO, *Congo-Zaïre, Le destin tragique d'une nation, 2e édition revue et corrigée*, 2012.
Mathieu DEHOUMON, *La discrimination au travail en Afrique, Analyse des procédés de l'O.I.T.*, 2012.
Abdoulaye KEITA, *Sécurité alimentaire et organisations agricoles et rurales au Mali*, 2012.
Jean-Marc BIKOKO, *Le syndicalisme à la croisée des chemins*, 2012.
Jean-Baptiste MALENGE Kalunzu, *Philosophie africaine, philosophie de la communication*, 2012.
Mohamed BERRIANE, Hein de HAAS, *Les recherches sur les migrations africaines*, 2012.
Aimé MPEVO MPOLO, *Les quatre tournants manqués de l'Université congolaise. Analyse des réformes académiques du Congo-Zaïre (1971-2011)*, 2012.
Samuel NGUEMBOCK, *La politique européenne de sécurité et de défense en Afrique centrale*, 2012.
B. MUREME K., *Manuel d'histoire politique et sociale du Rwanda contemporain suivant le modèle Mgr Alexis Kagame, Tomes 1 et 2*, 2012.

Hygin Didace AMBOULOU

Histoire des institutions judiciaires congolaises de 1910 à nos jours

L'Harmattan

5-7, rue de l'École-Polytechnique ; 75005 Paris

http://www.librairieharmattan.com
diffusion.harmattan@wanadoo.fr
harmattan1@wanadoo.fr

ISBN : 978-2-296-99351-8

EAN : 9782296993518

« Si, le plus souvent, les institutions sont jugées à travers l'image que se donnent leurs acteurs, plus que l'on ne veut considérer l'influence du contexte sur les mentalités individuelles et collectives qui les a engendrées, c'est parce que notre rôle en tant qu'acteurs est toujours déterminant pour la compréhension de ce même contexte et offre à l'opinion la preuve indéniable d'une bonne marque de notre propre mentalité. »

Hygin Didace AMBOULOU

PREFACE

Voici un livre qui vient combler de nombreuses attentes. Les repères qu'il nous propose relèvent, certes, en partie, à la fois de l'histoire des institutions, de la politique et de la sociologie. Mais ils ne situent pas l'auteur comme historien, politologue et sociologue. C'est simplement à la lumière de ses enseignements qu'il s'adresse à nous : magistrats, avocats, huissiers, notaires, chercheurs, enseignants, étudiants et le grand public. Ses investigations dans les seules limites de l'Afrique noire francophone et celles du Congo-Brazzaville en particulier suscitent le grand intérêt à parcourir ces pages. L'importance de son analyse des étapes singulièrement marquantes de la vie des institutions judiciaires congolaises éclaire notre réflexion et témoigne très tôt d'une vocation nettement affirmée de sa triple qualité de notaire, chercheur, et chargé de cours à l'Ecole nationale d'administration et de magistrature, sans manquer de rappeler qu'il est l'auteur du *Notariat congolais de 1960 à nos jours*, du *Traité congolais de droit pénal et de procédure pénale*, du *Traité congolais de procédure civile, commerciale, administrative, financière et des voies d'exécution*, ainsi que de *l'Administration du territoire et les collectivités locales en République du Congo* et de bien d'autres ouvrages qui le situent à la croisée des études sur des matières extrêmement variées des institutions de son pays.

J'ai eu le privilège d'être associé à l'auteur pour lui apporter non seulement une caution mais pour reconnaître que l'œuvre, ici présentée, est de grande envergure. Le lecteur ne cessera de découvrir tout ce qui méritait d'être sorti de l'oubli si tant est que le livre est l'un des premiers qui est consacré à l'étude du thème. Un livre qui offre aux générations présentes et à venir d'importantes ressources, grâce à des enseignements qui contiennent en eux-mêmes les motifs et les fondements qui expliquent les mutations profondes qui ont engendré les institutions judiciaires congolaises. Et cela nous permet aussi d'affirmer notre propre conviction. Mais, une préface est une invitation. Je remercie Hygin Didace Amboulou de m'avoir chargé de vous inviter à le suivre sur ce chemin qu'il a balisé pour nous de repères sûrs et rigoureux.

Aimé Emmanuel Yoka,
Garde des Sceaux,
ministre de la Justice et des Droits humains.

AVANT-PROPOS

Le 15 août 2010, le Congo célébrait le cinquantième anniversaire de son accession à l'indépendance. La fête, je veux dire, l'évènement, avait occupé et touché tous les secteurs de la vie publique et privée nationale. Et les grandes figures des Lettres et des Arts avaient consacré des pages belles à l'occasion. Leurs ouvrages, articles et autres productions parcouraient, à travers les décennies, la mémoire vivante d'une nation en pleine mutation, et situaient les choses, les unes après les autres dans leurs contextes en y constituant une mine de données à la disposition des générations présentes et à venir.

Nous pourrons, à ce titre, citer, en guise d'illustration : "Congo 1960-2010, Livre d'or du cinquantenaire de l'indépendance", paru aux éditions Marcel Cohen ; "L'histoire générale du Congo des origines à nos jours", des professeurs, Antoine Ndinga Mbo et Yvon Norbert Gambeg, sous la direction de Théophile Obenga, paru aux éditions L'Harmattan.

De la vie des institutions judiciaires congolaise, par contre, on n'y a pas vu aucun support d'envergure, en dehors des quelques témoignages recueillis ici et là autour de quelques rencontres et causeries, discussions, conférences débats à la Radio et à la Télévison et dans d'autres espaces très peu visibles. Pourquoi pareille aberration ? Nul ne sait. Handicap ? Lacune ? Irresponsabilité ? La réalité est bien là et qui saute aux yeux, d'abord comme interpellation, ensuite parce que cette époque n'est pas encore lointaine. Nous continuons à la vivre ; elle est encore connue et que son ombre n'est pas opaque. En fait, en moins de cent ans, la vision du passé est encore directe et le contact avec ses données est immédiat.

Entreprise difficile, j'ai voulu, dans ce livre, combler ce vide, en présentant quelques grands moments du parcours des institutions judiciaires congolaises, ainsi que leur organisation récurrente. Mais je ne prétendais pas à l'unité de temps, certes celui-ci représente une contribution capitale par sa valeur concrète et par la vérité de son témoignage. L'œuvre serait fort déstructurée comme l'ont été à des moments ces mêmes institutions qui reflètent, ce qui n'est que normal, l'esprit des constitutions successives qui les ont générées et que le pays a connues. Mais, malgré cela, le livre est une grande entreprise, longuement préparée, discutée et poursuivie avec la rigueur de tous les instants qui donne au lecteur l'occasion de parcourir les différentes réformes, en travaillant et en raisonnant avec les seules exigences scientifiques.

La justice n'est plus une vision ni d'une personnalité, ni d'un groupe de personnalités, encore moins d'un lobby. Elle prend ses grades sur le terrain, dans l'opinion et l'adhésion de ceux qui croient à l'approche sociologique de la démarche des courants de pensée, leur réalisme et la capacité de traiter et de répondre efficacement aux attentes des populations. Si, bien sûr, elle n'est plus la ''Justice-domination'', c'est-à-dire la justice de ceux qui veulent faire le bonheur ou le malheur des peuples sans les consulter, pensant qu'ils sont seuls capables d'apprécier la situation...

Il me reste simplement à remercier tous les juristes qui, avec une patiente amitié, m'ont accueilli dans leur bibliothèque ou m'ont ouvert leurs archives, et qui ont bien voulu me confier les récits et les détails que j'ai sollicités d'eux. Et en cela, j'aurais acquitté ma dette de reconnaissance si j'étais assuré de n'avoir trahi ni leur pensée, ni leur confiance.

Emboli, le 15 Novembre 2011

INTRODUCTION

1. Indépendance politique et organisation judiciaire. L'histoire montre que tout bouleversement des structures politiques d'un pays s'accompagne presque nécessairement de la remise en cause des structures judiciaires et que les nouveaux gouvernants issus d'une révolution s'attachent généralement à réformer le service public de la justice. Le Congo ne devrait pas échapper à cette règle et son accession à l'indépendance s'est accompagnée d'une réforme assez spectaculaire des institutions judiciaires. Il serait difficile, cependant, de présenter les différents aspects de cette réforme sans avoir rappelé préalablement d'une part, le système, le contexte dans lequel elle s'insère, d'autre part le système juridictionnel mis en place sous le régime colonial. En définitive, nous traiterons successivement de :

- Première partie : Les institutions judiciaires sous la colonisation
- Deuxième partie : Le système judiciaire congolais de 1960 à 1982
- Troisième partie : La réforme d'avril 1983
- Quatrième partie : Les données fondamentales des années 90 et la Conférence Nationale
- Cinquième partie : Les réformes judiciaires successives de 1992, 1994 et 1999
- Sixième partie : L'ordre juridictionnel actuel
- Septième partie : Les nouvelles institutions administratives judiciaires
- Huitième partie : Les autres ordres de juridictions et institutions judiciaires
- Neuvième partie : Les professions libérales judiciaires

PREMIERE PARTIE

LES INSTITUTIONS JUDICIAIRES SOUS LA COLONISATION

CHAPITRE I

LE CONGO SOUS LA IVe REPUBLIQUE (1944-1958)

2. Avant d'aborder ce point de l'histoire de la colonisation du Congo, rappelons les trois actions essentielles entreprises sous le régime de la IIIe République :

- En matière de politique administrative : la création en 1910 de la fédération des Etats de l'Afrique Equatoriale Française (A.E.F.)
- En matière de politique de développement économique, la construction de la voie ferrée reliant l'Atlantique au Congo intérieur (le CFCO) commencée en 1921 et achevée en 1932 et les travaux du port en eau profonde de Pointe-Noire, de 1934 à 1939.
- Il y a lieu de rappeler aussi que la première guerre mondiale ressentit en France un large courant d'opinion favorable à la reconnaissance d'une dette morale envers les colonisés pour leur engagement aux côtés des Français.

En ce qui concerne le Congo, il eut aussi l'impact des réalisations économiques entreprises par la Belgique voisine dans l'Etat indépendant du Congo Léopoldville. La Frame ne pourrait se payer le luxe de se croiser les bras longtemps.

Paragraphe 1. La conférence de Brazzaville (30 janvier-8 février 1944) France Libre

3. De Gaulle convoque dans l'ancienne capitale cette conférence qui ne réunit malheureusement que des administrateurs coloniaux manquant ainsi de tenir les promesses faites aux peuples coloniaux de recouvrer leur indépendance et de disposer librement d'eux-mêmes[1]. Du coup, il écarta systématiquement ''toute perspective de self-gouvernment, même lointaine''. Quel était le but de cette conférence : compte tenu des considérations évoquées, De Gaulle, auréolé de son image de chef charismatique, a tenu à couper l'herbe sous les pieds à tous ceux qui, en ces colonies, seraient tentés par le courant nationalisme naissant. Le but en est donc d'examiner l'avenir des territoires coloniaux d'Afrique Noire, d'en saisir les contingences locales. L'objectif final sera tout au plus une certaine libéralisation

[1] Charte de l'Atlantique.

du régime colonial en place. La conférence se prononça sans détour contre toute perspective de self gouvernement, elle reconnait néanmoins aux territoires une certaine '' personnalité politique (ou de responsabilité politique'', expression vague mais grosse d'avenir. Les réformes et les innovations adaptées par la IVe République allèrent dans le sens de ces recommandations (amélioration des services sociaux, suppression des pratiques les plus oppressives (travail forcé, statut de l'indigénat, corvée) etc. La proposition de députés africains, l'Assemblée constituante abolit en effet le travail forcé et fit des anciens ''Sujets'' des citoyens français[2] mais en leur conservant leur statut personnel, coranique et coutumier[3]. Ils pouvaient accéder à la citoyenneté à titre individuel, mais en renonçant à leurs coutumes juridiques, ce qui se produisait peu[4].

Et pourtant, l'un des principes de cette conférence est bien ambigu : les fins de l'œuvre de civilisation accomplie par la France dans les colonies écartent toute idée d'autonomie, toute possibilité d'évolution hors du bloc français de l'Empire, la constitution éventuelle même lointaine, de self-government dans les colonies est à écarter[5] .

Paragraphe 2. La grande misère de l'Afrique Equatoriale Française[6]

4. « La colonie du Congo est menacée, menacée de l'intérieur, comme un grenier qui se vide. Qu'on en cherche la cause dans le système prolongé des grandes concessions, dans une exploitation économique, désordonnée, dans l'oubli, on pourrait dire le mépris où l'on a tenu les cadres politiques et sociaux indigènes, la conséquence est là, et nous la touchons du doigt. C'est une population qui, ici, n'augmente pas et là diminue, c'est un pays incapable de fournir au commerce, aux chantiers, à l'administration, le personnel auxiliaire et le personnel de maitrise strictement indispensable ; c'est une masse qui se désagrège et se disperse, c'est l'avortement volontaire et la syphilis qui se répandent dans un prolétariat naissant, ce sont

---

[2] H. Deschamps est d'avis plus nuancé. ''En dehors des quatre communes du Sénégal (St-Louis, Corée, Dakar, Rufisque), tous les indigènes de l'Afrique Noire francophone étaient des ''sujets français''. Dépourvus de droits politiques sur le plan français, ils avaient néanmoins la nationalité française.

[3] Elikia M'Bokolo, Le continent convoité, P. 111. Ed. Etudes Vivantes, Paris-Montréal, 1980.

[4] H. Deschamps, Ibid P. 83.

[5] X. Yacono, Les étapes de la décolonisation française, P. 58 PUF, Coll. QSJ 428, Paris, 1971.

[6] (Rapport présenté en Novembre 1941 par Félix Eboué, qui traçait un tableau pessimiste de la situation créée par le régime colonial en insistant sur le drame des populations.

tous les maux d'un individualisme absurde infligés ensemble à la colonie''[7].

Paragraphe 3. L'Union Française (1946-1958)

5. L'Union française est née en 1946 soit deux ans après la naissance de la IVe République française et deux ans après la Conférence de Brazzaville. '' En effet, à la Conférence de Brazzaville, le mot ''Union Française'' n'est pas prononcé. Il y est question du bloc France-Colonies ''ou si l'on veut bien admettre ce terme, malgré des objections qu'il peut soulever, de la Fédération Française[8].

Après la libération de la France, le renouveau dans ce domaine s'exprima dans une formule, ''l'Union Française ''employée pour la première fois par le Ministre des Colonies du G.P.R.F. pour désigner l'ensemble formé par la France et ses dépendances d'Outre-mer. Puis il fut décidé que celles-ci seraient représentées à l'Assemblée Constituante par des députés qu'elles auraient élus. Mais les députés indigènes d'outre-mer souhaitaient que l'Union Française fut négociée, alors qu'elle fut au contraire inscrite dans la Constitution c'est-à-dire décidée et fixée par les députés de la métropole, longuement majoritaires à la Constituante[9].

Principe d'organisation de l'Union. La France forme avec les peuples d'Outre-mer une Union fondée sur l'égalité des droits et des devoirs, sans distinction de race ni de religion[10].

But de l'Union. L'Union est composée de nations et de peuples qui mettent en commun ou coordonnent leurs ressources et leurs efforts pour développer leurs civilisations respectives, accroitre leur bien-être et assurer leur sécurité[11].

6. Composition de l'Union. L'Union Française est formée, d'une part, de la République Française qui comprend la France métropolitaine, les départements et territoires d'Outre-mer, d'autre part, les territoires et Etats associés. Bien entendu, les Constituants de 1946, fortement jacobins, craignirent que des thèses à coloration fédéraliste ne gagnent les esprits. La preuve, l'Union Française n'eut pas de Constitution proprement dite et c'est celle de la République Française du 27 Octobre 1946, qui fut seulement ap-

---

[7] F. Eboué, La nouvelle politique indigène pour l'AEF. P.11, Office français d'Editions, Paris, 1945, cité in Hist. Afrique Centrale, P. 234.

[8] . H- Culmann, L'Union Française, P.85, PVF, QSJ 428, Paris, 1950.

[9] P. Courtier, La IVe République, P 18, PVF,QSJ, 1613, Paris 1975.

[10] H. Culmann, La IVe République, P.31, PVF, QSJ 1613, Paris 1975.

[11] Akala Ekondi, Le Congo-Brazzaville, Essai d'analyse et d'explication sociologique selon la méthode pluraliste. Publications Universitaires Européennes. P. 105

pliquée. La raison de l'hostilité de principe contre le fédéralisme, souvent répétée, c'est qu'il est la porte ouverte au séparatisme. Le but disait M. Boisdon à la Commission de la Constituante[12] doit être d'éviter un fédéralisme qui pourrait aboutir à dissocier l'empire. Une chambre fédérale certainerait dans des voies inconnues et peut-être dangereuses.

Paragraphe 4. La loi Cadre (1956 dite Loi Defferre)

7. Elle est encore un '' artifice'' politique d'un homme : Gaston Defferre, alors ministre socialiste de la France d'Outre-mer. Tout simplement Gaston Defferre a voulu agir vite, il a tenu compte de l'existence des foyers de guerres de libération (Viêt-Nam puis l'Algérie) ; des situations explosives en Afrique du Nord et à Madagascar ; alors, il faut parer au plus pressé pour éviter aux territoires coloniaux au Sud du Sahara de basculer dans la tourmente des luttes armées pour l'indépendance. La loi cadre de 1956 prévoit un ensemble de réformes tendant à accentuer ''la personnalité des territoires'' formule qui permet d'éviter une difficile révision du titre VIII de la Constitution française de 1946[13]. Quoi qu'il en soit, la dynamique pour le changement est d'ores et déjà irréversible[14].

Exemple, on peut lire dans le journal'' Le Monde" du 13 mai 1981 Dans Présence Française et abandon, M. François Mitterrand (en sa qualité d'ancien Ministre de la France d'outre-mer sous la IVe République) rend longuement hommage à la Loi-cadre que M. Gaston Defferre fit voter le 23 mars 1956, texte qui, définissant les principes de l'autonomie interne, devait marquer le début du processus d'émancipation des populations africaines. Combattant avec énergie pour la réforme du titre VIII de la Constitution, concernant l'Union Française, M. François Mitterrand considère comme un évènement capital le IIIe Congrès international du R. D.A tenu en septembre 1957 à Bamako, auquel il participe personnellement. Peu après, il lance à la tribune de l'Assemblée nationale : "Il nous faut choisir désormais entre la politique de l'intégration, la politique de la fédération ou l'indépendance.[15] "

---

[12] Comptes rendus analytiques P.433.

[13] Afrique Noire contemporaine- P. 44.

[14] Akala Ekondi, Le Congo-Brazzaville, Essai d'analyse et d'explication sociologique selon la méthode pluraliste. Publications Universitaires Européennes. P. 105.

[15] Cité par Akala Ekondi, Ibid P. 111.

CHAPITRE 2

LE CONGO SOUS LA Ve REPUBLIQUE (1958-1960)

Avant de traiter le cas spécifique du Congo-Brazzaville il est nécessaire d'évoquer brièvement, et en termes généraux, les rapports de la France avec ses colonies d'outre-mer, notamment celles d'Afrique Noire.

Paragraphe 1. La Communauté Française (1958)

8. '' En moins de trois ans une évolution précipitée va donner naissance à une Communauté puis l'effacer après avoir prétendu la rénover alors que la désagrégation s'achevait. Dans cette courte période, des étapes sont ainsi perceptibles, marquant la naissance (juin-septembre 1958), l'organisation (octobre 1958-juin 1960) et la fin (juin 1960-Mai 1961) de cette Communauté qu'on avait cru efficace et solide (G.Néra)[16]. Une intense campagne psychologique va être déployée ; De Gaulle sait compter avec l'émotivité des populations africaines (souvenirs de l'homme de Brazzaville et la France libre, etc), pour faire massivement adopter le référendum.

'' L'accueil fut enthousiaste à Tanavarive et à Brazzaville, délirant à Abidjan. A Conakry en répondant ''non'' au référendum constitutionnel, la Guinée s'excluait ipso facto de la ''Communauté française'' instituée par la Constitution de 1958 en remplacement de ''l'Union française'' Elle reçut l'indépendance mais au prix d'un retrait brutal de toute assistance française''[17], la foule se montre chaleureuse, mais le chef du Gouvernement, Sekou Touré, déclara sans ambages préférer la pauvreté dans la liberté à la richesse dans l'esclavage'' et ne pas vouloir renoncer au ''droit légitime à l'indépendance''. Dans une ambiance, à Dakar, le Général De Gaulle précisa : « Nous ne contraignons personne. Nous demandons qu'on nous dise oui ou qu'on nous dise non. Si on nous dit non nous en tirerons les conséquences[18].

---

[16] X. Yacono, les étapes de la décolonisation française, P.86 PUF. QSJ 428N ter, Paris 1971.

[17]In Hist. de l'Afrique Centrale P. 251.

[18]X. Yacono, Les étapes de la décolonisation française, P.87.PUF, QSJ. 428 ter. Paris 1971.

Les résultats du référendum furent conformes aux prévisions. Le cas de la Guinée exceptée, partout le pourcentage des ''Oui'' dépassa 90%. Ce qui fit dire à Senghor qu'il s'agissait d'un ''Oui à l'indépendance africaine dans l'unité retrouvée. La communauté n'est pour nous, ajoutait-il, qu'un passage et un moyen, notamment celui de nous préparer à l'indépendance à la manière des territoires sous dépendance britannique''. La suite des évènements lui donnera raison.

En vertu des principes de libre détermination des peuples, la République offre aux territoires d'Outre-mer qui manifestent la volonté d'y adhérer, les institutions nouvelles fondées sur l'idéal commun de liberté, d'égalité et de fraternité et conçues en vue de leur évolution démocratique.

Paragraphe 2. La Communauté rénovée (1959)

9. En 1959, soit après une année à peine, la même communauté se mue en Communauté rénovée'' à la suite des lézardes apportées à l'édifice par les demandes intempestives pour l'indépendance formulées par le Mali et Madagascar, en conformité avec l'article 78 de la Constitution qui prévoyait le transfert de compétences à ceux qui le solliciteraient. Résumant la situation ainsi créée, Yacono écrit : ''On pouvait considérer que la Communauté avait vécu sans avoir eu le temps de fonctionner réellement. C'est ce qu'exprimait le président du Gouvernement de la Côte d'Ivoire, Houphouët-Boigny, lorsqu'il disait ; « Nous sommes dans l'attente de ce qui va arriver. Mais les structures de la communauté n'ont même pas été étudiées que déjà on les tient pour mortes sans savoir par quoi on va les remplacer''[19]. En effet, on ne les remplacera par rien d'autre, car plus que jamais la dynamique vers les indépendances va s'accélérer que rien ne pourra plus endiguer. Et Yacono de noter : « Jamais sans doute une évolution politique n'a vite démenti les affirmations des hommes d'Etat et trompé leurs espérances [20]» Fin 1959, on assiste à la mort de la Communauté française comme, moins de trois ans auparavant, on assistait à celle de l'Union française. C'était alors, concluait Yacono, la cascade des transferts de compétences, des accords de coopération et des admissions à l'ONU[21].

---

[19] X. Yacono, Ibid. P.98.

[20] X. Yacono, Ibid. P. 98.

[21] Ibid. P.98.

CHAPITRE 3

LES DONNEES FONDAMENTALES DE LA REFORME DE LA JUSTICE AFRICAINE

Les deux sortes de données. Ces données peuvent être classées en deux catégories : les unes, d'ordre politique et économique, paraissent avoir exercé une influence déterminante sur les réformes (section 1), tandis que les autres, d'ordre social et culturel, en ont seulement infléchi le cours (section 2).

Section 1. Les fractures politiques et économiques

Paragraphe 1. Indépendance et ''balkanisation'' de l'Afrique

10. Ayant accédé à la pleine souveraineté dans le cadre géographique des anciens territoires d'outre- mer, les Etats africains francophones sont devenus indépendants non seulement de l'ex-métropole mais aussi les uns des autres. L'Afrique est ''Balkanisée'' et ce fait politique a une profonde répercussion sur le droit judiciaire : tous les Etats, même les plus petits, ont dû organiser une justice entièrement nationale de la base au sommet, composée d'un personnel national et appliquant un droit national[22]. Ce compartimentage politique de l'Afrique est d'autant plus lourd de conséquences que la reconstruction dans chaque Etat d'un appareil judiciaire entièrement national augmente démesurément les besoins de la Justice alors que les moyens dont celle-ci peut disposer demeurent bien limités[23].

Paragraphe 2. La faiblesse des moyens

11. Les magistrats et fonctionnaires des cadres judiciaires nationaux sont encore en nombre insuffisant et l'augmentation trop rapide de leurs effectifs ne pourrait s'opérer qu'au détriment de leur qualité[24]. Les moyens matériels,

[22] Afrique Equatoriale Française-sous la direction d'Eugène Guener, Paris, Encycl-Coll. et maritimes 1950.

[23] Culmman (Henri) L'Union Française et son destin, Paris, Gallimard, 1962.

[24] Balendier, Sociologie actuelle de l'Afrique Noire, Paris, PUF Dynamique sociale en Afrique Centrale, 1963.

par ailleurs, indispensables à la distribution de la Justice dans un continent où les populations sont souvent éparpillées sur d'immenses étendues, restent liés à de stricts impératifs budgétaires que les gouvernements ne sauraient transgresser. On comprend, dans ces conditions, que pour adapter des besoins brusquement accrus à des moyens qui progressent lentement le législateur africain ait senti, dans son œuvre réformatrice, la nécessité d'alléger le plus possible l'organisation judiciaire antérieure. Cet allègement devrait être réalisé, notamment, par une simplification de la composition et du fonctionnement des tribunaux[25].

Paragraphe 3. L'influence de la politique de développement

12. Il est un dernier facteur où la politique et l'économie se rejoignent pour exercer, en particulier au Congo, une influence qui ne parait pas négligeable. Lorsqu'ils ont cherché, en effet, une solution politique aux problèmes de leur sous-développement, les Etats africains ont tendu à se diviser, les uns s'inspirant des principes des démocraties populaires. Une telle option politique ne pouvait manquer d'exercer une influence sur l'appareil juridictionnel car les deux sortes de démocraties qui se partagent actuellement la majeure partie du monde diffèrent par la conception qu'elles se font de la Justice, les unes voyant en elle une sorte de troisième pouvoir indépendant des deux autres et chargé de veiller au respect des droits et libertés reconnus aux citoyens, les secondes la considérant comme un simple moyen d'action au service d'un programme politique[26].

De telles divergences de conception devaient se traduire notamment, sur le plan du droit judiciaire, par un aménagement différent du sommet de l'appareil juridictionnel et par un statut particulier de la magistrature. Ainsi le système judiciaire hérité du régime colonial se trouvait condamné par l'évolution politique de l'Afrique jointe à la grande modicité de ses moyens : tandis qu'il se diversifiait, il évoluait vers l'unité organique. Mais une telle évolution devait se trouver nuancée par d'autres facteurs d'ordre social et culturel.

Section 2. Les facteurs socioculturels

13. Le législateur congolais devait tenir compte, en effet, de deux données partiellement contradictoires : d'une part la vitalité du droit traditionnel,

---

[25] J-Binet, Afrique en question, Paris, Ed-Maison Name, 1965, 248.

[26] R. Bastide, Formes élémentaires de la stratification sociale, Centre de Documentation Universitaire, Paris 1965.

d'autre part la place prise dans les habitudes et les esprits par le droit judiciaire français[27].

Paragraphe 1. La résistance du droit traditionnel

14. Ce qui rend assez délicat le problème de la Justice au Congo c'est, au-delà des complications politiques et des difficultés matérielles, la coexistence de deux ''morales'' qui y ont cours, l'une indigène et née de la lente maturation des sociétés traditionnelles, l'autre allogène et importée par le régime colonial. Le législateur français s'était quelque peu trouvé embarrassé par cette dualité juridique dont il était la cause, puis, malgré ses tendances assimilatrices, s'était résigné à organiser deux ordres juridiques qui se chevauchaient. Il ne devait jamais revenir sur cette distinction qui reçut seulement de larges atténuations, notamment en 1946 lorsque la Justice pénale fut unifiée[28].

Le Congo allait-il franchir le pas auquel le législateur colonial s'était refusé jusqu'à la fin, du moins en matière civile et commerciale. La question était grave car, si l'unification de la Justice présente l'avantage de favoriser la fusion souhaitable du droit traditionnel, elle peut également avoir l'inconvénient, aux yeux de certains, de désacraliser entièrement un droit traditionnel étroitement lié à la religion et d'altérer son originalité au contact des juridictions de droit moderne. Les gouvernements Congolais ne pourraient méconnaitre la force des milieux traditionnels hostiles à une réforme précipitée de la Justice. Et s'ils décidaient, malgré cette opposition d'intégrer la justice coutumière dans un système judiciaire unique, ils devraient assortir cette intégration de garanties pour le justiciable d'une exacte application du droit de ses ancêtres[29].

Paragraphe 2. L'influence du droit judiciaire français

15. Quelle que soit la vivacité du droit traditionnel, il n'est guère contestable que, sur le plan de l'organisation des juridictions et de la procédure, le justiciable Congolais a pu faire, notamment en matière pénale depuis la suppression du régime de l'indigénat en 1946, l'expérience des garanties de tous ordres offertes par la justice de droit moderne. S'il en a déploré la lenteur et la complexité, il a apprécié la sécurité de sa procédure et l'impartialité de ses juges. Aussi serait-il difficile aux nouveaux gouvernements de rompre avec

---

[27] G. Balandier, Sociologie actuelle de l'Afrique Noire, Paris, PUF (Dynamique Sociale en Afrique Centrale, 1969).

[28] (J) Antchouin Mongo, La genèse du régime politique et constitutionnel de la République du Congo depuis la fin de l'ère coloniale, thèse-Paris II 1972.

[29] G. Chaliand, L'enjeu africain, Paris, Seuil 1980 (Stratégie des puissance).

certains grands principes du droit judiciaire français auxquels leurs peuples se sont habitués[30]. Un tel revirement est d'autant moins vraisemblable que les promoteurs des réformes, hommes politiques et techniciens, ce conditionnement des esprits puis le droit français a des chances de perpétuer une bonne partie des structures judiciaires introduites en Afrique sous le régime antérieur[31].

Section 3. Le droit judiciaire sous le régime colonial et son évolution

Paragraphe 1. L'application du droit judiciaire français

16. L'organisation judiciaire coloniale, dans son dernier degré d'évolution, tendait à se rapprocher de celle des juridictions métropolitaines. La plupart des principes du droit judiciaire français, en effet, avaient été transplantés en Afrique où l'on pouvait retrouver la distinction des tribunaux de l'ordre judiciaire et de l'ordre administratif, la superposition de juridictions de Ire instance ; des différences notables pouvaient être relevées dans la composition des juridictions administratives et des tribunaux du travail. Mais la particularité la plus remarquable résultait de l'existence de juridictions ''de droit local'' qui fonctionnaient séparément des juridictions ''de droit français''[32]. Ainsi, à la veille de 1958, l'appareil judiciaire mis en place en Afrique présentait deux caractères principaux : on pouvait opposer sa complexité organique à sa relative unité géographique[33].

Complexité organique, d'abord, puisque la pluralité des ordres juridictionnels métropolitains se trouvait aggravée par l'existence d'une justice coutumière et à la séparation des juridictions administratives et juridictions de droit français et de droit local[34].

17. Unité géographique, ensuite, parce que si la Justice avait été organisée par des textes distincts pour chacun des groupes de territoires (A.O.F. – A.E.F.) et des territoires unitaires ne divergeaient que dans le détail ou la terminologie employée. Mieux, elles constituaient entre elles un vaste ensemble institutionnel relié aux Cours suprêmes de la métropole et dont les

---

[30] J.P. Ndiaye, Monde Noire et destin politique, Paris, Présence Africaine, 1976.

[31] Antchouin Mongo, op-cit.

[32] Afrique Equatoriale Française, sous la direction d'E. Guenier, Paris, Encycl-col- et maritime, 1950.

[33] Georgy, La politique africaine de la France, in Afrique contemporaine, Paris n°102.

[34] Biarnes P. l'Afrique aux Africains, Paris-A-Colin, 1980.

parties étaient solidaires. Les différentes juridictions du régime colonial, en effet, se répartissaient entre trois étages : au niveau de l'Union française, enfin, la Cour de cassation et le Conseil d'Etat étaient communs à la fois aux juridictions de la métropole et à celles des pays d'outre-mer[35].

Paragraphe 2. La transposition des juridictions sous le régime de l'autonomie interne

18. On comprend dans ces conditions que cet ensemble de juridictions territoriales, fédérales et centrales ait été remis en cause par l'évolution politique des territoires d'outre-mer. Dès 1958, l'éclatement des fédérations coloniales obligeait les nouveaux Etats à reconstituer, chacun sur son sol national, une gamme complète des juridictions organisées en Afrique par le législateur colonial. Ainsi apparurent partout les Cours d'appel et les juridictions administratives qui permirent à chaque République de disposer d'une organisation judiciaire autonome ; seuls demeurent communs, en application du système du '' contrôle de la Justice'', la Cour de cassation et le Conseil d'Etat français[36].

Sous réserve de modifications de détail destinées à en assouplir le fonctionnement, il est remarquable que ces réformes se bornent pratiquement à transposer dans un cadre national les règles du régime colonial[37]. Les structures judiciaires antérieures sont inchangées au niveau des juridictions de première instance et d'appel, tandis que les juridictions suprêmes demeurent centralisées sous l'égide de la Communauté[38].

Paragraphe 3. La réforme de la justice consécutive à l'indépendance

19. En 1960, l'accession à l'indépendance complète de tous les Etats africains, en même temps qu'elle les obligeait à remplacer les juridictions ''communautaires'' par des juridictions suprêmes nationales, leur donnait toute liberté pour réformer les structures judiciaires qu'ils avaient héritées du régime colonial et qu'ils venaient de transposer hâtivement sur leurs territoires respectifs[39].Tous les gouvernements se mirent à la tâche une nouvelle fois et procédèrent à la refonte de leur système juridictionnel. Cette seconde

---

[35] E.H. Erikson, Adolescence et crise, La quête de l'identité, Paris, Flammarion 1972.

[36] H. Deschamps, Les institutions politiques de l'Afrique Noire.QSJ.

[37] Mafoua Makaya (J). L'évolution des institutions congolaises depuis l'indépendance ; apparences et réalités, thèse Lyon 3, 1993.

[38] J.P.Petras, Sociologie du développement ou sociologie de l'exploitation. In Revue Tiers-Monde. XVII Paris, juill-Sept. 1976. I.E.D.E.S.

[39] G. Gurvitch, Déterminisme sociaux et libertés humaines, vers l'étude sociologique des cheminements vers la liberté. 2e éd. Paris PUF 1963.

réforme, malgré l'unicité de la conception qui l'inspire, se présente un peu comme un vaste triptyque : le premier volet en est constitué par l'évolution des juridictions de droit moderne qu'il a généralement suffi d'adapter au régime nouveau et dont les solides structures ont servi d'armature à l'édifice tout entier ; le second par le mouvement d'intégration qui s'est dessiné dans les trois autres sortes de juridictions coutumières, administratives et sociales léguées par le régime colonial, le troisième enfin par la création de juridictions suprêmes à compétences multiples destinées à coiffer, dans chaque Etat, l'ensemble de la pyramide judiciaire.

CHAPITRE 4

LES JURIDICTIONS DE DROIT MODERNE

Paragraphe 1. L'importance de leurs fonctions pénales

20. Depuis la suppression du régime de l'indigénat en 1946, les juridictions ''de droit français'' étaient compétentes pour instruire et juger toutes les infractions pénales, quels qu'en soient les auteurs, alors qu'elles connaissaient seulement des affaires civiles et commerciales dont le règlement n'était pas réservé aux tribunaux de droit local. Leurs héritières, les juridictions de droit moderne portent également la marque de cette primauté de leur fonction répressive qui devait commander dans une large mesure l'évolution de leur organisation[40].

Paragraphe 2. Les juridictions de droit français sous le régime antérieur

21. Pour s'adapter aux besoins de la justice pénale, les juridictions ''de droit français '' avaient été dotées d'une organisation assez complexe. Cette complexité s'aggravait au fur et à mesure que l'on se rapprochait du justiciable : outre la Cour de cassation, les Cours d'appel et les tribunaux de Ire instance organisés selon des principes métropolitains, se chevauchaient des ''sections'' de tribunaux, des justices de paix à compétence étendue, des justices de paix à compétence restreinte, et des justices de paix à compétence ordinaire[41].

Paragraphe 3. Leur évolution

22. A la base, les juridictions subalternes antérieures sont remplacées le plus souvent par des justices de paix ou tribunaux d'instance. Au-dessus s'étagent respectivement des juridictions de Ire instance ou de grande ins-

---

[40] G. Chaliand, Mythes révolutionnaires du Tiers-Monde, Paris, Seuil, 1976.

[41] Guy de Lusignan, L'Afrique Noire depuis l'indépendance ; L'évolution des Etats francophones, Paris, Fayard 1970.

tance et des Cours d'appel. Au sommet, les fonctions de cassation sont dévolues à des Cours suprêmes nationales.

Paragraphe 4. Les justices de paix ou tribunaux d'instance

1. Les précédents du régime colonial

23. C'est surtout au niveau des juridictions subalternes que l'organisation coloniale apparaissait complexe et faiblement unifiée. Il avait été créé dans toute l'Afrique, au lendemain de 1946, des justices de paix à compétence limitée, exclusivement pénales, chargées du jugement des contraventions et des délits courants mais peu importants[42].. Dans les territoires relevant de l'A.E.F., en outre avaient été juxtaposées des justices de paix à compétence ordinaire connaissant des contraventions et, en matière civile et commerciale, des affaires de droit français[43].

2. Suppression ou rénovation des justices de paix

24. Une telle attitude, certes, n'a pas été adoptée dans toute l'Afrique francophone, . Certaines Républiques se sont abstenues de modifier jusqu'à présent leurs justices de paix mais on peut estimer que cette abstention est provisoire. D'autres Etats, tels que le Mali, la Mauritanie, le Cameroun et le Dahomey ont résolu le problème d'une manière radicale et négative : ils ont supprimé ces justices de paix et multiplié sur leur territoire les juridictions de Ire instance. Mais de nombreux pays, à partir de précédents judiciaires variables avec les anciennes fédérations, ont opté pour un système relativement uniforme : un certain nombre d'affaires touchant de près le justiciable dans sa vie courante sont regroupées et déférées à des juridictions d'allure identique sous des noms divers[44].

3. Leurs multiples compétences

25. Qu'elles soient appelées justices de paix ou tribunaux d'instance, ces juridictions cumulent des compétences variées. En matière pénale, elles connaissent généralement des contraventions ainsi que des délits les plus courants dont la liste est pratiquement celle qui avait été arrêtée pour les justices de paix à compétence limitée de l'ancien régime. Parallèlement à l'exercice de ces fonctions répressives, les juges de paix ou d'instance reçoivent, en matière d'instruction, des attributions variant des simples pouvoirs

---

[42] Pierre Claude, Evolution constitutionnelle et politique du Congo : de la Communauté française, à la République du Congo, Penant, 1984, n°784.

[43]Collection U. L'Afrique Noire contemporaine, Paris, A. Colin, 1968.

[44] (J.L) Mamimoué, Le Congo-Brazzaville, son évolution politique et administrative, Thèse, Paris II, 1973. Présence Africaine, La connaissance des différends, chemin de la solidarité (2e rencontre, Paris P-A. 1973).

d'officiers de police judiciaire à ceux des juges d'instruction des tribunaux de Ire instance[45].

Mais l'originalité profonde des justices de paix rénovées et des tribunaux d'instance est d'associer généralement à leurs attributions en matière pénale une compétence en matière civile et commerciale, non seulement de droit moderne, mais aussi de droit traditionnel : en matière moderne, les juges de paix ou d'instance n'ont qu'une compétence limitée aux litiges ne dépassant pas certains taux ou à certaines affaires simples exigeant un règlement rapide ; en matière coutumière, en revanche, ils reçoivent des pouvoirs très étendus mais doivent alors généralement s'entourer d'assesseurs[46].

4. Leur organisation

26. Des attributions aussi nombreuses et importantes ne pouvaient être confiées qu'à des juridictions bien organisées et fortement intégrées au système judiciaire dont elles constituent la base. Aussi, les juges de paix ou d'instance appartiennent-ils aux cadres nationaux de la magistrature dont ils occupent le grade inférieur. Installés comme leurs homologues métropolitains aux chefs-lieux des circonscriptions administratives inférieures, ils sont étroitement contrôlés par les chefs de juridictions de Ire instance à laquelle ils sont rattachés et qui jouent partiellement à leur égard le rôle d'une juridiction d'appel[47].

5. La réussite de l'institution

27. Ainsi, bien que procédant d'institutions judiciaires antérieures disparates, les justices de paix et les tribunaux d'instance apparaissent comme des juridictions nouvelles aussi bien par l'étendue de leurs fonctions que par la qualité de leurs juges. Alors que le législateur colonial projetait de supprimer les juridictions dont leur nom se réclame, elles sont apparues spontanément et ont été mises en place systématiquement dans la plupart des Etats africains. Apportant une solution économique et rapide à un grand nombre de litiges simples ou d'un intérêt modique, elles présentent l'avantage – selon l'expression consacrée – de rapprocher la justice du justiciable. Aussi leur réussite institutionnelle devrait-elle influer profondément sur l'évolution des anciennes juridictions de Ire instance[48].

---

[45] Présence Africaine, La connaissance des différends, chemin de la solidarité (2e rencontre, Paris P-A. 1973).

[46] (J). Antchouin Mongo, op-cit.

[47] M. Adouki, L'évolution constitutionnelle du Congo, Thèse, Paris I, 1975.

[48] Dreux-Brézé. J., Le problème de regroupement en Afr'que Equatoriale Française, Du régime colonial à L'UDEAC Thèse de droit, Paris 1966.

Paragraphe 5. Les tribunaux de Ire instance ou de grande instance

1. Les juridictions de Ire instance sous le régime colonial

28. Au moment où les Etats africains accédaient à l'autonomie, le législateur français venait d'apporter aux juridictions de I re instance d'ultimes retouches qui allaient être bien vite remises en question. Les tribunaux de Ire instance, leurs sections et dans la mesure où elles survivaient – les justices de paix à compétence étendue avaient des attributions pratiquement identiques et ne différaient que par leur organisation. Sous réserve des attributions des justices de paix à compétence limitée ou ordinaire, les juridictions de Ire instance étaient chargées des fonctions d'instruction et connaissaient du jugement des délits et des contraventions ainsi que des affaires civiles ou commerciales de droit moderne. Elles connaissaient également, en appel, des affaires contraventionnelles et civiles jugées en Ire instance par les justices de paix de leur ressort[49].

L'organisation des juridictions de Ire instance était visiblement calquée, sur celle des tribunaux français de même nature dont on cherchait, désespérément, à conserver les principes. C'est d'ailleurs d'après le degré de respect ou de violation de ces principes que l'on pouvait opérer des distinctions entre elles. Les tribunaux de Ire instance, les plus proches de leurs équivalents métropolitains, ne respectaient pas le principe français de la collégialité du siège[50].

Leurs sections, dont l'effectif pouvait être réduit à un seul magistrat, violaient en outre en matière pénale le principe de la séparation des fonctions de poursuite, d'instruction et de jugement. Les justices de paix à compétence étendue, enfin, confiées à des membres de l'administration, transgressaient la règle de la séparation des pouvoirs. Le législateur Congolais, en 1960, n'a pas véritablement bouleversé l'institution : il s'est généralement borné à adapter ses règles de compétence et d'organisation aux besoins de la réforme judiciaire qu'il entreprenait[51].

2. L'évolution de leur compétence

29. Les règles de compétence devaient évoluer sous l'influence combinée, d'une part du développement des tribunaux inférieurs, d'autre part de l'intégration des ordres juridictionnels d'exception. Il est évident que la compétence des juridictions de Ire instance dépend étroitement de celle des juges de paix ou d'instance. Lorsque ceux-ci n'existent pas, elles sont ame-

---

[49] Dreux-Brézé. J., Le problème de regroupement en Afrique Equatoriale Française, Du régime colonial à L'UDEAC Thèse de droit, Paris 1966.

[50] Lavroff (Dimitri), Les systèmes constitutionnels en Afrique noire, Les Etats francophones, Paris, Pédone, 1976.

[51] J. Mafoua Makaya, op-cit.

nées à connaître de l'ensemble du contentieux civil, commercial et pénal. Lorsqu'ils existent, au contraire, elles voient leurs attributions réduites mais retrouvent alors généralement en appel les compétences perdues en première instance. Aussi les pouvoirs qui leur sont reconnus dans les différents Etats tant en matière d'instruction que pour le jugement, en premier ressort et en appel, des délits des contraventions et des affaires civiles ou commerciales de droit moderne, varient d'un extrême à l'autre en passant par une gamme de solutions intermédiaires.[52]

Cette grande variété de solutions est encore aggravée par la tendance du législateur Congolais à supprimer les ordres juridictionnels d'exception. Sous l'influence de ce facteur, en effet, les juridictions de Ire instance voient s'étendre notablement le domaine de leur compétence, parfois en matière sociale lorsque les litiges individuels du travail leur sont confiés, plus fréquemment en matière administrative en raison de la disparition des tribunaux administratifs[53]. Elles connaissent également très souvent, des affaires coutumières, soit en première instance, soit en appel, des décisions rendues par les juges de paix[54].

3. L'évolution de leur organisation

30. Malgré ce brassage de compétences qui devrait donner dans chaque République un résultat différent, l'organisation antérieure des juridictions de première instance est dans l'ensemble maintenue. Sans doute les bouleversements de la terminologie peuvent faire illusion. S'inspirant ici encore de l'organisation judiciaire française antérieure ou postérieure à 1958, les différents Etats choisissent entre les vocables ''tribunal de Ire instance'' et '' tribunal de grande instance''. Certains conservent le système des ''sections '' ou même des '' justices de paix à compétence étendue'' rattachées à un tribunal important. D'autres au contraire suppriment les juridictions de Ire instance démembrées et ne maintiennent que des tribunaux unitaires, mais ceux-ci pouvant éventuellement fonctionner avec deux magistrats seulement, voire avec un seul, la réforme est plus apparente que réelle. La composition des juridictions de Ire instance repose donc sur les mêmes principes que sous le régime précédent. Pour des raisons pratiques, l'administrateur-juge est parfois provisoirement maintenu. Le juge unique demeure la règle, sauf au Cameroun où le président du tribunal s'entoure de deux assesseurs. Les fonctions de poursuite, d'instruction et de jugement séparées dans les tribunaux à effectifs complets, peuvent être éventuellement confondues entre les mains d'un seul juge[55].

---

[52] J. Antchouin Mongo, op-cit.

[53] J. Antchouin Mongo, op-cit.

[54] A. Oginga Odinga, A quand l'indépendance ? Paris, Présence Africaine, 1973.

[55] Dreux-Brézé. J., Le problème de regroupement en Afrique Equatoriale Française, Du régime colonial à L'UDEAC, Thèse de droit, Paris 1966.

Dans les juridictions très étoffées en personnel, au contraire, apparaît un début de spécialisation des tendances actuelles de la justice pénale française : ainsi la Côte d'Ivoire et le Sénégal prévoient la désignation d'un juge des enfants. La Côte d'Ivoire procède même à la nomination, dans certaines juridictions, d'un juge de l'application des peines[56].

4. Leur rôle de pivot de la réforme judiciaire

31. Ainsi les tribunaux de Ire instance, que le législateur colonial avait considérés comme ses juridictions de droit commun et dont les règles d'organisation et de fonctionnement s'apparentaient étroitement à celles de leurs homologues métropolitains, sont non seulement maintenues mais sortent renforcées de cette période de réforme. Si leur compétence subit assez fortement le contrecoup de la création des justices de paix, ils sont utilisés à peine modifiés dans la plupart des Etats comme juridictions d'intégration des tribunaux d'exception légués par le régime antérieur. Ils partagent avec les juridictions d'appel de droit moderne ce rôle de pivot de la réforme judiciaire africaine[57].

Paragraphe 6. Les Cours d'appel

1. Les Cours d'appel du régime colonial

32. Transposée outre-mer, la règle du double degré de juridiction impliquait la création de Cours d'appel. D'abord placées au niveau des Fédérations, celles-ci s'étaient multipliées avec le développement de la Justice de droit français en Afrique. Elles étaient la réplique assez exacte des Cours d'appel métropolitaines dont elles empruntaient la plupart des règles d'organisation et de fonctionnement. Leur compétence toutefois, afin d'éviter d'allonger la durée des procès d'importance mineure, s'étendait à l'examen des recours en annulation formés contre des jugements rendus en dernier ressort par les juridictions inférieures[58].

2. Suppression ou réorganisation des cours d'appel

33. Dès 1958, le législateur nouveau devait instituer autant de juridictions d'appel nationales que l'Afrique francophone comptait d'Etats[59]. A l'expérience, cependant, on a pu se demander s'il convenait de perpétuer une

---

[56] J- Lambard, Autorités traditionnelles et pouvoirs européens en Afrique Noire, Presse de la Fondation nationale des sciences politiques-1967.

[57] Lavroff, Les systèmes constitutionnels en Afrique noire, L'évolution des Etats francophones, Pédone, 1976

[58]H. Deschamps, Les institutions politiques de l'Afrique Noire, QSJ. N°549.

[59] G. Georgy, La politique africaine de la France, in Afrique contemporaine, Paris, n°102, Mars-Avril 1979.

organisation judiciaire procédant directement de la tradition française et dont le fondement est plus historique que logique. Pourquoi maintenir distinctes les deux voies de recours de l'appel et de la cassation qui font dans une large mesure double emploi et dont le justiciable africain ne voit pas toujours l'intérêt ? Pourquoi superposer une juridiction d'appel et une juridiction de cassation alors que cette dernière n'est pas appelée à jouer comme en France, un rôle unificateur de la jurisprudence entre des cours d'appel multiples ? Pourquoi cumuler des institutions coûteuses dont le personnel risque d'être sous-employé ? C'est pour ces diverses raisons que quelques Etats (Gabon, Mauritanie et Tchad) ont adopté récemment un système assez simple qui consiste à interdire le cumul des voies de recours de l'appel et de la cassation, les parties n'ayant plus que la possibilité, soit de faire un recours en cassation si leur procès a été jugé en dernier ressort (petites affaires), soit de faire appel si leur procès a été jugé en premier ressort (grosses affaires). Cette réduction du nombre des voies de recours a permis, soit de supprimer la Cour d'appel et de transférer ses attributions à la ''formation judiciaire et administrative'' de la Cour suprême. (Gabon, Mauritanie), soit à l'inverse, de supprimer la Cour suprême et de transférer à la Cour d'appel ses attributions (Tchad). Malgré les intérêts évidents de ce système tous les autres Etats ont conservé des Cours d'appel nationales dont ils ont seulement assoupli les règles de fonctionnement : Le recours éventuel à des magistrats de Ire instance est partout prévu ; la collégialité (trois) des juges d'appel est dans l'ensemble maintenue, sauf au Cameroun dont les quatre Cours d'appel siègent systématiquement à juge unique, sous ces quelques réserves dans les Cours anciennes, soit transposés dans les Cours créées depuis 1958. Les règles de la compétence, en revanche, évoluent notablement pour les mêmes raisons que dans les juridictions de Ire instance[60].

3. La compétence actuelle des cours d'appel

34. D'une part, l'intégration progressive des juridictions d'exception par l'ordre juridictionnel de droit commun étend le champ d'attributions des Cours d'appel et les amène à connaître d'affaires coutumières, administratives ou sociales à des titres divers : exceptionnellement en premier ressort, parfois en annulation et très souvent en appel[61]. La création de juges de paix ou d'instance, d'autres part, en permettant de transformer partiellement en juridictions du second degré les tribunaux de Ire instance, pouvait réduire d'autant la compétence des Cours d'appel. Sur cette question discutable et à laquelle la tradition judiciaire française n'offre point de réponse univoque, les Etats s'engagent dans trois directions. Les uns, suivant l'exemple du législateur

[60] H. Deschamps, Les institutions politiques de l'Afrique Noire, QSJ. N°549.
[61] (J). Bousquet-Dénis, Les institutions judiciaires congolaises, Penant, 1979, n°766.

métropolitain de 1958, attribuent à la Cour tout le contentieux de l'appel. Les autres, s'inspirant au contraire du système qui prévalait en France avant la réforme judiciaire, défèrent en appel devant les tribunaux de Ire instance les décisions rendues par les juges de paix[62].

Les derniers répartissent le contrôle de ces décisions entre les deux degrés de juridictions, selon des critères empruntés au régime colonial et tirés notamment, en matière pénale, de la nature délictuelle ou contraventionnelle des affaires. En matière d'annulation, enfin, les Cours d'appel perdent généralement la compétence qui leur était reconnue sous le régime colonial. Seule la Guinée transfère tout le contentieux de l'annulation en matière judiciaire à la Cour d'appel de Conakry, statuant dans une formation élargie. Mais dans les autres Etats, lorsqu'il est maintenu, le domaine de l'annulation ne comprend guère que les affaires de simple police et – assez provisoirement semble-t-il les affaires coutumières. La création des Cours suprêmes, en effet devrait exercer sur tout le contentieux de la cassation une attraction irrésistible[63].

Paragraphe 7. Les juridictions de cassation

1. Le problème du remplacement de la Cour de cassation française

35. L'éclatement de la Communauté institutionnelle posait à presque tous les Etats africains un problème que la Guinée avait dû résoudre dès 1958 : celui du remplacement de la Cour de cassation française. En théorie, on pouvait songer à supprimer simplement le recours en cassation, notamment en le confondant avec l'appel. Mais une telle réforme impliquait un si grand bouleversement des habitudes contractées sous le régime français que presque tous les Etats préférèrent reconstituer sur leur territoire une juridiction de cassation nationale. Ils se rallièrent d'autant plus facilement à cette solution que, dans le même temps, naissaient de l'indépendance d'autres fonctions juridictionnelles supérieures qu'il apparaissait opportun de regrouper au profit des Cours suprêmes uniques[64].

2. Le rôle des Cours suprêmes en matière de cassation

36. Au sein de ces hautes juridictions, la Cour de cassation est remplacée selon les pays, par une ''formation'' ou une ''chambre'' ou une ''section'' judiciaire. Seule la Guinée à créé, au lendemain de son accession à l'indépendance, un tribunal supérieur de cassation qui n'est en réalité qu'une formation particulière de la Cour d'appel de Conakry, et dont la composition est analogue à celle des Cours d'annulation du régime colonial.

---

[62] Guy de Lusignan, op-cit.

[63] Guy de Lusignan, op-cit.

[64] D. Lavroff . op. cit.

Sauf au Gabon, en Mauritanie et au Tchad, les cours suprêmes sont organisées séparément des cours d'appel en raison de la pluralité et de la variété de leurs attributions. Leurs ''formations'' judiciaires ont une compétence très étendue en raison, d'une part de la suppression presque générale des cours d'annulation, d'autre part de la tendance à l'intégration par l'ordre juridictionnel de droit commun des juridictions d'exception : elles connaissent pratiquement tout du contentieux, de la cassation en matière de droit moderne, de droit traditionnel et de droit du travail ; seul leur échappe le contentieux administratif qui, en raison de sa nature particulière, est généralement confié à une ''formation'' administrative de la Cour suprême.

3. Le rôle des juridictions de droit moderne dans la réforme administrative

37. Réparties selon les Etats entre les trois ou quatre degrés fondamentaux de la hiérarchie judiciaire, fortement réorganisées à la base et au sommet, tendant à absorber les compétences antérieurement dévolues aux autres ordres juridictionnels, remaniées dans le sens de la simplification et de l'unification, les juridictions de droit moderne méritent pleinement aujourd'hui le titre autrefois discutable que, dans le même temps, se soit développé de façon inquiétante en matière pénale un certain nombre de juridictions ''d'exception'', notamment en matière pénale[65].

---

[65] Recherche scientifique et formation en Afrique : Eléments d'un plan de développement (Conférence internationale sur l'Organisation de la recherche et la formation du personnel en Afrique en ce qui concerne l'étude, la conversion et l'utilisation des ressources humaines, Lagos, Nigeria, 28 juillet, 6 Août 1964, UNESCO, CEA, Paris 1964.

CHAPITRE 5

LES AUTRES ORDRES DE JURIDICTIONS

Section 1. Les trois ordres juridictionnels d'exception du régime antérieur

38. En marge des juridictions de droit moderne qu'il considérait comme ses juridictions de droit commun – et qui l'étaient effectivement en matière pénale depuis 1946 – le régime colonial avait organisé séparément trois ordres juridictionnels d'exception correspondant à trois sortes de besoins particuliers.

Les tribunaux ''de droit local'' avaient été créés pour des raisons propres au justiciable africain dont ils s'efforçaient avec plus ou moins de succès d'appliquer le droit traditionnel. Les juridictions administratives et sociales, en revanche, étaient nées surtout de raisons propres au législateur français qui avait reproduit outre-mer les catégories judiciaires métropolitaines. Qu'ils proviennent d'une transposition des principes français ou d'une adaptation aux réalités africaines, les ordres juridictionnels d'exception – surtout les deux premiers – étaient à la veille de 1958 l'objet de critiques assez vives auxquelles s'ajoutait un reproche plus général de complexité adressé à l'ensemble de l'appareil judiciaire[66].

Pour apaiser ces critiques de nature diverse et s'adapter aux impératifs d'ordre économique et financier qui les pressaient d'alléger le fonctionnement de leurs services publics, la plupart des Etats africains devaient s'efforcer d'unifier leur Justice. Ainsi allaient tendre à disparaître – ou à perdre une partie de leur autonomie. Les juridictions de droit traditionnel, les tribunaux administratifs et, dans une moindre mesure, les tribunaux du travail.

Section 2. Les Juridictions de droit traditionnel

Paragraphe 1. L'œuvre du législateur colonial

39. Ce qui condamnait à plus ou moins brève échéance les juridictions de droit local officielles organisées par le législateur français, c'est d'avoir été –

---

[66] D. Lavroff. Op-cit.

surtout à l'origine marquées au coin par le régime colonial dans ce qu'il avait de moins défendable. Même après la suppression du régime de l'indigénat, la justice ''de droit local'' était demeurée, en droit et en fait, dans un état de subordination à l'égard de sa rivale de droit français. Bien que n'ayant qu'un nombre infime de justiciables en matière civile et commerciale, en effet, les juridictions de droit français étaient seules considérées comme juridictions de droit commun ; le droit écrit qu'elles appliquaient avait, en cas de conflit de législation, le pas sur la coutume[67].

L'organisation de la Justice de droit traditionnel était assez complexe et variable avec les fédérations. En A.O.F. et au Togo se trouvaient superposées cinq sortes de juridictions dont les trois inférieures (tribunaux coutumiers, tribunaux du Ier degré, tribunaux du 2e degré) étaient placées au niveau des circonscriptions territoriales et fortement contrôlées par l'administration coloniale, tandis que les deux supérieures (tribunal supérieur d'appel de droit local, chambre d'annulation de droit local) étaient respectivement, rattachées aux tribunaux de Ire instance et à la Cour d'appel de Dakar. En A.E.F. et au Cameroun, se retrouvait cette double obédience, administrative et judiciaire, d'une organisation réduite à quatre sortes de juridictions, non compris les tribunaux de conciliation.

Pour composer ces juridictions, le législateur colonial avait utilisé vraiment tous les moyens du bord, du chef traditionnel au magistrat français en passant par l'administrateur et le notable. Ce personnel venu de tous les horizons avait l'inconvénient de ne pas toujours présenter des garanties suffisantes[68].

Paragraphe 2. Le maintien sous la communauté institutionnelle

40. Ainsi, depuis la réforme de 1946 qui avait apaisé les critiques les plus vives, la justice de droit traditionnel était demeurée le parent pauvre des évolutions en cours et survivait dans la médiocrité. Sous la période de la communauté institutionnelle, les nouveaux Etats procédèrent à quelques réformes de détail et transposèrent auprès de leurs juridictions d'appel nationales les chambres d'annulation (ou d'homologation) de Dakar et de Brazzaville. C'est avec l'indépendance que devait sonner l'heure des réformes de structures[69].

---

[67] M. Guillemot, Notice sur le Congo Français, Paris, J. André Editeur, (exposition universelle de 1960).

[68] J. Lombard, Autorités traditionnelles et pouvoirs européens en Afrique noire, Paris. Presse de la fondation nationale des sciences politique, 1967.

[69] Les pouvoirs de décision dans l'Etat moderne, Troisième recueil d'articles et d'extraits de la Revue internationale des sciences sociales, présenté par Jean Meynaud, UNESCO, Paris, 1967.

Paragraphe 3. L'expectative de quelques Etats

41. Certes, quelques Républiques africaines n'ont pas encore réorganisé de manière profonde leur Justice coutumière et n'ont guère dépassé le stade des transpositions et des retouches de détail. Mais leur attitude ne saurait être interprétée comme une approbation car elle correspond vraisemblablement au souci de ne pas supprimer un système qui a le mérite d'exister sans lui avoir préalablement trouvé une solution de rechange sérieuse et durable[70].

Paragraphe 4. La fusion des juridictions civiles dans les autres Etats

42. La plupart des Etats, au contraire, ont entrepris la réforme de leurs juridictions de droit traditionnel. Et il est remarquable que, dans tous les cas, cette réforme a été réalisée par voie d'intégration dans l'ordre juridictionnel de droit commun. Pour des raisons d'ordre financier mais aussi d'ordre juridique et social, en effet, il apparaît que la seule solution satisfaisante à longue échéance au problème de la justice coutumière doit être trouvée dans la fusion des deux sortes de juridictions que le législateur colonial avait organisées séparément. Mais si tous les Etats sont d'accord sur le principe d'une suppression des juridictions de droit traditionnel, ils montrent certaines divergences lorsqu'ils déterminent, d'une part le niveau auquel se réalise cette intégration dans l'ordre juridictionnel de droit commun, d'autre part, les restrictions dont elle est obligée de s'entourer.

Section 3. L'intégration dans les juridictions de droit commun

Paragraphe 1. L'intégration sur un pied d'égalité ou d'inégalité

43. On pourrait penser que les juridictions coutumières sont absorbées par des juridictions de droit moderne d'un degré strictement équivalent. Or, si cette intégration s'est trouvée réalisée naturellement à niveau égal dans les Etats qui ne comportent en matière de droit moderne que des juridictions de Ire instance, d'appel et de cassation, elle s'est effectuée, en revanche, à un niveau inférieur dans ceux qui ont créé en outre des justices de paix à la base de leur édifice judiciaire. Il en résulte dans le détail une assez grande variété de solutions.

---

70 J. Lombard, op. cit.

1. Le transfert des fonctions de Ire instance

44. Les fonctions de Ire instance sont transférées soit aux tribunaux de Ire instance, soit aux justices de paix. Quelques Etats tels que le Dahomey ont maintenu en outre provisoirement des tribunaux de conciliation'' qui, composés de notables, peuvent concilier les parties en matière coutumière.

2. La dévolution des fonctions d'appel

45. Le transfert des fonctions d'appel en matière coutumière dépend évidemment des solutions retenues en première instance. Les Cours d'appel, lorsqu'elles sont maintenues, reçoivent compétence dans les Etats qui n'ont pas créé de justices de paix, ainsi d'ailleurs qu'en Côte d'Ivoire où la Cour d'Abidjan a le monopole des fonctions du second degré. Sous réserve du cas ivoirien, les tribunaux de Ire instance ou de grande instance sont juges d'appel en matière coutumière dans tous les Etats où les juges de paix ont reçu compétence au premier degré.

3. L'exercice des fonctions de cassation

46. En matière de cassation, enfin, le transfert d'attributions s'opère généralement au profit des ''formations'' ou ''chambres judiciaires'' des Cours suprêmes, quel que soit le niveau d'intégration des juridictions coutumières inférieures. Seul le Togo a maintenu au sein de sa Cour d'appel une chambre d'annulation de droit afin d'alléger le fonctionnement de sa Cour suprême.

Paragraphe 2. Simplification et déclassement de la justice coutumière

47. On peut regretter que les Etats aient opté pour des formules dont la variété est un peu déconcertante. De ce puzzle de systèmes se dégagent cependant quelques tendances générales. Une fois réalisée leur intégration par l'ordre juridictionnel de droit commun, les tribunaux compétents en matière coutumière n'appartiennent plus généralement qu'à trois catégories de juridictions auxquelles sont confiées respectivement les fonctions du Ier degré, d'appel et de cassation : la Justice coutumière sort donc considérablement simplifiée de la réforme[71].

Plus discutable, en revanche, apparaît le déclassement subi par la Justice coutumière dans les Etats où celle-ci est absorbée par l'ordre juridictionnel de droit commun sur un pied d'inégalité. Cet intégrateur colonial qui, dans la logique de sa politique d'assimilation, considérait le droit coutumier comme un droit de valeur juridique inférieure appliqué par des juridictions de seconde classe.

---

[71] William Oumar, L'Afrique des réalités, Paris, La Pensée Universelle, 1974.

Section 4. Les tempéraments au principe de l'intégration

48. Les deux sortes de tempéraments. Quel que soit le niveau auquel elle s'effectue, l'absorption des juridictions coutumières par l'ordre juridictionnel de droit moderne n'est pas pure et simple : elle est assortie de certaines modalités, de tempéraments qui sont autant de garanties pour le justiciable[72]. Pour faire accepter au plaideur coutumier une réforme aussi radicale, pour lui donner confiance envers ses nouveaux juges, deux moyens ont été généralement utilisés.

Paragraphe 1. La spécialisation des juges chargés de l'application du droit traditionnel

49. Dans quelques Etats, la distribution de la Justice de droit traditionnel a été confiée, au sein des juridictions de droit commun, à des juges spécialisés. Ainsi au Sénégal, les cadis des tribunaux musulmans de l'ex-A.O.F. ont été habilement installés dans les justices de paix dont ils font ''partie intégrante''. De même, la Mauritanie, faute de disposer de juges polyvalents (également instruits du droit musulman et du droit moderne), a dû recruter séparément des juges de formation juridique islamique et les intégrer dans le cadre de la magistrature. Ces magistrats spécialisés ont été répartis entre les différents degrés de la hiérarchie judiciaire : en Ire instance où chaque juridiction comprend au moins un ''juge de droit musulman'' ; au sein même de la Cour suprême où deux magistrats sur cinq sont obligatoirement de culture juridique islamique[73].

S'il a l'avantage de donner dans l'immédiat au plaideur traditionnel la certitude d'une exacte application de son droit, un tel système comprend à long terme l'unification souhaitable des ordres juridiques en présence. Il est d'ailleurs remarquable qu'il n'a été guère pratiqué que dans les pays profondément marqués par le droit musulman[74].

Paragraphe 2. L'adjonction d'assesseurs coutumiers

50. Dans les pays de coutume, au contraire, un autre procédé a été utilisé pour atténuer les conséquences trop brutales d'une intégration précipitée. Il a

---

[72] C. Coquery-Vidrovitch, Le Congo au temps des grandes compagnies concessionnaires (1898-1930), Paris, Thèse Lettres, Mouton et Co et Ecole pratique des Hautes Etudes, 1972.

[73] J.P. Ndiaye, Monde noir et destin politique, Paris, Présence Africaine 1976.

[74] Boutros Ghali, Boutros Y, Les difficultés institutionnelles du panafricanisme, Genève 1976.

été prévu, en effet, que, lorsque les juridictions de droit commun statuent en matière coutumière, elles s'adjoignent des assesseurs choisis pour leur connaissance approfondie du droit traditionnel. Ces assesseurs, généralement au nombre de deux, sont placés à tous les niveaux, en Ire instance, en appel et en cassation. Certains Etats leur reconnaissent voix délibérative, tandis que d'autres leur accordent seulement des pouvoirs consultatifs[75]. Les deux assesseurs dont on entoure les juridictions de droit commun apparaissent comme les garants d'une fidèle application du droit traditionnel, et ils devraient apaiser dans une large mesure les appréhensions légitimes du plaideur coutumier devant les juridictions de droit moderne[76].

Paragraphe 3. Les avantages de l'intégration pour le justiciable

51. Il n'est guère douteux que le processus d'intégration des juridictions de droit traditionnel dans l'ordre juridictionnel de droit commun constitue un progrès des institutions judiciaires. Le plaideur ''coutumier'' est jugé désormais par des magistrats professionnels présentant de solides garanties de technicité et d'indépendance ; il peut recourir aux services des auxiliaires de la justice de droit commun et il bénéficie de règles de procédure plus sûres et plus efficaces. Dans le même temps, la spécialisation de ses juges l'assure que sera respecté le droit auquel il est légitimement attaché[77].

L'unification de la justice judiciaire et la fusion du droit civil. Ainsi s'achève, à la faveur de l'indépendance, l'unification de la justice judiciaire dont la première étape avait été réalisée en matière pénale après l'avènement de l'Union française.

Section 5. Les Juridictions administratives

Paragraphe 1. L'œuvre du législateur colonial

52. Conformément à la tradition française, la Justice administrative avait été organisée en Afrique par le législateur colonial séparément de la Justice judiciaire et les affaires qu'elle connaît en France se trouvaient partagées entre les ''Conseils du contentieux administratif'' et le ''Conseil d'Etat'' : les premiers placés au niveau des groupes de territoires (Dakar, Brazzaville) avaient compétence en Ire instance pour juger les affaires concernant les ser-

---

[75] Ekondy Akala, op-cit.

[76] Ekondy Akala, op-cit.

[77] Cl. Robineau, Contribution à l'histoire du Congo : La domination européenne et l'exemple de Souanké, 1900-1960) ; in CEA.

vices publics territoriaux ou fédéraux tandis que le second connaissait des litiges intéressant les services publics généraux. Le Conseil d'Etat constituait, en outre, la juridiction d'appel et de cassation à l'égard des décisions rendues en premier ressort par les Conseils du contentieux[78].

L'organisation de ces juridictions administratives n'était pas exempte de critiques : si le Conseil d'Etat apportait à l'examen des recours la haute technicité et l'indépendance reconnues à ses magistrats, les Conseils du contentieux étaient composés de membres qui n'étaient ni techniciens du droit public, ni toujours indépendants de l'administration. Violant, en effet, les deux règles métropolitaines traditionnelles en la matière, ceux-ci empruntaient leur président à la magistrature judiciaire, leurs conseillers et leurs commissaires étaient délégués dans le rôle de secrétaire-greffier[79].

Paragraphe 2. La nationalisation des juridictions administratives de Ire instance après 1958

53. Sous la Communauté institutionnelle, les nouveaux Etats africains créèrent sur leurs territoires respectifs des juridictions administratives du Ière degré aux noms divers. Celles-ci connaissaient tout du contentieux administratif national à charge d'appel ou de recours en cassation devant le Conseil d'Etat dont la compétence était maintenue en application du système du ''contrôle de la Justice[80]''.

Paragraphe 3. La seconde réforme de la Justice administrative après 1960

54. En 1960 à, l'accession à l'indépendance des Républiques africaines, en les obligeant à remplacer le Conseil d'Etat et la Cour de cassation, allait provoquer la création de Cours suprêmes nationales qui devaient, à leur tour, avoir de profondes répercussions sur le reste de l'organisation juridictionnelle. Ainsi les Etats entreprirent, pour la seconde fois, de réformer leur justice administrative. Mais à la faveur de l'indépendance certains allaient remettre en cause l'institution elle-même tandis que les autres se bornèrent à adapter leurs juridictions administratives aux données politiques nouvelles.

---

[78] J. Owona, Un droit administratif de transition vers de socialisme, l'exemple de la République Populaire du Congo, Paris, Penant 87.
[79] J. Owona, op-cit.
[80] Lusignan (Guy de). L'Afrique noire depuis l'indépendance, L'évolution des Etats francophones Paris. Fayard 1970.

Section 6. La suppression des juridictions administratives dans certains Etats

Paragraphe 1. Les raisons de la suppression

55. La séparation des juridictions judiciaires et administratives, qui n'avait pas été contestée sous le régime de l'autonomie où l'on s'était contenté de transposer au plus vite les structures antérieures apparut à la réflexion comme une complication d'une utilité discutable. A un moment où des impératifs d'ordre économique et financier pressaient le législateur d'alléger au maximum le fonctionnement des services publics, il pouvait sembler bien lourd d'assumer une règle née en France de circonstances historiques qui ne se retrouvaient point en Afrique. L'individualisation de la juridiction administrative ne se justifie guère aujourd'hui que dans la mesure où elle permet à des juges hautement spécialisés de conférer au droit applicable à la puissance publique une certaine autonomie. Or le nombre restreint des affaires relevant du contentieux administratif ne permettait pas d'envisager dans chaque Etat la formation d'un corps de magistrats administratifs distinct de celui de la magistrature judiciaire[81].

Ces raisons devaient amener de nombreux pays, tels que le Sénégal, la Côte d'Ivoire, la Mauritanie, le Niger, la Haute-Volta, le Dahomey, le Congo, le Gabon, le Mali, la République Centrafricaine et le Tchad à supprimer leurs juridictions administratives. Comme la justice coutumière, la justice administrative est intégrée par l'ordre juridictionnel de droit commun dans des conditions très particulières relatives aussi bien à la compétence qu'à la composition des juridictions appelées à statuer désormais en la matière[82].

Paragraphe 2. La dévolution des compétences en matière administrative

Les fonctions exercées antérieurement par le Conseil d'Etat et les Conseils du contentieux sont intégrées à trois niveaux seulement de l'organisation judiciaire.

1. Les tribunaux de première instance

56. Reçoivent, sauf en Haute-Volta, au Gabon, au Dahomey, et au Mali, l'ensemble du contentieux'' de pleine juridiction'' (litiges soulevés par la responsabilité, les contrats, le domaine de l'administration) tandis que les

[81] J.M.Breton, Le contentieux administratif et la réorganisation de la justice en RPC, R.J.P.I.C 1983.

[82] A. Gabou, Le juge contrôleur de la légalité administrative au Congo, R.J.P.I.C.1983.

recours pour accès de pouvoir (dirigés contre les actes administratifs unilatéraux) sont portés directement devant la Cour suprême[83]. Le problème de l'appel est tout naturellement résolu par l'application au contentieux administratif de la règle du double degré de juridiction : les Cours d'appel, lorsqu'elles sont maintenues, connaissent au second degré des affaires administratives jugées en premier ressort par les juridictions de Ire instance.

Les Cours suprêmes statuent évidemment sur le recours en cassation contre les décisions rendues par les juridictions inférieures en matière de ''plein contentieux'', mais elles jugent, en outre, en premier et dernier ressort, les recours pour excès de pouvoir formés contre les décisions administratives. Certains Etats, tels que la Haute-Volta, le Gabon, le Dahomey, et la Mali, donnent même à leur Cour suprême compétence exclusive en toutes matières administratives[84].

2. L'adaptation des juridictions de droit commun à leurs nouvelles fonctions

57. Les règles de compétence normalement applicables devant les juridictions de droit commun sont donc plus ou moins déformées afin de tenir compte de la nature particulière du contentieux administratif et de l'importance que revêtent certaines des affaires aux yeux des pouvoirs publics. De même leurs règles d'organisation devaient s'adapter aux nouvelles fonctions qui leur étaient dévolues. Au niveau des juridictions de Ire instance certains Etats, tels que le Congo, le Niger et la République Centrafricaine, prévoient que seuls les tribunaux de Ire instance importants ou siégeant au chef-lieu pourront connaître du contentieux administratif, afin peut-être de favoriser la spécialisation de quelques magistrats[85]. Cette tendance à la spécialisation, en tout cas, apparaît nettement au niveau des Cours suprêmes au sein desquelles s'opère une certaine différenciation fonctionnelle. Dans chaque Cour, en effet, s'individualise soit une ''chambre'' ou une ''section'', soit une simple ''formation'' chargée plus particulièrement de l'examen des affaires administratives[86].

---

[83] D. Lavroff, op-cit.

[84] D. Lavroff, op-cit.

[85] Présence Africaine, L'Afrique Noire et l'Europe face à face, Dialogue d'Afrique et d'Européens ou la présente crise mondiale de civilisation. Paris P.A. 1971 (Première rencontre à Brazzaville).

[86] Présence Africaine, La reconnaissance des différences, Chemin de la solidarité (2e rencontre, Paris PA 1973).

Paragraphe 3. La fusion des juridictions administratives et judiciaires et l'autonomie du droit administratif

58. Ainsi la plupart des Etats africains, rompant avec un principe traditionnel en droit français, ont renoncé à organiser séparément leurs juridictions administratives. Mais s'ils ont supprimé l'organe, ils n'ont pas pour autant éliminé la fonction et il semble que subsiste une justice ''administrative'' rendue par les juridictions de droit commun[87]. Le contentieux administratif reste soigneusement distingué dans les textes d'organisation judiciaire, qui, sauf au Sénégal, renvoient d'ailleurs implicitement à la jurisprudence antérieure pour en définir le contenu exact. La spécialisation relative des juges, au sein des juridictions de droit commun, devrait permettre le maintien d'un droit administratif partiellement autonome et approprié aux besoins particuliers de la puissance publique[88]. Enfin certains Etats, tels que le Sénégal, ont cherché à préserver le particularisme du droit administratif en codifiant les règles applicables au fonctionnement de l'administration. Assorti de telles garanties, le mouvement d'intégration de la justice administrative dans l'ordre juridictionnel de droit commun aurait pu être plus général et il est un peu surprenant que le législateur africain se soit parfois refusé à s'engager dans cette voie[89].

Section 7. Le maintien des juridictions administratives dans d'autres Etats

Paragraphe 1. Les raisons du maintien

59. On peut s'interroger sur les motifs qui ont pu amener quelques Etats africains, tels que la Guinée, le Cameroun et le Togo, à conserver des juridictions administratives spécialisées. Il semble que la raison la plus sérieuse puisse en être trouvée dans l'intérêt particulier que tous les gouvernements portent à la distribution de la justice administrative, dans la crainte qu'ils peuvent nourrir à l'égard d'un pouvoir judiciaire trop puissant et trop libre, dans le désir qu'ils ont parfois de confier les affaires concernant

---

[87] J.M.Breton, Le contentieux administratif et la réorganisation de la justice en R.P.C ;R.J.P.I.C.1983.

[88] J. Bousquet-Denis, Les institutions judiciaires congolaises, op.cit.

[89] J.P. Ndiaye, Monde Noire et destin politique, Paris, Présence Africaine, 1976.

l'administration à des juges dont la formation laisse penser qu'ils seront plus favorables aux thèses de l'Etat et que leur statut rend moins indépendants[90].

De telles considérations n'étaient pas étrangères à l'attitude du législateur colonial sous le régime antérieur : il est certain que la manière dont on appliquait outre-mer le dualisme juridictionnel amoindrissait la valeur d'un principe qui, dans son aménagement métropolitain, paraissait respectable. Il était normal que dans les nouvelles Républiques, dans leur souci de renforcer les pouvoirs de l'exécutif et d'assurer, de ce fait, une certaine prééminence à l'administration, elles reprennent à leur compte un système qui en sauvegardait mieux les intérêts[91]. Aussi les juridictions administratives du régime antérieur allaient être transposées dans un cadre national sans que leurs règles de compétence et d'organisation en fussent profondément modifiées[92].

Paragraphe 2. La répartition des compétences entre tribunaux administratifs et Cours suprêmes

60. Les attributions respectives des deux sortes de juridictions administratives sont essentiellement déterminées par la place qu'elles occupent dans la hiérarchie judiciaire[93].

1. Les tribunaux administratifs du I[èr] degré connaissent généralement de l'ensemble du contentieux administratif, sans qu'il y ait lieu cette fois de distinguer les recours de pleine juridiction des recours pour excès de pouvoir.

2. Les Cours suprêmes sont normalement juge d'appel ou de cassation selon que les affaires qui leur sont dévolues ont été jugées en premier ou dernier ressort par les tribunaux du premier degré. Si les règles de compétences des juridictions administratives ont quelque peu gagné en simplicité à la faveur de l'indépendance, leur organisation, en revanche, est devenue plus complexe[94].

Paragraphe 3. La réorganisation des tribunaux administratifs

61 Les juridictions du Ière degré prennent généralement l'appellation ''tribunal administratif'' utilisée en France depuis la réforme de 1953. Leur composi-

---

[90] D- Lavroff, Les systèmes constitutionnels en Afrique, l'évolution des Etats francophones, Paris, Fayard, 1979.

[91] D. Lavroff, op-cit.

[92] J. Bienet, Afrique en question, Paris, éd. Maison Name, 1965.

[93] J.M.Breton, Le contentieux administratif et la réorganisation de la justice en R.P.C. op. cit.

[94] J.M.Breton, Recueil Commenté de la Jurisprudence administrative de la R.P.C.1962-1984 (Brazzaville, I.N.S.S.J.A.G) 1987.

tion, tout en s'inspirant des règles antérieures, a tendu à se diversifier et à s'assouplir : malgré quelques allusions platoniques aux ''magistrats administratifs '' dont aucun Etat n'a envisagé sérieusement la création d'un corps, les membres des juridictions du Ier degré sont pratiquement recrutés parmi les magistrats de l'ordre judiciaire et les fonctionnaires présentant certaines garanties d'expérience ou de technicité. Partout a été prévu auprès des tribunaux administratifs un représentant du ministère public sous le nom de commissaire du gouvernement ou commissaire de la loi ou procureur. Ceux-ci sont généralement recrutés dans les mêmes conditions que les conseillers et une certaine ambigüité règne souvent sur la nature exacte de leurs fonctions[95]. Dans les fonctions du greffe, enfin, sont délégués avec des titres divers des fonctionnaires dont il est fréquemment exigé qu'ils appartiennent aux cadres judiciaires.

Paragraphe 4. La spécialisation des Cours suprêmes

62. Au sein des Cours suprêmes un effort de spécialisation a été entrepris puisque chacune de ces hautes juridictions comprend une ''chambre'' ou au moins ''formation administrative''. Mais celles-ci ont dû faire entrer dans leur composition des magistrats de l'ordre judiciaire, des fonctionnaires ou même d'autres personnes qui, bien que recrutées dans des conditions plus strictes qu'au niveau Ier degré, sont loin d'offrir toutes les garanties de technicité désirables[96].

Les fonctions du ministère public près des Cours suprêmes sont normalement exercées par le parquet général dont presque tous les Etats ont pourvu ces hautes juridictions. Ici encore cependant apparaît une certaine spécialisation puisque quelques pays prévoient le remplacement en matière administrative du ministère public de droit commun, soit systématiquement par un ''commissaire du gouvernement'', soit éventuellement par un ''substitut du procureur général en service extraordinaire'' ou un '' commissaire adjoint du gouvernement[97]''.

Paragraphe 5. L'absence de ''conflits'' entre ordres juridictionnels

63. Ainsi se trouve préservée, au sein même des Cours suprêmes, une relative séparation des juridictions administratives et judiciaires. Il semble, toutefois, que la différenciation qui s'opère à l'intérieur de ces hautes institutions ne compromet en rien leur unité organique. C'est pourquoi presque tous les Etats à l'exception de la Guinée n'ont pas estimé opportun de

---

[95] Auguste Iloki, Justice au Congo : Pouvoir ou Service public, Penant 1988.

[96] Auguste Iloki, op.cit.

[97] J. Mafoua Makaya, L'évolution des institutions congolaises depuis l'indépendance : apparence et réalités, Thèse, droit, Lyon 3, 1993.

créer, comme la France, un tribunal des conflits destiné à arbitrer les querelles de compétences entre les deux sortes de juridictions[98].

Paragraphe 6. La double tentation du législateur en matière de justice administrative

63 bis. La dualité des solutions apportées par le législateur africain au problème de la justice administrative correspond à la double tentation qui pouvait s'exercer sur lui : d'une part, l'allègement nécessaire du service judiciaire le pressait de supprimer les ordres juridictionnels d'exception ; d'autre part, le renforcement du pouvoir exécutif l'invitait à ménager à la puissance publique un privilège de juridiction. C'est un peu dans les mêmes conditions que la justice sociale devait hésiter entre la forte attraction des juridictions de droit commun et la tendance à l'autonomie du droit du travail[99].

---

[98] J.M.Breton, Les bases formelles de l'ordonnancement juridique congolais : évolution et réformes, R.J.P.I.E. 1984.

[99] J. Bousquet-Denis, Les institutions judiciaires congolaises, op. cit.

CHAPITRE 6

LES JURIDICTIONS DU TRAVAIL

Paragraphe 1. Le régime de la loi du 15 décembre 1952

64. Si les juridictions administratives et coutumières avaient été un peu délaissées depuis 1946, le droit judiciaire social comme d'ailleurs le droit du travail tout entier avait eu davantage la faveur du législateur français. La loi du 15 décembre 1952 avait institué un ensemble de juridictions sociales qui n'avaient rien à envier bien au contraire aux conseils de prudhommes métropolitains[100].

A la base, des tribunaux du travail présidés par un magistrat et comprenant en outre deux assesseurs-employeurs et deux assesseurs-travailleurs connaissaient en première instance tous les litiges individuels du travail. Les fonctions d'appel et de cassation étaient respectivement dévolues, les premières aux présidents des juridictions de Ire instance, les secondes à la chambre sociale de la Cour de cassation[101].

La mise en œuvre de la réforme de 1953 avait soulevé moins de critiques contre les principes sur lesquels elle était établie que contre certaines modalités de son aménagement. On pouvait estimer en particulier que le tribunal du travail, avec ses cinq membres, était un peu lourd, et qu'il était léger en revanche d'en faire réformer les décisions par un seul magistrat. Si le juge d'appel était peut-être trop proche, le juge de cassation était bien éloigné du justiciable auquel on promettait pourtant une justice rapide[102].

1. L'évolution depuis 1958

Sans précipitation parce que le système de 1952 donnait satisfaction dans l'ensemble mais à la faveur de la réorganisation de la justice et de la révision du code du travail , le législateur africain allait tenir compte des critiques formulées contre une œuvre dont il ne rejetait pas la succession[103].

---

[100] J. Bousquet-Denis, Les institutions judiciaires congolaises, op. cit.
[101] J. Bousquet-Denis, Les institutions judiciaires congolaises, op. cit.
[102] J. Autchouin Mongo, La genèse du régime politique et constitutionnel de la République du Congo depuis la fin de l'ère coloniale, thèse Paris 1972.
[103] J. Bousquet-Denis op.cit.

2. La distribution de la justice sociale en Ire instance

65. Au niveau des juridictions de Ire instance se produit une double évolution qui affecte, d'une part, les tribunaux du travail proprement dits, d'autre part, les tribunaux de droit commun dont certains reçoivent compétence en matière sociale. La composition des tribunaux du travail évolue généralement dans le sens de la simplicité et de la légèreté. Si le président demeure un magistrat, parfois un fonctionnaire, le nombre des assesseurs est souvent réduit à deux tandis que les ''sections'' spécialisées (commerce, agriculture, etc...) tendent à se regrouper[104]. Allant plus avant dans cette décentralisation de la justice sociale mais renonçant alors à un principe de composition qui fait le mérite de l'institution, quelques Etats n'hésitent pas à transférer l'application du droit du travail, soit aux juridictions de Ire instance, soit aux juges de paix, dans les localités où on n'a pas installé le tribunal spécialisé[105].

3. La dévolution des fonctions du second degré aux Cours d'appel

66. Une évolution inverse s'opère à l'échelon supérieur où les fonctions d'appel sont très généralement retirées aux présidents des juridictions de Ire instance, qui les assumaient seuls, pour être concentrées au profit des Cours d'appel maintenues et où s'individualise parfois au Mali une chambre sociale complétée de deux assesseurs[106].

4. L'exercice des fonctions de cassation par les Cours suprêmes

67. Les fonctions de cassation, enfin, sont unanimement dévolues, dans tous les Etats qui ont organisé une Cour suprême, à la ''chambre'', ou "section '', ou formation judiciaire de cette haute juridiction. Ici encore le Mali se distingue en ajoutant deux assesseurs à la composition ordinaire de la Cour. Ainsi la justice sociale tend à s'intégrer aux différents degrés de la hiérarchie judiciaire de droit commun. Cette intégration est entièrement réalisée pour les fonctions d'appel et de cassation. Au niveau de la Ire instance, elle se traduit seulement, soit par la juxtaposition de droit commun, soit par le transfert aux secondes de la compétence des premiers[107].

Paragraphe 2. L'intégration des juridictions d'exception et son influence sur l'évolution du droit

68. A un moment où les juridictions spécialisées se développent dans l'ex-métropole d'une manière que l'on a pu estimer inquiétante, il est remar-

---

[104] S. Ngoundos Idourah, Justice et pouvoirs au Congo-Brazzaville 1958-1992, La confusion des rôles. L'Hamattan 2002.
[105] S. Ngoundos Idourah, op.cit.
[106] S. Ngoundos Idourah, op.cit.
[107] S. Ngoundos Idourah, op.cit.

quable qu'à partir des structures judiciaires assez voisines, on assiste au contraire en Afrique, sous la pression d'impératifs économiques et financiers, à une véritable concentration du service public de la Justice. Les juridictions d'exception sont supprimées, ou leur organisation est au moins harmonisée avec l'ordre juridictionnel de droit commun. Presque systématique en cassation, déjà plus nuancé en appel, ce mouvement d'intégration se relâche un peu au niveau des juridictions de Ire instance qui doivent s'adapter davantage aux réalités du pays et aux divers besoins de ses justiciables[108].

Cette disparition des ordres juridictionnels d'exception répond davantage à des besoins judiciaires qu'à des besoins juridiques. En unifiant ses juridictions dans un but d'économie de moyens, le législateur africain n'a pas voulu véritablement retirer leur autonomie aux droits traditionnel, administratif ou social. Tout laisse penser au contraire qu'il entend sauf en matière coutumière-assurer à ces branches juridiques un développement parallèle certes, mais séparé du tronc commun. Il semble toutefois que l'unification de la Justice devrait exercer sur le droit une influence non négligeable, en particulier sous l'action régulatrice des Cours suprêmes[109].

---

[108] D. Lavroff, Les systèmes constitutionnels en Afrique noire, précité.
[109] D. Lavroff, op. cit.

CHAPITRE 7

LES COURS SUPREMES

Paragraphe 1. L'exercice des compétences juridictionnelles suprêmes sous le régime colonial

69. En raison de la politique d'assimilation poursuivie par le législateur colonial, il n'avait pas semblé opportun, sous le régime antérieur, de doter les pays d'outre-mer d'instances juridictionnelles suprêmes particulières. Chacun en ce qui le concerne, le Conseil constitutionnel, le Conseil d'Etat, la Cour de cassation et la Cour des comptes, ces hautes juridictions métropolitaines avaient été mises au service de l'Union française tout entière. Leur compétence s'exerçait dans tous les territoires d'outre-mer avec la grande technicité et l'éloignement que l'on sait[110].

Paragraphe 2. Le transfert de certaines compétences en 1958

70. En accédant à l'autonomie dans les limites géographiques des territoires d'outre-mer, les nouveaux Etats africains se trouvèrent amenés à réviser les structures juridictionnelles supérieures dès 1958. Le système du contrôle de la Justice les dispensant de remplacer le Conseil d'Etat et la Cour de cassation, ils se bornèrent à organiser généralement sous le nom de ''Cour d'Etat'' à plusieurs sections des juridictions spécialisées pour juger les comptes publics et trancher les litiges d'ordre constitutionnel[111].

Paragraphe 3. L'avènement de l'indépendance et la naissance des Cours suprêmes

71. Certains Etats étaient encore à la recherche de solutions satisfaisantes aux problèmes judiciaires soulevés par le régime de l'autonomie que déjà leur accession à l'indépendance en modifiait profondément les données. Les compétences exercées par le Conseil d'Etat et la Cour de cassation devaient être transférées à bref délai à des juridictions nationales. Les organes appelés

[110] P. Lanponé, Les groupements d'Etat africains, Paris, Librairie générale de droit et de jurisprudence 1964.
[111] S. Ngoundos Idourah, op. cit.

à assumer les fonctions du Conseil constitutionnel et de la Cour des comptes n'avaient généralement pas encore été installés. Alors naquit dans presque tous les Etats l'idée de regrouper ces instances juridictionnelles suprêmes au profit d'une institution protée empruntant son nom au système judiciaire anglo-saxon et s'inspirant assez largement du précédent marocain. Ainsi furent créées partout, sauf en Guinée, des Cours suprêmes dont les compétences (section I) répondaient aux besoins juridictionnels nés de l'indépendance et dont l'organisation (section II) s'adaptait aux faibles moyens de la Justice africaine[112].

Section 1. la compétence des cours suprêmes

Paragraphe 1. Leurs multiples fonctions

72. Si tous les pouvoirs souverains qu'un Etat peut confier à des juges sont concentrés en Afrique entre les mains d'une juridiction suprême unique, il est remarquable que le législateur nouveau demeure assez largement tributaire des catégories juridiques françaises, et que détachant en quelque sorte les fonctions de leurs organes primitifs, il distingue une série de contentieux (judiciaire, administratif, financier et constitutionnel[113]).

Paragraphe 2. Contentieux judiciaire

73. En matière judiciaire l'ensemble du contentieux de la cassation, sauf de rares et partielles exceptions, est transféré aux Cours suprêmes. Celles-ci connaissent, en effet, les pourvois formés pour incompétence, vice de forme et violation de la loi ou de la coutume, contre les décisions rendues en dernier ressort par toutes les juridictions judiciaires et du travail statuant en toutes matières-moderne, traditionnelle et sociale. Seuls la Guinée et le Tchad adoptent un système original en transférant le contentieux de l'annulation en matière judiciaire, la première à un ''tribunal supérieur de cassation'' qui est, en fait, une formation plus étoffée de la Cour d'appel, le second à la Cour d'appel de Fort Lamy[114]. Outre cette compétence en matière de cassation, les Etats (Gabon, Mauritanie) qui ont supprimé leur Cour d'appel pour des raisons de simplicité et d'économie confient à leur Cour

[112] D. Lavroff, op. cit.
[113] S. Ngoundos Idourah, op. cit.
[114] S. Ngoundos Idourah, op.cit.

suprême le soin de recevoir en appel les affaires jugées en premier ressort par les juridictions inférieures[115].

Paragraphe 3. Contentieux administratif

74. En matière administrative, les Cours suprêmes reçoivent, sauf en Guinée, et au Tchad une compétence variable avec les Etats : elles sont normalement juge de cassation ; elles connaissent en appel des décisions rendues en premier ressort, soit par les tribunaux administratifs du Ier degré lorsqu'ils ont été maintenus, soit par les juridictions de Ire instance en Mauritanie où la Cour d'appel a été supprimée ; elles jugent en premier et dernier ressort les recours pour excès de pouvoir : Haute-Volta, le Gabon, le Dahomey, et le Mali, le recours de pleine juridiction[116].

Paragraphe 4. Contentieux constitutionnel

75. Mais l'innovation la plus considérable devant laquelle n'ont pas hésité les Etats africains est certainement de confier à des juridictions supérieures de droit commun le soin de veiller au fonctionnement régulier des institutions. Les Cours suprêmes, en effet, sont généralement juges de la constitutionnalité des lois, du règlement de l'Assemblée nationale et des engagements internationaux. Elles exercent leur contrôle sur l'initiative des présidents de la République et de l'Assemblée nationale[117].

Presque tous les Etats ayant délimité le domaine de la loi et celui du règlement selon des normes voisines de celles de la Constitution française, les Cours suprêmes sont appelées en outre à arbitrer les conflits de compétence possibles entre le législatif et l'exécutif dans des conditions qui avantagent d'ailleurs celui-ci : les empiètements du parlement sur le domaine du règlement sont seuls susceptibles de recours devant la Cour suprême tandis que les débordements de l'Exécutif dans l'exercice de son pouvoir règlementaire ne peuvent être sanctionnés que par la voie de l'annulation pour excès de pouvoir. On retrouve sur ce point la tendance très nette du législateur africain au renforcement du pouvoir exécutif. Les Cours suprêmes, enfin, connaissent du contentieux des élections qui engagent tout particulièrement la vie de la nation : elles veillent à la régularité des opérations de référendum et en proclament les résultats ; elles contrôlent la légalité des élections prési-

---

[115] D. Lavroff, op. cit.
[116] D. Lavroff, op. cit.
[117] A. Gabou, op. cit.

dentielles et elles statuent en cas de contestation sur l'éligibilité ou l'élection des députés à l'Assemblée nationale[118].

Paragraphe 5. Attributions consultatives

76. En dehors de ces attributions contentieuses, les Cours suprêmes sont invitées à participer à la refonte de la législation qui a été entreprise depuis 1958. Véritables ''Conseils d'Etat'', elles peuvent être saisies par le gouvernement de tous les projets de lois ou de règlements. Elles peuvent également être appelées à donner leur avis sur toutes questions où leur intervention est prévue par les textes ou simplement souhaitée par le gouvernement[119].

Il serait vain, en définitive, de faire le décompte exact des juridictions que les Cours suprêmes sont appelées à remplacer. La concentration institutionnelle que celles-ci réalisent à leur profit est si extraordinaire qu'elle n'a certainement pas de précédents est sons d'autres latitudes.Elles devaient, en revanche, poser au législateur africain de redoutables problèmes d'organisation[120].

Section 2. L'organisation des cours suprêmes

Paragraphe 1. Les deux conceptions possibles d'organisation

77. Tous les Etats se trouvaient devant la même difficulté : il fallait, avec des moyens financiers réduits et un personnel limité, permettre aux Cours suprêmes d'assumer d'une manière satisfaisante des fonctions variées. Il fallait concilier l'unité voulue de ces hautes juridictions avec la spécialisation que requérait l'exercice de chacune de leurs compétences. Les réponses apportées à ces délicates questions ne sont pas uniformes. Dans l'ensemble les Etats tendent à se distinguer par la conception unitaire ou différenciée qui préside à l'aménagement interne de leurs Cours suprêmes.

1. La conception unitaire

77bis. Dans la première conception retenue notamment en République Centrafricaine les compétences suprêmes sont exercées par une juridiction organisée globalement et dont les membres siègent en toutes matières. Ce principe unitaire cependant, souffre de quelques tempéraments : pour des

---

[118] J.M. Breton, Les bases formelles de l'ordonnancement juridique congolais, évolution et réformes, R.J.P.I.C. 1984 op. cit.

[119] M. Adouki, L'évolution constitutionnelle du Congo, thèse, Paris I, 1975.

[120] D. Lavroff, op. cit.

raisons techniques ou, dans certains cas, pour des considérations d'ordre politique, a été prévue l'intervention de conseillers extraordinaires spécialisés qui s'adjoignent aux membres ordinaires de la Cour dans l'exercice de fonctions déterminées.

2. La conception différenciée

77 ter. S'inspirant au contraire de la conception opposée, d'autres Etats tels que la Côte d'Ivoire, le Dahomey, le Niger, la Haute-Volta, le Congo, le Gabon et le Mali font de leur Cour suprême un organisme différencié au sein duquel s'opère une véritable spécialisation fonctionnelle. A chacune des branches d'activités de cette haute juridiction correspond une ''chambre'' ou une '' section'' particulière dotée d'un personnel approprié. Ainsi la plupart des Cours suprêmes comprennent quatre chambres spécialisées : judiciaire, administrative, financière, constitutionnelle. Ici encore, toutefois, pour des raisons politiques ou techniques et afin de ne pas alourdir démesurément la composition de la Cour, a été prévu l'amalgame, en certaines matières, de magistrats ordinaires et de conseillers extraordinaires.

3. Les systèmes intermédiaires.

77 quater. Le Sénégal adopte un système intermédiaire en répartissant entre deux sections innommées les attributions judiciaires, administratives et financières, tandis que les ''sections réunies '' statuent en matière constitutionnelle, et que l'assemblée générale'' de la Cour joue le rôle de Conseil d'Etat. Quant aux Cours suprêmes camerounaise, mauritanienne et togolaise, à partir d'une composition unitaire, elles ont tendu à évoluer depuis leur création vers une organisation différenciée.

Paragraphe 2. La composition souple des Cours suprêmes : membres ordinaires et extraordinaires

78. Quelle que soit la conception retenue, tous les Etats montrent beaucoup d'ingéniosité pour composer leurs Cours suprêmes avec beaucoup de souplesse. Les membres ordinaires sont recrutés principalement parmi les magistrats de l'ordre judiciaire et, dans une moindre mesure parmi les fonctionnaires ou les personnalités présentant certaines garanties de compétence. Dans un souci d'économie de moyens , ils sont utilisés dans les différentes ''formations'' ou ''sections'' des Cours suprêmes qui s'intègrent à leur tour dans des combinaisons plus vastes. Ainsi la chambre constitutionnelle emprunte souvent sa composition aux autres chambres : l'assemblée générale consultative englobe tous les membres de la Cour. Partout s'opère un amalgame entre conseillers temporaires et membres permanents ; ceux-ci apportent à la Cour l'homogénéité et la continuité qui lui sont nécessaires ; ceux-là y ajoutent soit un élément de spécialisation, notamment en matière coutumière, administrative, financière, et parfois même sociale, soit un élément politique en particulier en matière constitutionnelle.

Paragraphe 3. L'organisation du ministère public

79. On pouvait s'interroger sur le sort qu'il convenait de réserver au ministère public près d'un organisme à compétences juridictionnelles multiples. En pratique les Etats ont opté pour trois solutions. La Côte d'Ivoire a supprimé purement et simplement le parquet de sa Cour suprême qui est alors remplacé dans des fonctions administratives par un secrétariat général et dans ses fonctions judiciaires par un conseiller rapporteur. Le Mali a organisé un ministère public différencié dont les deux représentants le procureur général et le commissaire du gouvernement sont placés respectivement près des ''sections'' judiciaires et administratives de sa Cour suprême[121].

Mais la solution généralement retenue est celle d'un ministère public unique représenté par un procureur général et ses substituts. Dans l'imprécision des textes, on peut estimer que la nature des attributions de ce parquet général est la même en toutes matières et que sa subordination hiérarchique à l'égard du ministre de la Justice en fait le représentant permanent du gouvernement auprès de toutes les ''chambres'' ou formations'' de la Cour suprême, comme pour les magistrats du siège, certains Etats font seconder, en certaines matières, les représentants ordinaires du ministère public par des fonctionnaires délégués à titre exceptionnel par le gouvernement[122].

Paragraphe 4. L'aménagement des services du greffe

79 bis. L'organisation des services du greffe était évidemment compliquée par la multitude des tâches imparties aux Cours suprêmes. La plupart des Etats s'en tiennent à la désignation d'un greffier en chef assisté de greffiers. La Côte d'Ivoire préfère lui substituer un secrétaire général, magistrat, aidé de secrétaires, le Togo et le Dahomey, enfin, prévoient la coexistence d'un greffier en chef et d'un secrétariat général : il s'opère alors entre les deux organes une division du travail, le premier assumant les fonctions classiques du greffe tandis que le second règle les questions administratives de la Cour[123].

---

[121] D. Lavroff. Op. cit.
[122] D. Lavroff, op. cit.
[123] J. Bousquet Denis, op. Cit.

Paragraphe 5. Conclusion : le choix difficile du législateur

79 ter. Il serait prématuré, certes, de porter un jugement définitif sur la valeur d'institutions qui n'ont guère dépassé le stade de l'installation, mais il ne faut pas se cacher qu'en ce domaine le législateur naviguait entre Charybde et Scylla. S'il s'appliquait à doter la Cour suprême d'un personnel important et spécialisé afin de lui permettre d'assumer ses multiples fonctions dans les meilleures conditions, il enfantait un monstre beaucoup trop lourd pour la frêle organisation de la Cour, il était alors à craindre que celle-ci ne présentât plus les garanties suffisantes de technicité. Dans tous les cas, la solution retenue ne pouvait guère se présenter, en fait, que comme un moindre mal.

Paragraphe 6. La nationalisation de la justice et le retour à l'indifférenciation organique

80. Ainsi, sur le vaste chantier qui fut autrefois le domaine africain de l'Union française, se sont ébauchées dans quatorze Etats indépendants autant d'organisations judiciaires nationales. Alors que la Justice s'était diversifiée dans les territoires d'outre-mer lorsque ceux-ci appartenaient à un grand ensemble politique, elle tend à retrouver depuis 1960, par une série de mouvements d'osmose entre ordres juridictionnels, l'indifférenciation d'un microorganisme. La Balkanisation politique de l'Afrique, en effet, a provoqué dans tous les Etats un groupement institutionnel aux différents niveaux de l'appareil judiciaire. L'ancienne justice de droit français a constitué l'épine dorsale d'un ordre juridictionnel de droit commun qui a tendu à absorber les autres et qui s'est trouvé couronné par des Cours suprêmes dont les pouvoirs débordent largement la vie judiciaire[124].

[124] H. Brunschwing, Le partage de l'Afrique Noire, Paris, Flammarion, 1971, E. Banning, Le Partage politique d'après les transactions internationales les plus récentes, 1885-188, Bruxelles, Th-Falks 1888, Cl. Casteran, et J.P.Langlier, L'Afrique déboussolée, Paris, Plon, 1978.

DEUXIEME PARTIE

LE SYSTEME JUDICIAIRE CONGOLAIS DE 1960 A 1982

CHAPITRE 1

LE DROIT COUTUMIER

81. En 1961, Les Juridictions coutumières étaient reconduites. Mais la question se posait en termes de leur réorganisation cela en application des décrets du 29 mai 1936 réorganisant la Justice indigène en AEF, le décret du 26 juillet 1944 instituant les Juridictions coutumières en AEF, et le décret du 30 Avril 1946 portant suppression de la justice indigène en matière pénale. Le garde des Sceaux, ministre de la Justice du Sénégal, G. d'Arbousier, soutenait dans ce sens que : « De même que la vie quotidienne mêle intimement le droit coutumier et le droit moderne, et que de jour en jour il est plus difficile de juger un procès en faisant abstraction de l'un ou de l'autre droit, les mêmes Juges se prononcent sur l'un comme sur l'autre, continuer à les soumettre à des juridictions différentes eût été accepter le risque de voir l'un se figer au lieu de poursuivre son évolution parallèlement au développement économique, social et politique de la nation[125]''. Selon Emmanuel D. Dongala, cité par S. Ngoundos Idourah, « l'éviction des chefs coutumiers et leur remplacement par des « évolués » ou des responsables politiques engendra une rivalité, souvent sournoise, entre ces différentes personnalités : les premiers, soutenus par les populations locales, et les seconds, redevables du pouvoir central[126] ».

[125] S. Ngoundos Idourah cite C. d'Arboussier, dans son article « Le Sénégal : exemple africain d'organisation Judiciaire, Penant , 1961, n° 71, PP. 171-180.
[126] S. Ngoundos Idourah, Justice et pouvoirs au Congo-Brazzaville, 1958-1992, La confusion des rôles, PP. 48-49.

CHAPITRE 2

LES TRIBUNAUX MODERNES

81 bis. Ces tribunaux statuaient aussi en matière coutumière ou locale sur la base de la loi du 29 mai 1961 et de l'ordonnance 63-10 du 6 novembre 1963 qui reconnaissaient la compétence du tribunal. Ce tribunal était composé d'un juge unique qu'assistaient deux assesseurs choisis selon la coutume des parties. Selon l'article 20 de l'ordonnance 63-10 du 6 novembre 1963 qui fixait l'organisation judiciaire et la compétence des juridictions, « le siège et le ressort des tribunaux d'instance sont fixés par décret pris sur proposition du Garde des Sceaux, ministre de la Justice, sauf en matière de droit traditionnel où ils sont complétés de deux assesseurs ».

L'article 27 de cette ordonnance laissait à la connaissance des litiges existant entre personnes de quelque nationalité qu'elles soient dont le statut civil est régi par le droit traditionnel », précisait toutefois que : « en cette matière, le tribunal d'instance statue en premier et dernier ressort pour tout litige dont l'intérêt est inférieur ou égal à 10.000frs en capital et 3000 frs en revenus, rente ou prix de bail et à charge d'appel pour les litiges dont l'intérêt est supérieur à ces sommes «[127] . Il est à souligner avec S. Ngoundos Idourah qu'il fut organisé dans ces tribunaux une procédure de conciliation : en effet, les législateurs africains se conformaient le plus souvent à l'usage des palabres qui ont pour but non pas nécessairement la condamnation, mais aussi l'arrangement.

Ce système avait l'avantage de prendre en compte quelques contraintes telles que l'absence d'infrastructures fiables, la carence en personnel spécialisé, la capacité financière des justiciables en leur évitant des procédures trop longues et coûteuses.

---

[127] S. Ngoundos Idourah, op. cit., PP 52-53.

CHAPITRE 3

LA JURIDICTION ADMINISTRATIVE DE 1958

82. A titre de rappel du contexte, en 1958, c'est-à-dire, après la Loi-cadre, le climat politique intérieur du Congo est effervescent. Selon une typologie, la caractéristique essentielle et fondamentale de l'Administration est dominée par des luttes âpres entre d'une part le Mouvement Socialiste Africain (MSA) de Jacques Opangault et d'autre part le Parti Progressiste Congolais (P.PC) de Felix Tchicaya. Tandis que Opangault est resté sur le terrain au Congo lors de la formation du gouvernement de transition issu du régime de la Loi-cadre, dont il devient le Vice-président, avec résidence à Pointe-Noire, Félix Tchicaya vit à Paris et est parlementaire de l'Union Française. Et en raison de la nature des affaires qui lui sont soumises, et par crainte que son contrôle échappe au pouvoir, une organisation trop poussée de la juridiction administrative n'est pas à souhaiter.

La pratique de la justice administrative continuait à subir l'influence du Conseil du contentieux administratif de l'AEF en tant que Juge en première instance et celle du Conseil d'Etat français en tant que la haute juridiction administrative. Et la loi constitutionnelle n°1 du 28 novembre 1958 portant organisation des pouvoirs de la République du Congo et déterminant les conditions de préparation et d'application des lois constitutionnelles disposait que : « En tout ce qui n'est pas contraire à la Constitution du 4 Octobre 1958 et à la présente loi, les autorités, juridictions et services administratifs en place à la date de la mise en place des autorités, juridictions et services de la communauté ou de ses membres appelés à leur succéder[128] ». Mais ce tribunal administratif est supprimé par la loi n°6-52 du 20 Janvier 1962, et la compétence juridictionnelle administrative était attribuée aux tribunaux de grande instance ou à la cour d'appel[129]. Ce tribunal administratif était composé d'un président et de trois conseillers, nommés par décret du Premier Ministre « dont un appelé commissaire de la loi, exerçant les fonctions du ministère public. Ni le principe de la réparation de l'Administration active et de la juridiction

---

[128] Article 2 de la loi constitutionnelle n°1 du 28 novembre 1958.
[129] Loi 6-52 du 20 Janvier 1962.

administrative, ni celui de la distinction de la juridiction administrative et de la juridiction judiciaire, n'étaient observés »[130]. La nomination des membres de ce tribunal par le Premier Ministre était due au fait qu'à cette date, la République du Congo ne disposait pas d'un Président de la République et les institutions étaient organisées telles que l'Exécutif était constitué du premier Ministre et de son gouvernement.

[130] S. Ngoundos Idourah, op. cit p. 72.

CHAPITRE 4

LA COUR D'APPEL

83. Ancienne capitale de l'AEF avec pour capitale Brazzaville, le Congo avait hérité de la Cour d'appel de cette époque. Selon la loi n°6-61 du 11 janvier 1961, cette cour d'appel avait compétence sur tout le territoire de l'ex-Moyen-Congo. C'est l'ordonnance du 6 novembre 1963, fixant l'organisation et la compétence des juridictions de la République du Congo, qui envisageait de créer d'autres cours d'appel[131]. Sous le Président Denis Sassou Nguesso, la Cour d'appel de Pointe-Noire est créée par le décret n°81-722-MJ du 21 octobre 1981. Parce que le décret du 28 Août 1958 avait modifié la composition de la Cour d'appel de l'AEF, sans doute pour des raisons d'ordre financier, plusieurs pays africains avaient opté pendant longtemps pour une seule juridiction d'appel. C'est notamment le cas du Sénégal, du Mali, de la Haute-Volta, et de la République Centrafricaine.

Avec ces deux Cours d'appel, les compétences étaient désormais réparties dans les ressorts suivants : la Cour d'appel de Brazzaville avait compétence sur la Commune de Brazzaville, les régions du Nord du Congo et la région du Pool ; le ressort de la Cour d'appel de Pointe-Noire comprenait les régions du Kouilou, du Niari, de la Bouenza et de la Lekoumou. C'est avec la réforme de 1983 toujours sous le Président Denis Sassou Nguesso qu'est créée la Cour d'appel d'Owando dont le ressort s'étendait à l'ensemble des régions du Nord Congo et la Cour d'appel de Loubomo pour les régions du Niari, de la Lekoumou, et de la Bouenza, fut mise en place en application des textes de 1992 qui réorganisaient la justice au Congo[132].

---

[131] Article 3 de l'ordonnance du novembre 1963 « La justice est rendue par les cours d'appel ».

[132] S. Ngoundos Idourah. op. cit , P.72.

CHAPITRE 5

LA COUR SUPREME

84. Elle se substitue à la Cour de Cassation et au Conseil d'Etat français par la loi n°1-63 du 13 janvier 1962 et est installée effectivement le 20 juin 1962 pour connaître en dernier ressort tous litiges portés devant les juridictions de 1er et de second degré, conformément à l'article 1er de l'accord franco-congolais du 12 juillet 1960 relatif aux dispositions transitoires en matière de justice. La République du Congo optait pour un système moniste de juridiction, et la Cour Suprême devenait l'ultime recours contre les décisions rendues en dernier ressort par les tribunaux. Les législations diverses qui se sont succédé de 1962 à 1983 n'ont pas modifié cette compétence.

CHAPITRE 6

LES JURIDICTIONS D'EXCEPTION EN REPUBLIQUE DU CONGO

85. Pendant plusieurs années la vie politique congolaise est marquée par des luttes idéologiques. L'adversarité politique pérennisait ainsi des juridictions d'exception en l'occurrence la Haute Cour de Justice, la Cour martiale, la Cour révolutionnaire etc…

Paragraphe 1. La Haute cour de Justice

86. C'est une juridiction particulière à caractère politique qui connaît de certaines affaires qui touchent l'intérêt de l'Etat et tient compte de la qualité de certaines personnalités inculpées ou citées. Les constitutions successives du Congo de 1961 et 1963 l'avaient instituée. C'est l'Ordonnance n°63-26 du 24 décembre 1963 qui fixait son organisation, sa composition, son fonctionnement et la procédure applicable devant elle. Quant aux indemnités des membres de cette juridiction, elles sont fixées par le décret n° 64-123 du 14 avril 1964.

Paragraphe 2. La Cour criminelle spéciale

87. Pour réprimer une série d'infractions qui comprenaient aussi bien les troubles publics portant atteinte à l'autorité de l'Etat et à l'ordre public que les comportements tels les refus collectifs ou individuels de recensement, d'identification ou de lutte contre les endémies, l'affiliation, l'adhésion, la participation à tous groupements, organismes ou sectes, de fait dont les agissements étaient de nature à nuire à la sécurité de la République etc. il fut institué une Cour criminelle spéciale par l'Assemblée législative de la République du Congo, par la loi n° 43-59 du 2 octobre 1959. Cette Cour rappelait, pour ces faits, le tribunal de guerre ou le tribunal spécial de la Colonie qui se chargeait de juger, dans les colonies françaises, les actes qui entravaient l'action de l'autorité française[133]. La Cour criminelle comprenait : un premier président ou à défaut un magistrat de la Cour d'appel, désigné par lui,

[133] Article de la loi du 2 octobre 1969.

six assesseurs titulaires et six assesseurs suppléants, le procureur général ou un magistrat du parquet général désigné par lui et un greffier.

Sa saisine était organisée par une ordonnance de renvoi du juge d'instruction ou encore selon la procédure prévue par la loi du 20 mai 1863, ou encore par un arrêt de renvoi de la chambre des mises en accusation, pour les procédures pendantes devant cette cour au moment de la publication du décret de sa création[134]. La Cour criminelle spéciale pouvait prononcer les sanctions suivantes : peine de mort, les travaux forcés à perpétuité ou à temps, la réclusion criminelle, contre tout individu reconnu coupable d'affiliation, d'adhésion ou participation à l'activité d'un groupement, organisme ou secte qui tendait à troubler l'ordre public ou à provoquer la désobéissance aux lois ou ordres du gouvernement. Des peines d'emprisonnement assorties d'interdiction de séjour, d'interdiction d'exercer certaines professions privées ou publiques étaient également envisagées[135].

Paragraphe 3. Le tribunal populaire

88. Il est crée par loi n° 24-64 du 9 septembre 1964. Son installation devrait être décidée en cas de menace grave contre la'' révolution'' ou dans l'hypothèse de troubles portant atteinte à l'ordre public ou à l'autorité de l'Etat. Il comprenait neuf Juges titulaires et neuf suppléants, nommés par décret sur une liste de cinquante citoyens dressée par le Bureau politique du Mouvement populaire de la Révolution et non par le Garde des Sceaux, Ministre de la Justice comme pour la Cour criminelle spéciale. Ses juges avaient voix délibérative. Elle comprenait : un juge élu, un vice-président élu ; le procureur général près la Cour d'appel de Brazzaville assurait les fonctions du ministère public. Le greffier en chef était nommé par arrêté conjoint des ministres de la Justice et de l'intérieur parmi les fonctionnaires et après avis du Bureau Politique. Il était compétent pour des affaires qui relevaient à l'origine de la compétence de la Cour criminelle spéciale.

Paragraphe 4. La Cour révolutionnaire de Justice

89. Elle est instituée par l'ordonnance n°2-69 du 7 Février 1969 du Président Marien Ngouabi, Président du Conseil national de la révolution (CNR.), chef de l'Etat Congolais[136]. L'ordonnance n°2 – 69 du 7 Février 1969 énumérait les matières relevant de la Cour révolutionnaire de Justice. Il s'agissait essentiellement des infractions politiques telles les menaces graves

---

[134] Loi n° 43-59 du 2 octobre 1959.

[135] Loi du 2 octobre 1959.

[136] Auguste Iloki, « Une juridiction d'exception en R.P.C : La Cour révolutionnaire de Justice » Penant, juillet-décembre, 1985, n°788-89, PP. 251-261.

contre la révolution, les atteintes à l'ordre public ou à l'autorité de l'Etat ou encore l'adhésion ou l'affiliation à une secte ou un groupement qui avait pour but de nuire à la révolution[137]. Le président de la CRJ disposait d'un pouvoir discrétionnaire qui lui autorisait toutes les mesures qu'il jugeait nécessaires pour la manifestation de la vérité. L'instruction des affaires était confiée à une commission d'instruction composée de six membres titulaires et de deux membres suppléants.

Paragraphe 5. La Cour martiale

90. Elle fut créée par une ordonnance n°22-69 CNR du 10 novembre 1969. Elle avait compétence pour juger certains crimes intéressant la sûreté intérieure et extérieure de l'Etat. La cour martiale comprenait un président assisté de deux juges militaires. Le ministère public était également représenté par un officier, assisté en cas de besoin d'un magistrat. Elle était aussi compétente pour juger des complots arrivés à la phase d'exécution qui tendaient à renverser les institutions de la République ou d'entrainer une rébellion armée contre l'autorité constitutionnelle. Elle connaissait aussi d'autres crimes et délits connexes avec les crimes et délits précités notamment la tentative de meurtre sur les agents de la Force publique, le délit de détention illégale d'armes, de munitions de guerre, de dépôt d'armes, du délit d'attaque avec violence et voies de fait contre les agents de la force publique. L'instruction était organisée par une commission unitaire. Et les dossiers transmis au parquet. Les peines étaient celles prévues par les lois pénales ordinaires. Mais elles n'étaient pas susceptibles de recours.

Paragraphe 6. La Cour révolutionnaire d'exception

91. Elle est instituée en 1969 par l'ordonnance n° 27-69 DCNR du 18 novembre 1969 portant création d'une cour révolutionnaire d'exception. Elle était un brassage d'autorités judiciaires diverses et comprenait : les membres de la cour martiale, les présidents et vice- présidents de la Cour révolutionnaire de justice, le président de la Cour suprême, le président de la Cour d'appel et deux juges de la Cour révolutionnaire de justice[138].

Paragraphe 7. La Semaine de la magistrature de 1969

92. En 1969, un espace de réflexion, d'analyse et d'étude des questions relatives au fonctionnement de la Justice et à la politique du département

[137] Article 3 et 5 de l'ordonnance n°2-29 du 7 Février 1969.
[138] Article 3 de l'Ordonnance N°24-69 PCNR du 18 novembre 1969.

dans son ensemble est créé à Brazzaville et compte parmi les membres : Aloise Moudileno-Massengo, garde des Sceaux, ministre de la Justice et du Travail, Aimé Emmanuel Yoka, directeur de Cabinet du Garde des Sceaux, Guillaume Moungali, directeur des services centraux au Ministère de la Justice, Jean Ganga Zanzou, Procureur général près la cour Suprême ; Alexis Gabou, Juge à la cour Suprême, Jacques Okoko, Juge à la Cour Suprême, François Bigemi, Président du Tribunal de grande instance de Brazzaville, Jean Mongo-Autchovin, vice-président du Tribunal de grande instance de Brazzaville, Placide Lenga, Substitut du Procureur de la République près le tribunal de grande instance de Brazzaville ; Joseph Mapako-Tchilala, Substitut du procureur de la République près le tribunal de grande instance de Brazzaville, et Etienne Maginguidi, Procureur de la République près le tribunal de grande instance de Pointe-Noire[139].

---

[139] S. Ngoundos Idourah, Justice et pouvoir au Congo-Brazzaville de 1958-1992 op. cit.

TROSIEME PARTIE

LA REFORME D'AVRIL 1983

CHAPITRE 1

PRINCIPES DE LA REFORME

93. Quatre ans après son arrivée au pouvoir le 5 Février 1979, le Président Denis Sassou Nguesso se résout à entreprendre une grande réforme de la justice congolaise et charge une Commission présidée par Charles Assemekang de préparer des projets de lois qui devraient s'inspirer des visées socialistes mais aussi garantir et protéger au mieux les droits et libertés fondamentales des citoyens : Décret n°81- 727 du 22 Octobre 1981 portant création de la Cour de sûreté de l'Etat ; décret n°82-247 du 19 mars 1982 portant attributions et réorganisation du Ministère de la justice (complété par le décret n°85-1069 du 10 Septembre 1985 ; Loi n° 10-83 du 27 janvier 1983 portant modification de certains articles de la loi n°-01-63 du 13 janvier 1963 portant code de procédure pénale, la loi n°51-83 du 21 Avril 1983 portant code de procédure civile, commerciale, administrative et financière ; la loi n°53-83 du 21 Avril 1983 portant réorganisation de la Justice en République Populaire du Congo ; la loi n°01-84 du 20 Janvier 1984 portant réorganisation de la justice congolaise ; la loi n° 10-84 du 20 Janvier 1984 portant organisation des sections de recouvrement des droits, amendes et autres redevances ; Ordonnance n°18-84 du 23 août 1984 étendant la compétence matérielle des Juridictions de droit commun et organisant la procédure applicable en matière de crimes et délits, de détournement de deniers publics, d'escroquerie, de sabotage économique au préjudice du parti, des organisations de masse, de l'Etat et services publics ou parapublics (ratifiés par la loi n°001-85 du 14 février 1985). La loi n° 019-87 du 28 décembre 1987 portant réorganisation de la Cour révolutionnaire de justice. Cette réforme apportait des modifications organiques, avec la participation des juges élus à l'administration de la justice, de la débaptisation des juridictions et de la création de la Cour des comptes. De même, la loi n°53-83 du 21 avril 1983 étendait la compétence de la cour suprême aux crimes et délits commis par les membres du Bureau politique, les membres du Comité central du PCT, les membres du Gouvernement et les magistrats. Elle prévoyait, en outre, un recours en cassation, avec droit d'évocation, contre les décisions rendues par la chambre criminelle du tribunal populaire de région ou de commune[140]. Chaque formation juridictionnelle comportait des magistrats et des juges non

[140] S. Ngoundos Idourah, op. cit., p.138.

professionnels dont le nombre variait en fonction de l'importance et de la taille de la juridiction. La répartition de ces juges était expressément précisée : chaque formation de la Cour suprême, de la Cour des comptes et du tribunal populaire de région ou de commune, était composée de trois magistrats et de deux juges non professionnels, tout comme l'était le tribunal populaire de district et d'arrondissement[141].

[141] Article 15 de la loi 53-83 du 21 avril 1983.

CHAPITRE 2

LA COUR DES COMPTES

94. Pour instaurer une discipline dans la manipulation des deniers publics, dans un système politique à Parti unique, le président Denis Sassou Nguesso avait tenu à instituer une juridiction à part entière dans laquelle devraient composer des magistrats hautement qualifiés : La Cour des comptes. Elle est créée par la loi n° 53-81 du 21 avril 1983[142]. La Constitution du 8 juillet 1979 avait mis en cause les attributions de la Cour suprême en tant que juge des comptes, et elle prévoyait en ses articles 881, 96 et 98 l'institution de la Cour des comptes. Cette cour juge les comptes de la nation et statue sur la comptabilité des entreprises publiques et parapubliques[143]. La Cour des comptes comprenait un président, un vice-président, dix juges professionnels et vingt juges non professionnels. Elle disposait de quatre formations juridictionnelles : la chambre du budget de l'Etat, la chambre du budget des établissements publics à caractère administratif, industriel, commercial ou agropastoral, la chambre du budget des collectivités locales et la chambre des comptes des entreprises d'Etat ou d'économie mixte et autres organismes[144]. Sa saisie se faisait par l'intermédiaire du ministère public et les autorités suivantes étaient qualifiées pour exercer cette saisine : le président de la République, le président de l'Assemblée nationale populaire, le président du Sénat, le Premier ministre chef du gouvernement, le ministre des finances, le ministre de la justice, les ministres pour les faits relevés à la charge des fonctionnaires et des agents placés sous leur autorité.

[142] Chapitre II. Articles 83 à 103 de la loi n°53-83 du 21 avril 1983.
[143] Article 96 de la Constitution du 8 juillet 1979.
[144] Article 103 de la loi n° 53-83 du 21 avril 1983.

QUATRIEME PARTIE

LES DONNEES FONDAMENTALES DES ANNEES 90 ET LA CONFERENCE NATIONALE

CHAPITRE I

BUTS DE LA REFORME

95. A partir de l'année 1990, l'ordre général des institutions est bouleversé avec le changement d'option idéologique et politique de la nation. Avec la Conférence nationale qui se tient alors que s'achève le deuxième quinquennat du Président Denis Sassou Nguesso, s'ouvre une nouvelle ère. Les orientations qu'elle avait données se traduisaient en un certain nombre d'actes qui organisaient la justice en République du Congo.

- L'acte n°021 de la conférence nationale portant dissolution des juridictions d'exception : la cour criminelle spéciale, le tribunal populaire, la cour révolutionnaire de justice, la cour révolutionnaire d'exception, la cour de sûreté de l'Etat.
- L'acte n°072 portant annulation et interdiction des affectations et détachements des personnes autres que ceux des corps de la justice dans les structures du pouvoir judiciaire.
- L'acte 064 portant organisation de l'administration pénitentiaire au Congo. Cet acte plaçant l'administration pénitentiaire sous le contrôle du Ministère de la Justice. Aux termes de l'article 2, cette administration comprenait une direction de l'administration pénitentiaire, les maisons d'arrêt et les maisons de correction, les établissements et services spécialisés pour mineurs délinquants et pour mineurs en danger moral.
- L'acte n°076 portant changement des appellations des juridictions.
- L'acte n°070 tendant à l'aboutissement rapide de la détermination de l'organisation et du fonctionnement des structures judiciaires[145].

[145] S. Ngoundos Idourah, op. cit., pp.148-149.

CINQUIEME PARTIE

LES REFORMES JUDICIAIRES DE 1992, 1994 ET 1999

CHAPITRE I

BUTS DE LA REFORME

96. De 1992 à 1999, un important élan de redynamisation du système judiciaire congolais impose l'élaboration d'un certain nombre de lois, notamment : la loi n°022-92 du 20 août 1992 portant Organisation du pouvoir judiciaire en République du Congo ; la loi n°023-92 du 20 août 1992 portant statut de la magistrature ; la loi n° 25-92 du 20 août 1992 portant organisation et fonctionnement du pouvoir judiciaire en République du Congo ; la loi n°27-92 du 20 août 1992 portant organisation de la profession d'Huissier de Justice en république du Congo ; la loi n°026-92 du 20 août 1992 portant Organisation de la profession d'avocat : la loi n°1-99 du 8 janvier 1999 portant attributions, Organisation et fonctionnement de la Haute Cour de justice ; la loi N°17-99 du 15 avril 1999 modifiant et complétant certaines dispositions de la loi n°025-92 du 20 août 1992 et de la loi N°30-94 du 18 Octobre 1994 portant Organisation et fonctionnement de la Cour Suprême ; la loi n°16-99 du 15 avril 1999 modifiant et complétant entraines dispositions de la loi n°024-92 du août 1992 et de la loi n° 29-94 du 18 octobre 1994 portant institution du Conseil supérieur de la magistrature, la loi n° 15-99 du 15 avril 1999 modifiant et compétant certaines dispositions de la loi n°023-92 du 20 août 1992 portant Organisation du pouvoir judiciaire ; Décret n°99-86 du 19 mai 1999 portant attributions et Organisation de la Direction générale de l'Administration pénitentiaire ; Décret n° 99-85 du 19 mai 1999 portant attributions, organisation et fonctionnement de l'Inspection générale des juridictions et des services judiciaires ; Décret n°99-88 du 19 mai 1999 portant attributions organisation du Ministère de la Justice.

Ainsi qu'on le constate, de 1992 à 1999, en passant par l'année 1994 le législateur congolais a légiféré dans plusieurs matières qui touchent la vie des institutions judiciaires congolaises. En sept ans le système judiciaire congolais a été marqué par des corrections, des rectifications et un fléchissement allant de son organisation à sa restructuration. La période est caractéristique des mutations et de l'instabilité provoquées par le régime issu de la Conférence nationale. C'est le retour aux affaires en 1997 du Président Denis Sassou-Nguesso qui réussit à replacer les institutions judiciaires dans des formes qui traduisent la volonté de donner aux justiciables les garanties d'une Justice digne et équitable.

SIXIEME PARTIE

L'ORDRE JURIDICTIONNEL ACTUEL[146]

[146] Loi n° 19-99 du 15 août 1999 modifiant et complétant certaines dispositions de la loi n°022-92 du 20 août 1992 portant organisation du pouvoir judiciaire.

TITRE I

LES PRINCIPES GENERAUX

97. Dès 1999, le gouvernement du Président Denis Sassou Nguesso poursuit les efforts de démocratisation du pays dont l'élan pris depuis la Conférence nationale était ralenti après plusieurs séquences de crises (1991, 1993, 1997). Mais la pacification du pays procède nécessairement d'un appareil judiciaire indépendant et apte à garantir aux justiciables leurs droits et libertés ainsi que des procès justes et équitables. Avec la Constitution du 20 janvier 2002, le pays compte dans son système plusieurs institutions parmi lesquelles : un Parlement (Assemblée nationale et Sénat), un pouvoir judiciaire (Cour Suprême, Cour des comptes et de discipline budgétaire, les Cours d'appel, les tribunaux de grande instance, les tribunaux administratifs, les tribunaux d'instance, les tribunaux de commerce, les tribunaux de travail, les tribunaux militaires) une Cour constitutionnelle, une Haute Cour de justice, un Conseil économique et social, un Conseil supérieur de la liberté de communication, un médiateur de la République, une commission nationale des droits de l'homme.

L'organisation territoriale de la justice est déterminée en fonction de l'organisation territoriale administrative. La justice est rendue au nom du peuple Congolais par un seul ordre de Juridictions qui comprend :

- La Cour suprême ;
- La Cour des Comptes ;
- La Cour commune de justice d'arbitrage de l'OHADA ;
- Les Cours d'Appel ;
- Les tribunaux de Grande Instance ;
- Les tribunaux Administratifs ;
- Les tribunaux de commerce ;
- Les tribunaux d'Instance ;
- Les tribunaux de Travail ;
- Les tribunaux Militaires.

A l'exception de la Cour suprême et de la Cour des Comptes, les cours d'appel ainsi que les tribunaux prévus à l'alinéa précédent peuvent être classés en juridictions de deuxième classe. Un décret du Président de la République, pris en Conseil Supérieur de la Magistrature, classe les juridictions ainsi énumérées et fixe la hiérarchie des magistrats chargés de pourvoir à leur fonctionnement[147]. Les citoyens Congolais sont égaux devant la loi et devant les Juridictions.

Ils peuvent agir et se défendre eux-mêmes verbalement ou sur mémoire devant toutes les juridictions à l'exception de la Cour Suprême. La Justice est gratuite à toutes les instances. Toutefois, à la fin du procès, le jugement met les frais à la charge des parties qui succombent solidairement ou à proportion de la gravité de leurs condamnations respectives[148]. Chaque formation juridictionnelle est composée de trois (3) magistrats sauf exceptions prévues par la loi[149]. Chaque formation juridictionnelle siège avec l'assistance d'un Magistrat du Ministère Public et d'un greffier. Toute formation juridictionnelle porte le nom du lieu de son siège[150].

[147] Article premier.
[148] Article 2.
[149] Article 3.
[150] Article 4.

TITRE II

ORGANISATION ET COMPETENCE DES JURIDICTIONS

CHAPITRE 1

LA COUR SUPREME[151]

La Cour Suprême est la plus haute juridiction nationale. Elle a son siège à Brazzaville. Son ressort comprend l'ensemble du territoire national et son pouvoir de contrôle juridictionnel porte sur toutes les autres juridictions[152]. Une loi fixe l'organisation et le fonctionnement de la Cour Suprême[153]

Section première. La Compétence

98. La Cour Suprême est la plus haute juridiction nationale. La Cour Suprême rend des arrêts et émet des avis sur les engagements internationaux et les actes règlementaires généraux lorsqu'elle en est saisie. La Cour Suprême se prononce sur les recours pour excès de pouvoir formés contre les décisions émanant des diverses autorités administratives[154].

La Cour Suprême se prononce sur les pourvois en cassation pour incompétence, violation de la loi, de la coutume et des principes du Droit, dirigés contre les décisions juridictionnelles rendues en dernier ressort et en toutes matières par toutes les juridictions et par les organismes administratifs à caractère juridictionnel ainsi que contre les décisions ou les recommandations exécutoires des conseils d'arbitrage ou des commissions

---

[151] Article 6.

[152] Article 5.

[153] Loi n°17-99 du 15 avril 1999 modifiant et complétant certaines dispositions de la loi n°025-92 du 20 août 1992 et de la loi n°30-94 du 18 octobre 1994 portant organisation et fonctionnement de la Cour suprême.

[154] Auguste Iloki, Le recours pour excès de pouvoir au Congo, L'Harmattan.

de recommandation et contre les sentences arbitrales qui sanctionnent le règlement des conflits soumis à des clauses compromissoires[155].

La Cour Suprême est, en outre, compétente pour connaître :

- Des demandes en révision ;
- Des règlements de juges pour trancher les conflits de compétence surgis entre les juridictions correctionnelles ;
- Des demandes de renvoi d'une juridiction à une autre en matière criminelle, correctionnelle ou de police pour cause de suspicion légitime, de sûreté publique, d'interruption du cours de la justice ou pour une bonne administration de la justice ;
- Des demandes de prise à partie contre une juridiction ou contre un magistrat individuellement ;
- Des contrariétés des décisions juridictionnelles rendues en dernier ressort, entre les mêmes parties et sur les mêmes moyens par différentes juridictions ;
- Des crimes et délits commis par un magistrat ;
- De l'instruction des procédures diligentées contre les magistrats justiciables de la Haute cour de justice ;
- Des pourvois en cassation avec droit d'évocation contre les décisions rendues par les Cours criminelles[156].

La Cour Suprême peut être consultée par le Gouvernement sur les projets de règlement et sur toutes les questions pour lesquelles son intervention est prévue par la Constitution ou la loi. La Cour Suprême donne également par le Président de la République, les membres du Gouvernement et les membres du bureau du Parlement. La Cour Suprême donne également un avis sur toutes les questions qui lui sont soumises par le Président de la République, les membres du Gouvernement et les membres du bureau du Parlement.

La Cour Suprême peut ainsi être consultée sous réserve de trois conditions :

1° Il faut que les dispositions légales ou règlementaires, qui régissent la matière, n'y fassent pas obstacle ;

2° Il faut que l'autorité investie du pouvoir de décider ne se considère pas liée par la proposition ou l'avis formulé ;

3° Il faut que l'autorité, qui saisit la Cour Suprême, à l'exception du Président de la République, du bureau du Parlement, soit compétente sur la question sur laquelle elle souhaite obtenir l'avis de la Cour Suprême. La Cour Suprême contrôle l'activité juridictionnelle des cours et tribunaux[157].

---

[155] Articles 1 à 4.
[156] Article 5.
[157] Articles 6 à 7.

Section 2. L'organisation

Paragraphe 1. Les membres de la Cour Suprême

99. La Cour Suprême est composée d'un premier Président, d'un vice-président, de cinq Présidents de chambre et de seize juges.

Le Ministère public est constitué par le Procureur Général près de la Cour Suprême. Il est assisté d'un premier avocat général et de cinq avocats généraux.

Sont nommés à la Cour Suprême les magistrats hors hiérarchie ou du premier grade ayant au moins quinze années d'ancienneté dont dix années effectives dans les juridictions ou dans les institutions centrales de l'Etat.

Ils doivent en outre remplir les critères de :

- Expérience ;
- Technicité et compétence ;
- Cursus professionnel ;
- Probité morale ;
- Conscience professionnelle ;
- Sens élevé du patriotisme.

Toutefois peuvent être nommés à la chambre administrative et constitutionnelle de la Cour Suprême les magistrats qui remplissent les conditions de grade, d'ancienneté et de présence effective dans leur administration d'origine. Un décret du Président de la République, sur proposition du Conseil supérieur de la magistrature, détermine la prise de rang entre les membres de la Cour Suprême ainsi que les conditions dont sont reçus les honneurs à l'occasion des cérémonies officielles. La liste des magistrats, soumis à la nomination du Président de la République, est établie et présentée par le Conseil supérieur de la magistrature, conformément à la loi portant organisation du pouvoir judiciaire, à la loi portant statut de la magistrature et à la loi portant institution du Conseil Supérieur de la Magistrature[158].

Tous les magistrats, ainsi nommés, demeurent en fonction jusqu'à l'âge de la retraite fixée à soixante-cinq ans, sauf cas de démission, de condamnation pour délit ou crime, d'indignité, de démence ou d'empêchement définitif. Avant d'entrer en fonction, les membres de la Cour Suprême prêtent serment devant la Cour Suprême dans les termes suivants : ''Je jure de bien et fidèlement remplir ma fonction, de l'exercer en toute impartialité dans le respect de la Constitution, de garder le secret des délibérations et des votes, de ne prendre aucune position publique et de ne donner aucune consultation, à titre privé, sur les questions relevant de la compétence de la Cour Suprême et de me conduire en tout comme un digne et loyal magistrat''. Acte est don-

---

[158] Articles 8 à 10.

né de la prestation de serment. Les membres de la Cour Suprême ne peuvent être poursuivis, arrêtés, détenus ou jugés, en matière pénale, qu'avec l'autorisation du bureau de la Cour Suprême. La demande en récusation d'un magistrat de la Cour Suprême est motivée et est adressée au Premier Président de la Cour Suprême qui statue par ordonnance ; celle-ci n'est susceptible d'aucune voie de recours.

La demande en récusation est adressée au Président du Conseil supérieur de la magistrature, lorsque la récusation concerne le Premier Président de la Cour Suprême. Les membres de la Cour Suprême portent, aux audiences, un costume dont les caractéristiques sont fixées par décret du Président de la République pris sur proposition du Conseil Supérieur de la Magistrature. Les magistrats de la Cour Suprême perçoivent, en plus de leur rémunération qui comprend le traitement indiciaire et ses accessoires, une indemnité spéciale de fonction fixée par décret du Président de la République pris sur proposition du Conseil Supérieur de la Magistrature. En toutes matières qui ne sont pas prévues au présent chapitre, le statut de la Magistrature est applicable.

Paragraphe 2. L'administration de la Cour Suprême

100. Le Premier Président est chargé de l'administration et de la discipline de la Cour Suprême. Il est assisté du bureau de la Cour Suprême. Le bureau de la Cour Suprême est formé du Premier Président, du Procureur Général, du Vice-président, du premier avocat général, des Présidents de chambre et des cinq avocats généraux. Le bureau de la Cour Suprême est présidé par le Premier Président ou, en cas d'absence ou d'empêchement, par le Procureur Général près la Cour Suprême. Le greffe de la Cour Suprême est dirigé par un greffier en chef qui assure le secrétariat des chambres et de l'Assemblée générale consultative. Il est choisi parmi les plus gradés des greffiers en chef des cours et tribunaux. Le greffier en chef est assisté d'autant de greffiers que la Cour Suprême estime nécessaire au fonctionnement régulier du greffe. Le greffier en chef et les greffiers de la Cour Suprême sont nommés par voie règlementaire[159].

Paragraphe 3. Les formations de la Cour Suprême

101. La Cour Suprême comprend les formations suivantes :
- La chambre administrative et constitutionnelle ;
- La chambre pénale ;
- La chambre commerciale ;
- La chambre sociale ;

[159] Articles 17 à 18.

- La chambre mixte ;
- Les chambres réunies ;
- L'assemblée générale consultative.

Le Premier Président de la Cour Suprême préside la première chambre civile, la chambre mixte, les chambres réunies, l'assemblée générale consultative ainsi que toute autre formation de la Cour Suprême lorsqu'il le juge convenable. Le Premier Président de la Cour Suprême est suppléé par le vice-président et, à défaut, par le Président de chambre ayant le rang le plus élevé. Le vice-président préside la deuxième chambre civile. Les présidents des chambres président leurs chambres respectives. Ils sont suppléés, en cas d'absence ou d'empêchement, par le plus ancien des magistrats de la chambre. A l'exception des chambres réunies, chaque chambre comprend un Président de chambre et deux magistrats. Dans le cas où une formation de jugement ne peut être valablement constituée, des juges intérimaires peuvent être provisoirement appelés à y siéger. Ils sont désignés parmi les magistrats du siège des cours d'appel par ordonnance du Premier Président de la Cour Suprême et, en cas d'absence ou d'empêchement, par ordonnance du vice-président de la Cour Suprême.

Les juges intérimaires ne peuvent point siéger dans les affaires au jugement desquelles ils ont participé dans leurs formations habituelles. La chambre civile est compétente en matière civile. La chambre administrative et constitutionnelle est compétente en matière administrative, financière et constitutionnelle. Elle reçoit les recours formés notamment contre les décisions de la cour des comptes. Lorsqu'elle exerce les attributions constitutionnelles, la chambre administrative et constitutionnelle adopte la même composition que les chambres réunies. La Cour Suprême prend, dans ces conditions, ses décisions à la majorité absolue de ses membres[160]. La chambre pénale est compétente en matière pénale. Elle juge en premier et dernier ressort les crimes et délits commis par les magistrats non justiciables de la Haute Cour de justice. La chambre pénale a le droit d'évocation en matière criminelle ; ce droit d'évocation est facultatif. La chambre commerciale est compétente en matière commerciale. La chambre sociale est compétente en matière sociale.

102. La chambre mixte est compétente pour connaître des pourvois exercés dans des cas qui ont donné lieu à des divergences d'interprétation de la loi par deux ou trois chambres.

Elle est saisie, par ordonnance du Premier Président de la Cour Suprême, soit sur son initiative propre, soit sur celle des Présidents des chambres intéressées. Les chambres réunies comprennent les membres des chambres civiles, ceux de la chambre administrative et constitutionnelle, ceux de la

---

[160] Articles 19 à 24.

chambre pénale, ceux de la chambre commerciale et ceux de la chambre sociale. Les chambres réunies sont compétentes pour statuer sur le pourvoi en cassation lorsqu'après cassation d'un premier arrêt en dernier ressort rendu dans la même affaire, entre les mêmes parties, le second arrêt est attaqué. Les chambres réunies sont saisies par un arrêt de la chambre à laquelle l'affaire est distribuée. L'assemblée générale consultative comprend :

Le Premier Président, le Procureur Général, le Vice-président, les Présidents de chambre, les avocats généraux et les juges.

L'assemblée générale consultative est compétente pour émettre les avis consultatifs prévus à l'article 6 ci-dessus. Les avis de l'assemblée générale consultative sont pris à la majorité absolue de ses membres. Les opinions dissidentes ainsi que leurs motifs peuvent être mentionnés à la suite de l'opinion de la majorité. Le Gouvernement peut désigner auprès de l'assemblée générale consultative, pour chaque affaire, en qualité de commissaire du Gouvernement, des personnes qualifiées qui sont chargées de présenter le point de vue du Gouvernement et sa motivation et de fournir, à l'assemblée générale consultative, toute indication utile. Le commissaire du Gouvernement participe aux débats sur l'affaire pour laquelle il a été désigné, mais n'a pas voix délibérative[161].

103. Le Procureur Général près la Cour Suprême occupe le siège du Ministère public devant toutes les formations de la Cour Suprême. Il est secondé par le premier avocat général et des avocats généraux qu'il affecte, individuellement, à une ou plusieurs formations de la Cour Suprême. Il présente des réquisitions écrites sur chaque affaire devant venir à l'audience. Il peut, s'il le juge utile, occuper le siège du Ministère public devant toutes les juridictions nationales. Il a autorité sur tous les parquets de la République qui peuvent être requis par lui aux fins d'engager ou de faire engager des poursuites ou de saisir tel juge d'instruction ou telle juridiction de jugement compétente.

Il veille à l'application de la loi pénale à travers le contrôle qu'il exerce :

- Sur les enquêtes diligentées par la police ou la gendarmerie ;
- Sur la régularité des arrestations, des gardes à vue, des incarcérations, des détentions et le fonctionnement de l'administration pénitentiaire ;
- Sur la mise en mouvement de l'action publique devant les juridictions pénales ;
- Sur la participation active du Ministère public aux audiences civiles.

Il peut prendre ou faire prendre, d'urgence, des mesures provisoires indispensables au rétablissement de la légalité ; ces mesures demeurent en

[161] Articles 26 à 32.

vigueur jusqu'à la décision de la juridiction compétente. Lorsqu'ils reçoivent des Présidents des tribunaux et des cours d'appel le relevé mensuel des affaires enrôlées aux différentes audiences ainsi que des décisions prises, le Premier Président de la Cour Suprême font, aux différentes juridictions, les remarques qu'ils jugent opportunes. L'assemblée intérieure de la Cour Suprême, qui comprend tous les membres de la Cour Suprême, délibère sur les questions relatives à la vie de la Cour Suprême et peut compléter les règles d'organisation et de fonctionnement de la Cour Suprême par un règlement intérieur. Les crédits nécessaires au fonctionnement de la Cour Suprême et des autres juridictions nationales sont inscrits au budget de l'Etat au titre de la Cour Suprême et des autres juridictions nationales.

Un décret du Président de la République, pris sur proposition du Conseil Supérieur de la Magistrature, détermine les modalités de gestion des crédits alloués à la Cour Suprême et aux autres juridictions nationales[162].

---

[162] Articles 32 à 36.

CHAPITRE 2

LA COUR DES COMPTES

Section 1. La compétence

104. La Cour des Comptes siège à Brazzaville. Elle est la juridiction compétente en matière de gestion financière et comptable des deniers de l'Etat, des collectivités locales, des établissements publics quel que soit leur caractère, des entreprises d'Etat, des entreprises d'économie mixte, des organismes subventionnés et généralement de tous les organismes personnalisés ou non que la loi a soumis à sa juridiction et à son contrôle. Ses arrêts définitifs sont susceptibles de recours en cassation devant la Cour Suprême ou de pourvoi en révision devant la Cour des Comptes elle-même[163]. En ce qui concerne les administrations publiques de l'Etat, et des collectivités locales, les établissements publics et les entreprises d'Etat, la Cour des Comptes exerce :

a) Des attributions juridictionnelles. Elle juge les comptes des ordonnateurs et des comptables publics ainsi que des personnes déclarées comptables de fait. Elle juge les comptes des comptables matières qui sont proposés à la garde, à la conservation et à la manutention des biens meubles et immeubles de l'Etat, des collectivités locales, des établissements publics et des entreprises d'Etat ;

b) Des attributions de discipline budgétaire. Elle sanctionne les fautes de gestion commises à l'égard de la législation et de la règlementation financière. Elle sanctionne les errements commis à l'égard de passation des marchés et contrats. Elle sanctionne les infractions à la morale administrative[164].

La Cour des Comptes exerce les attributions de contrôle sur l'activité des organismes d'économie mixte, des organismes subventionnés et généralement tous les organismes personnalisés ou non que la loi a soumis à son contrôle[165]. La Cour des Comptes établit un rapport annuel. Elle peut être consultée et peut donner des avis. La Cour est habilitée à se faire communiquer périodiquement tous documents de quelque nature que ce soit relatifs à la gestion des services, organismes et entreprises soumis à son contrôle. Elle a pouvoir d'entendre tout

---

[163] Article 7.
[164] Article 8.
[165] Article 9.

Directeur ou Chef de Service ou tout gestionnaire de fonds publics, tout membre des institutions et corps de contrôle[166]. La Cour peut requérir dans toutes les affaires soumises à son jugement ou à son contrôle. Elle peut ordonner communication d'office[167].

105. Les ordonnateurs et les comptables présentent leurs comptes à la Cour. La Cour s'assure que des comptes sont présentés dans les délais fixés par les lois et règlements. Elle requiert contre les comptables qui sont en retard l'application des peines prévues par la présente loi. Elle demande au Ministre des Finances l'application de sanctions disciplinaires contre les ordonnateurs qui sont en retard[168].Le Ministre des Finances dresse chaque année un état général de tous les ordonnateurs et comptables qui sont tenus de présenter leurs comptes à la Cour[169]. Les Conseillers à la Cour des Comptes ont tous pouvoirs d'investigation pour l'instruction des comptes ou affaires qui leur sont attribués. Ils peuvent se rendre sur les lieux ou correspondre avec les personnes intéressées. Ils ont libre accès dans tous les services et organismes soumis à leur contrôle, lesquels sont tenus de fournir tous les renseignements demandés. Toute enquête sur place donne lieu à un ordre de mission du Président de la Cour[170]. Ont qualité pour saisir la Cour des Comptes par l'organe du Ministère Public :

- Le Président de la République
- Le Président de l'Assemblée Nationale
- Le Président du Sénat
- Le Premier Ministre, Chef du Gouvernement
- Le Ministre de la Justice
- Les Ministres pour les faits relevés à la charge des fonctionnaires et agents placés sous leur autorité[171].

Section 2. L'organisation

Paragraphe 1. Les membres

106. La Cour des comptes est composée d'un Président, d'un Vice-président, de quatre Présidents de Chambres et de Conseillers. Les Conseillers à la Cour des comptes sont nommés par décret pris en Conseil des Ministres sur proposition conjointe du Garde des Sceaux, Ministre de la Justice

---

166 Article 10.
167 Article 11.
168 Article 12.
169 **Article 13.**
170 Article 14.
171 Article 15.

et du Ministre des Finances pour les fonctionnaires et par décret du Président de la République sur proposition du conseil Supérieur de la Magistrature, pour les Magistrats :

1° Dans la catégorie des Magistrats, deux d'entre eux sont nommés Président et Vice-président.

2° Dans la catégorie des fonctionnaires, peuvent être nommés les fonctionnaires comptant six années de service public, titulaires d'une licence de l'enseignement supérieur ou d'une maîtrise, ou d'un diplôme reconnu équivalent par l'Université Nationale et reconnus pour leur compétence en matière financière et comptable[172].

3° Et des fonctionnaires de la catégorie A1 de l a Fonction Publique, non titulaires d'une licence de l'enseignement supérieur comptant quinze années de service public et connus pour leur compétence en matière financière et comptable.

Le Ministère Public est constitué par le Procureur Général près de la Cour des comptes, un Avocat Général et des Substituts Généraux, tous Magistrats. Ces Magistrats sont nommés par décret du Président de la République sur proposition du Conseil Supérieur de la Magistrature[173]. Un Conseiller à la Cour des comptes peut être récusé par l'une des parties au procès. La demande de récusation doit être motivée.

Lorsqu'elle vise le Président de la Cour des comptes elle est adressée au Président de la Cour Suprême qui statue sans frais par une ordonnance qui n'est susceptible d'aucun recours.

Lorsqu'elle concerne un Conseiller, elle est adressée au Président de la Cour des comptes qui statue dans les mêmes conditions que le Président de la Cour Suprême[174]. Les Magistrats membres de la Cour des comptes portent aux audiences le même costume que les Membres correspondants des Cours d'Appel[175].

Paragraphe 2. L'administration

107. L'assemblée Générale de la Cour des comptes délibère sur les questions concernant la vie de la Cour. Elle peut édicter des règles qui complètent les lois règlements sur le fonctionnement de la Cour des comptes. Elle est compétente pour édicter les règles générales concernant le fonctionnement pratique des formations de la Cour et de ses services et notamment en ce qui concerne la date, l'heure d'ouverture et la périodicité des audiences régulières, la répartition des dossiers entre les diverses formations et les

---

[172] Article 16.
[173] Article 17.
[174] Article 18.
[175] Article 19.

membres de la Cour qui en font partie, le fonctionnement de l a bibliothèque, l'organisation, la bonne tenue et la surveillance du Greffe de la Cour[176].

L'Assemblée Générale de la Cour des comptes comprend le Président de la Cour des comptes, le Vice-président, les Présidents des Chambres, le Procureur Général et l'Avocat Général près de la Cour des comptes et les Substituts Généraux.

Le Greffier en Chef assiste aux délibérations de l'assemblée générale, sauf en matière disciplinaire. Elle est placée sous la présidence du Président de la Cour des comptes ou en cas d'absence ou d'empêchement, sous la présidence du Procureur Général près de la Cour des comptes[177]. Le Greffe de la Cour des comptes comprend : un (1) Greffier en Chef et des Greffiers nommés par arrêté du Garde des Sceaux, Ministre de la Justice parmi les membres du Corps des Greffiers[178].

Le Greffe de la Cour a sous l'autorité et le contrôle des deux (2) Chefs de Cour, outre les missions des Greffes des Cours d'Appel, celles :

- d'enregistrer par ordre de date et de numéro les comptes déposés par les comptables le jour du dépôt ;
- conserver les pièces vérifiées pendant dix (10) années et les déposer contre récépissé aux archives nationales à l'expiration de ce délai ;
- de conserver et garder indéfiniment les comptes jugés et les originaux des arrêts et des rapports ;
- de faire et délivrer les grosses et expéditions des arrêts[179].

Le Procureur Général près la Cour des comptes administre et gère le personnel en service à la Cour. Il exerce, sur eux, le pouvoir d'appréciation et de notation et saisit le Procureur Général près la Cour Suprême de toutes propositions utiles[180].

Paragraphe 3. Les formations

108. La Cour des Comptes adopte les formations juridictionnelles suivantes :

1° La chambre du Budget de l'Etat ;

2° La chambre du Budget des établissements publics à caractère administratif, industriel, commercial ou agropastoral ;

3° La chambre du Budget des collectivités locales ;

---

[176] Article 20.
[177] Article 21.
[178] Article 22.
[179] Article 23.
[180] Article 24.

4° La Chambre des comptes des entreprises d'Etat ou d'économie mixte et autres organismes.

Chaque Chambre comprend trois (3) Conseillers. Les Conseillers sont affectés au services de chaque chambre par décision du Président de la Cour. La Cour des comptes peut se réunir en assemblée générale pour émettre des avis. Chaque Chambre est présidée par un (1) Magistrat. En cas d'absence ou d'empêchement, la Présidence est assurée soit par le Président de la Cour des comptes ou son Vice-président soit par un (1) Magistrat de la Cour des Comptes par lui désigné[181].

La nature des dossiers dévolus à la compétence de chaque chambre est déterminée par le Président de la Cour des comptes[182]. Le Procureur occupe le siège du Ministère Public devant toutes les formations juridictionnelles de la Cour des Comptes. Il prend des réquisitions écrites et orales dans toutes les affaires qu'il soumet au jugement de la Cour ou dans celles pour lesquelles la Cour ordonne l'instruction d'office. Il suit devant la Cour l'instruction et le jugement des demandes à fin de révision pour cause d'erreur, omissions, double ou faux emplois. Toutes les fois qu'une prévention de faux ou de concussion est relevée contre un comptable, le Procureur Général est entendu dans ses réquisitions avant d'y être statué[183].

Le Procureur fait un état général à tous les comptables qui doivent présenter leurs comptes à la Cour. Il s'assure que ces comptes sont présentés dans les délais fixés par les lois et règlements et requiert, contre ceux qui sont en retard, l'application des peines prévues par la loi[184]. Le Procureur Général adresse au garde des Sceaux, Ministre de la Justice des expéditions des arrêts de la Cour, à charge par lui de les faire parvenir au Ministre des Finances qui en assure l'exécution[185].

Section 3. Les attributions de contrôle

109. Contrôle des comptes d'administration. La Cour des comptes exerce son contrôle dans les conditions prévues par les lois et règlements financiers sur tous les ordonnateurs des collectivités locales. Elle atteste, par déclaration de conformité, la concordance générale des écritures des ordonnateurs et des comptables[186]. Contrôle des établissements publics à caractère industriel et commercial, des entreprises d'Etat et des sociétés d'économie mixte. Les

---

[181] Article 25.
[182] Article 26.
[183] Article 27.
[184] Article 28.
[185] Article 29.
[186] Article 30.

établissements publics à caractère industriel et commercial, agropastoral, les entreprises d'Etat, les collectivités locales et les établissements publics qui détiennent séparément ou conjointement plus de 30% du capital sont contrôlés par la Cour des Comptes. La liste des établissements et sociétés est fixée par arrêté du Ministre des Finances. Cet arrêté a valeur énonciative[187].

Contrôle des organismes de sécurité sociale. Les organismes de droit privé jouissant de la personnalité civile et de l'autonomie financière, assurant en tout ou en partie la gestion d'un régime légal de sécurité sociale, sont contrôlés par la Cour des comptes. Le contrôle porte sur l'ensemble des activités exercées par ces organismes envisagés sous leurs différents aspects ainsi que sur les résultats obtenus[188].

Contrôle des organismes subventionnés. Tout organisme subventionné dont la gestion n'est pas assujettie aux règles de la comptabilité publique, et quelles que soient sa nature juridique et la forme des subventions qui lui sont attribuées par l'Etat, une collectivité locale ou un établissement public du Congo peut faire l'objet du contrôle de la Cour des comptes. L'exercice de ce droit de contrôle reste limité à l'utilisation de ces subventions dont la destination doit demeurer conforme au but pour lequel elles ont été consenties. Ces dispositions sont applicables aux organismes relevant des subventions d'autres organismes eux-mêmes soumis au contrôle de la Cour des comptes. Peuvent également faire l'objet du contrôle de la Cour, les organismes autorisés à percevoir des taxes parafiscales[189].

Paragraphe 1. Le rapport annuel et les avis

110. Tous les ans, la Cour des comptes examine les observations faites à l'occasion des diverses vérifications effectuées pendant l'année précédente et forme si elle juge utile, avec celles qu'elle retient un rapport au Président de la République, au Président de l'Assemblée Nationale, au Président de Sénat et au Premier Ministre. Ce rapport comporte en outre toute observation utile concernant l'orientation économique et financière de la Nation. Il est accompagné des réponses de l'Administration. Toutefois ces réponses n'auront pas à figurer au rapport si elles ne sont pas fournies dans un délai de deux (2) mois à compter de la date des observations faites par la Cour[190].

Saisie par le Gouvernement, la Cour des comptes donne son avis sur les projets de loi et règlements relatifs à l'organisation financière et économique de l'Etat. Elle peut être consultée par les membres du Gouvernement sur les difficultés d'application de la règlementation financière, fiscale, comptable

---

[187] Article 31.
[188] Article 32.
[189] Article 33.
[190] Article 34.

et économique de l'Etat. Cette consultation de la Cour des comptes ne fait pas obstacle à la consultation obligatoire ou facultative du Conseil Constitutionnel et de la Cour Suprême dans les cas prévus par la Constitution, les lois et Règlements[191].

Paragraphe 2. Les infractions et les sanctions

111. Tout comptable qui n'a pas présenté son compte dans les délais prescrits par les lois et règlements peut être condamné par la Cour à une amende dont le montant est fixé à 10.000 francs au maximum par mois de retard[192].Tout comptable qui n'a pas répondu aux injonctions prononcées sur ces comptes dans le délai prescrit peut être condamné par la Cour à une amende de 5.000francs au maximum par injonction et par mois de retard, s'il ne fournit aucune excuse jugée pertinente par elle au sujet de ce retard[193].

Le Commis d'office substitué au comptable défaillant pour présenter un compte ou satisfaire à des injonctions, le comptable en exercice chargé de présenter le compte comportant les opérations effectuées par les comptables sortis de fonctions ou de répondre à des injonctions portant sur la gestion de ses prédécesseurs sont passibles des amendes ci-dessus prévues à raison des retards qui leur sont personnellement imputables[194]. Dans le cas où une gestion fait l'objet des poursuites prévues par le Code Pénal, le Comptable de fait peut être condamné, par la Cour à une amende calculée suivant l'importance et la durée du maniement des deniers et dont le montant ne peut dépasser le total des sommes indûment maniées[195].

Tout fonctionnaire civil ou militaire, tout agent de l'Etat, tout membre de Cabinet de Ministre, Secrétaire ou Sous-secrétaire d'Etat et généralement tout sans avoir obtenu le visa du Directeur du Contrôle Financier dans les conditions prescrites par la règlementation sur le contrôle financier de l'Etat ou qui malgré le refus de visa opposé par le Directeur du Contrôle Financier à une proposition d'engagement et de dépense aura passé outre sans avoir obtenu l'avis conforme du Ministre des finances ou qui engage des dépenses sans avoir reçu à cet effet délégation de signature sera passible d'une amende dont le maximum pourra atteindre le montant du traitement brut annuel qui lui était alloué à la date à laquelle le fait a été commis[196].

---

[191] Article 35.
[192] Article 36.
[193] Article 37.
[194] Article 38.
[195] Article 39.
[196] Article 40.

112. Tout agent de l'Etat, tout membre d'un Cabinet de Ministre, Secrétaire ou sous-secrétaire d'Etat et généralement tout membre du Gouvernement, tout agent des collectivités locales, des établissements publics, des établissements, sociétés ou organismes visés par la présente loi, et généralement de tout organisme bénéficiant du concours financier de l'Etat ou dont les résultats d'exploitation intéressent le Trésor Public par suite d'une disposition statutaire ou règlementaire prévoyant une participation aux bénéfices et aux parts qui, en dehors des cas prévus au précédent article, aura enfreint les règles relatives à l'exécution des recettes et des dépenses des collectivités précitées ou la gestion des biens leur appartenant, sera passible d'une amende dont le maximum pourra atteindre le montant du traitement ou salaire brut annuel qui lui était alloué à la date de l'infraction. Toutefois, lorsque les faits incriminés constituent une gestion de fait, celle-ci demeure soumise aux dispositions prévues en pareil cas par la présente loi[197].

Tout fonctionnaire ou agent visé dans la présente loi qui, dans l'exercice de ses fonctions aura procuré ou tenté de procurer à ceux avec lesquels il contracte un bénéfice au moins double à dire d'experts du bénéfice normal, par suite de défaut de publicité ou de concurrence ou par manque de diligence, sera passible d'une amende dont le minimum atteindra le montant du traitement brut annuel qui lui était alloué à la date à laquelle il a contracté[198]

Lorsque les personnes visées aux articles précédents ne perçoivent pas la rémunération ayant le caractère d'un traitement, le maximum de l'amende pourra atteindre le montant du traitement brut annuel correspondant à l'indice le plus élevé attribué aux fonctionnaires de la catégorie I[199]. Les auteurs des faits visés aux articles ci-dessus ne sont passibles d'aucune sanction s'ils peuvent exciper d'un ordre écrit, préalablement donné à la suite d'un rapport particulier à chaque affaire par leur Ministre dont la responsabilité se substituera dans ce cas à la leur[200]. Les règles de procédure suivies par la Cour des Comptes sont celles fixées par le Code de Procédure Civile, Commerciale, Administrative et Financière[201].

---

[197] Article 41.
[198] Article 42.
[199] Article 43.
[200] Article 44.
[201] Article 45.

CHAPITRE 3

LA COUR COMMUNE DE JUSTICE ET D'ARBITRAGE DE L'OHADA

Section 1. L'organisation

Paragraphe 1. Les membres

113. La période de fonction des membres de la Cour commence à courir le 1er janvier de l'année suivant leur élection. Toutefois, la période de fonction des juges élus lors de la première élection commence à courir 60 jours après cette élection. La période de fonction d'un juge élu en remplacement d'un autre juge, conformément à l'article 35 du Traité, commence à compter de la déclaration solennelle prévue par l'article 34 du Traité.

Conformément à l'article 31 du Traité, les juges sont élus pour sept ans, renouvelables une fois. Le mandat des juges lors de la première élection inclut en outre la période allant de la date de cette élection au 31 décembre de l'année de l'élection. Dans l'exercice de leurs fonctions, les membres de la Cour sont égaux, indépendamment de l'âge, de la date d'élection ou de l'ancienneté de leurs fonctions.

Sous réserve des dispositions des paragraphes 4 et 5 du présent article, les membres de la Cour prennent rang selon la date à laquelle ils sont entrés en fonction conformément à l'article 1er du présent Règlement. Les membres de la Cour réélus pour une nouvelle période de fonction suivant immédiatement la précédente conservent leur rang. Pendant la durée de leur mandat, le Président, le Premier Vice-président et le deuxième Vice-président prennent rang avant les autres membres de la Cour.

114. Lors de son entrée en fonction, tout membre de la Cour doit faire devant celle-ci en audience publique la déclaration suivante : ''Je jure en tout honneur et en toute impartialité et que j'observerai scrupuleusement le secret des délibérations.'' A l'occasion de la première nomination de l'ensemble des membres de la Cour, cette déclaration est faite, à la séance publique d'installation solennelle de celle-ci, devant le Président du Conseil des Ministres de l'OHADA.

Un membre de la Cour réélu ne renouvèle sa déclaration que si sa nouvelle période de fonction ne suit pas immédiatement la précédente. La démission d'un membre de la Cour est adressée par écrit au Président de la Cour qui en informe le Secrétaire permanent de l'OHADA. Ce dernier déclare le siège vacant et le Conseil procède au remplacement conformément à l'article 35 du Traité. Si le membre de la Cour qui démissionne est le Président, il fait connaître sa décision à la Cour. Le premier Vice-président en informe le Secrétaire permanent, pour le surplus, la procédure prévue au paragraphe 1er du présent article est applicable.

Si un membre de la Cour a cessé de remplir ses fonctions pour toute autre cause qu'une absence de caractère temporaire, ou s'il n'est plus en mesure de remplir lesdites fonctions et si, par suite, l'application de l'article 35 du Traité est envisagée, le membre de la Cour intéressé en est informé par le Président, dans une communication écrite qui expose les raisons pour lesquelles la procédure est engagée et indique tous les éléments de preuve s'y rapportant. La possibilité lui est ensuite offerte à une séance privée de la Cour de présenter ses observations. A une séance privée ultérieure tenue hors la présence du membre de la Cour intéressé, la question est discutée ; chaque membre de la Cour donne son avis et, si la demande en est faite, il est procédé à un vote. Si le membre de la Cour concernée par le paragraphe 1er est le Président celui-ci en est informé par le premier Vice-président qui applique ensuite la procédure prévue audit paragraphe 1er[202] .

Section 2. La présidence

115. La Cour élit son président pour une durée de trois ans et six mois, sans que cette durée puisse excéder celle du mandat de l'intéressé en tant que membre de la Cour. Si le président cesse de faire partie de la Cour ou démissionne de ses fonctions avant le terme normal de celles-ci, il est procédé à son remplacement pour la période restant à courir. Le président n'est pas rééligible. Il peut toutefois être réélu une fois au terme de son premier mandat si ce dernier lui a été conféré pour une durée inférieure à trois ans et six mois. Le président élu à la suite de la première élection de la Cour prend ses fonctions immédiatement. Son mandat expire trois ans et six mois à compter du 1er janvier suivant cette élection.

La première élection du président intervient aussi rapidement que possible après la première élection de la Cour. Elle se déroule sous la direction du Doyen d'âge. Les élections suivantes se déroulent sous la direction du Président sortant. Le membre de la cour qui obtient les voix de la majorité

[202] Articles 1 à 5.

des membres composant la Cour au moment de l'élection est déclaré élu. A partir du troisième tour de scrutin, la majorité relative suffit.

L'élection du premier et du deuxième Vice-président se déroule sous la direction du président nouvellement élu. Les paragraphes 1, 2, 3, 4, 6 et 7 du présent article s'appliquent à cette élection. Les dispositions du paragraphe 3 n'interdisent pas à la Cour d'élire comme Président l'un de ses Vice-présidents.

Le Président dirige les travaux et contrôle les services de la Cour. Il en préside les séances. Il représente la Cour et exerce toute autre mission qui lui est confiée par celle-ci. Lorsque la présidence est vacante, ou que le Président est empêché de l'exercer, elle est assurée par le premier Vice-président, ou à défaut par le second Vice-président, ou à défaut par l'un des juges l'ordre fixé par l'article 2 ci-dessus[203].

Section 3. Les chambres

116. La Cour siège en fonction plénière. Elle peut toutefois constituer des Chambres de trois ou cinq juges. Ces Chambres sont présidées par le Président de la Cour ou l'un des Vice-Présidents. Elles sont composées de juges élus par la Cour au scrutin secret et à la majorité absolue des membres présents et votants. A partir du troisième tour de scrutin, la majorité relative suffit.

Le Président de la Cour nomme le Greffier en chef de la Cour après avis de celle-ci, dans les conditions fixées par le premier alinéa de l'article 39 du Traité. Le greffier en chef est nommé pour une période de sept ans renouvelable une fois. En cas de vacance effective ou imminente, le Président avise les gouvernements des Etats Parties, soit dès l'ouverture de la vacance, soit, si la vacance doit résulter de l'expiration du mandat du Greffier en chef, six mois au moins avant cette expiration. Le Président fixe une date pour la clôture de la liste des candidats de telle façon que les propositions et renseignements les concernant puissent être reçus en temps utile. Les propositions doivent être accompagnées de tous renseignements utiles sur les candidats et indiquer notamment leur âge, leur nationalité, les fonctions qu'il ont exercées dans le passé et leurs occupations actuelles.

Le Président communique aux membres de la Cour la liste des candidats et sollicite l'avis de la Cour sur ces candidatures.

Avant d'entrer en fonctions, le Greffe en chef fait devant la Cour la déclaration suivante : ''Je déclare solennellement que j'exercerai en toute loyauté, discrétion et conscience les fonctions qui m'ont été confiées en ma

---

[203] Articles 6 à 8.

qualité de Greffier en chef de la Cour commune de justice et d'arbitrage et que j'observerai scrupuleusement le secret attaché à mes fonctions.''

Le Greffier en chef exerce l'ensemble de ses fonctions sous l'autorité du Président. Le Greffier en chef assure le secrétariat de la Cour. Il assiste la Cour dans l'accomplissement de ses fonctions. Il est responsable de l'organisation et des activités du Greffe. Il sert d'intermédiaire pour les communications, notifications ou significations émanant de la Cour ou adressées à celle-ci au sujet des affaires portées ou à porter devant elle. Il a la garde des sceaux. Il a la responsabilité des archives et prend soin des publications de la Cour. Il assure la responsabilité de tous les travaux administratifs et en particulier de la comptabilité et de la gestion financière. Il assiste en personne aux séances de la Cour et fait établir les procès-verbaux de ses séances. Le Président peut à tout moment, après avis de la Cour, confier d'autres fonctions au Greffier en chef.

Il est tenu au greffe, sous la responsabilité du Greffier en chef, un registre côté et paraphé par le Président, sur lequel sont inscrits à la suite et dans l'ordre de leur présentation tous les actes de procédure et les pièces déposées à l'appui. Mention de l'inscription au registre est faite par le Greffier en chef sur les originaux et, à la demande des parties, sur les copies qu'elles présentent à cet effet.

Les inscriptions au registre et les mentions prévues au paragraphe précédent constituent des actes authentiques.

117. Les modalités selon lesquelles le registre est tenu sont déterminées par les instructions prévues à l'article 15. Tout intéressé[204]. Un avis est publié au Journal officiel de l'OHADA indiquant la date de l'inscription de la requête introductive d'instance, les nom et domicile des Parties et l'objet du litige.

Toute Partie à l'instance peut en outre obtenir, suivant le tarif du Greffe, des copies des actes de procédure, ainsi que des expéditions des ordonnances et des arrêts[205]. La Cour peut décider qu'un ou plusieurs Greffiers adjoints seront chargés d'assister le greffier en chef et de le remplacer dans les limites fixées par les instructions prévues à l'article 15 du présent Règlement. Les emplois correspondants seront pourvus par le Président sur proposition du greffier en chef. Des instructions pour le greffe sont préparées par le greffier en chef et approuvées par le Président, après avis de la Cour. Le Greffier en chef ne peut être relevé de ses fonctions que s'il n'est pas en mesure de les exercer ou s'il a manqué aux obligations qui lui incombent.

Avant qu'une décision soit prise en application du présent article, le greffier en chef est informé par le Président de la mesure envisagée dans une

---

[204] Peut consulter le registre au Greffe et en obtenir des copies ou des extraits suivant le tarif du Greffe établi par la Cour sur proposition du Greffier en chef.

[205] Articles 9 à 13.

communication écrite qui en expose les raisons et indique tous les éléments de preuve s'y rapportant. La possibilité lui est ensuite offerte de présenter ses observations à une séance privée de la Cour. Si le Greffier en chef cesse ses fonctions avant l'expiration de son mandat, son successeur est nommé pour une période de sept années. Le plan d'organisation des services du greffe est établi par le Président sur proposition du greffe sont soumis au Règlement du personnel de l'OHADA en toute matière qui n'est pas incompatible avec l'indépendance de la Cour[206].

Section 4. Fonctionnement

118. Si le fonctionnement de la Cour dans certains de ses aspects rentre dans le cadre classique du fonctionnement des juridictions, comme la fixation des dates et heures des audiences par ordonnance, les délibérations en Chambre de conseil, le secret des délibérations, la possibilité d'organiser des audiences foraines, certaines des dispositions du Règlement (art. 9, alinéas 1 et 2, et art. 21) suscitent toujours des interrogations. Le siège de la Cour est fixé à Abidjan. La Cour peut toutefois, si elle le juge utile, se réunir en d'autres lieux, sur le territoire d'un Etat Partie, avec l'accord préalable de cet Etat qui ne peut, en aucun cas, être impliqué financièrement. Les dates et heures des séances de la Cour sont fixées par ordonnance du Président. La Cour délibère en chambre du Conseil. Ses délibérations sont et restent secrètes. Seuls les juges prennent part aux délibérations. Aucune autre personne ne peut y être admise sauf autorisation de la Cour. Il n'est tenu aucun procès-verbal des délibérations de la Cour en matière judiciaire.

Les décisions de la Cour sont prises à la majorité des juges présents. Les votes sont émis dans l'ordre inverse de celui établi à l'article 2 ci-dessus. En cas de partage des voix, celle du Président est prépondérante[207].

Section 5. La procédure contentieuse

119. Les attributions en matière contentieuse de la CCJA sont définies par l'article 14 du Traité. La saisine de la Cour se fait de deux manières selon l'article 15 du Traité : soit par les parties elles-mêmes qui saisissent directement la cour, soit par un arrêt d'une juridiction nationale statuant en cassation, saisie d'une affaire soulevant des questions relatives à l'application des Actes uniformes. Cette deuxième possibilité paraît juridi-

[206] Articles 14 à 18.
[207] Articles 19 à 22.

quement mal assise dans la mesure où il n'existe aucun lien entre les juridictions nationales de cassation et la CCJA. Ainsi les juridictions nationales de cassation, dans le cadre du Droit interne des Etats, préfèrent relever leur incompétence et renvoyer les parties à mieux se pourvoir (art. 18 du Traité) puisqu'elles sont incompétentes pour interpréter et appliquer les dispositions des Actes uniformes. En droit interne, généralement les décisions de renvoi sont orientées vers les juridictions de fond dont les décisions ont été cassées, ou devant une juridiction de fond ou devant une juridiction à titre de renvoi préjudiciel (c'est le cas de la Cour de l'UEMOA).

La procédure contentieuse, telle qu'elle est définie et règlementée aux articles 23 à 52 du Règlement de procédure, fait intervenir des concepts et des notions qui trouvent leur définition dans les règles de procédure des Etats parties au Traité OHADA. On remarque aussi qu'un même concept ou une même notion a deux définitions différentes suivant qu'il s'agit des règles nationales de procédure (art. 24) où la notion de signification d'acte est différente de celle habituellement retenue en droit interne.

Paragraphe 1. Généralités

120. Le ministère d'avocat est obligatoire devant la Cour. Est admise à exercer ce ministère toute personne pouvant se présenter en qualité d'avocat devant une juridiction de l'un des Etats Parties au Traité. Il appartient à toute personne se prévalant de cette qualité d'en apporter la preuve à la Cour. Elle devra en outre produire un mandat spécial de la Partie qu'elle représente. L'avocat dont le comportement devant la Cour est incompatible avec la dignité de celle-ci ou qui use des droits qu'il tient de ses fonctions à des fins autres que celles pour lesquelles ces droits lui ont été reconnus peut, après avoir été entendu, être exclu à tout moment de la procédure par ordonnance de la Cour. Cette ordonnance est immédiatement exécutoire.

Lorsqu'un avocat se trouve exclu de la procédure, celle-ci est suspendue jusqu'à l'expiration d'un délai fixé par le Président pour permettre à la partie intéressée de désigner un autre avocat. Les significations prévues au présent Règlement sont faites soit par envoi postal recommandé, avec accusé de réception, d'une copie de l'acte à signifier conforme par le greffier en chef. Lorsqu'un acte ou une formalité doit en vertu du Traité ou du présent Règlement être accompli avant l'expiration d'un délai, celui-ci a pour origine la date de l'acte, de l'évènement, de la décision ou de la signification qui fait courir ce délai. Le jour au cours duquel survient cet acte, cet évènement, cette décision ou cette signification n'est pas compris dans le délai.

Lorsqu'un délai est exprimé en mois ou en année, ce délai expire le jour du dernier mois ou de la dernière année qui porte le même quantième que le jour de l'acte, de l'évènement, de la décision ou de la signification qui fait courir le délai. A défaut d'un quantième identique, le délai expire le dernier jour du mois. Les délais comprennent les jours à 24 heures. Le délai qui expirerait normalement un samedi, un dimanche ou un jour férié légal dans le pays où l'acte ou la formalité doit être accompli est prorogé jusqu'au premier jour ouvrable suivant. La liste de ces jours fériés sera dressée par la Cour et sera publiée au Journal officiel de l'OHADA. Les délais de procédure, en raison de la distance, sont établis par une décision de la Cour publiée au Journal officiel de l'OHADA. Dès saisine de la Cour, le Président désigne un juge rapporteur chargé de suivre l'instruction de l'affaire et de faire rapport à la Cour[208].

Paragraphe 2. La procédure écrite

121. La procédure écrite est principalement décrite et régie par les grands principes posés par le Traité et les dispositions des articles 27 à 33 du Règlement de procédure. Cette règlementation se veut minutieuse et détaillée, même si certaines dispositions semblent reconnaître au Greffier en chef le pouvoir d'apprécier la conformité d'un recours (art. 28,5). Cette procédure écrite est cependant imprécise quant aux conditions d'ouverture du pourvoi en cassation. Faut-il s'inspirer des règles du droit interne des Etats ? En l'absence de dispositions dans le Traité et dans le Règlement de procédure, il n'ya pas d'autre solution. Fort heureusement, les cas d'ouverture à cassation sont sensiblement les mêmes d'un Etat partie à l'autre.

L'origine de tout acte de procédure doit être signée par l'avocat de la Partie. Cet acte, accompagné de toutes les annexes qui y sont mentionnées, est présenté avec sept copies pour la Cour et autant de copies sont certifiées conformes par la Partie qui les dépose. Tout acte de procédure est daté. Au regard des délais de procédure, seule la date de dépôt au greffe sera prise en considération. A tout acte de procédure est annexé un dossier, contenant les pièces et documents invoqués à l'appui et accompagné d'un bordereau de ces pièces et documents. Si, en raison du volume d'une pièce d'un document, il n'en est annexé à l'acte que des extraits, la pièce ou le document entier ou une copie compète est déposé au Greffe.

Lorsque la Cour est saisie par l'une des Parties à l'instance par la voie du recours en cassation prévu au troisième ou quatrième alinéa de l'article 14 du Traité, le recours est présenté au Greffe dans les deux mois de la signification de la décision attaquée par l'avocat du requérant dans les conditions fixées à l'article 23 ci-dessus. Le recours contient :

a) les nom et domicile du requérant ;

b) les nom et domicile des autres Parties à la procédure devant la juridiction nationale et de leur avocat ;

[208] Articles 23 à 26.

c) les conclusions du requérant et les moyens invoqués à l'appui de ces conclusions.

Le recours indique les Actes uniformes ou les Règlements prévus par le Traité dont l'application dans l'affaire justifie la saisine de la Cour. La décision de la juridiction nationale qui fait l'objet du recours doit être annexée à ce dernier. Mention doit être faite de la date à laquelle la décision attaquée a été signifiée au requérant. Aux fins de la procédure, le recours contient élection de domicile au lieu où la Cour a son Siège. Elle indique le nom de la personne qui est autorisée et qui a consenti à recevoir toutes significations. Si le requérant est une personne morale de droit privé, il joint à sa requête :

Ses statuts ou un extrait récent du registre de commerce, ou toute autre preuve de son existence juridique ; La preuve que le mandat donné à l'avocat a été régulièrement établi par un représentant qualifié à cet effet.

122. Si le recours n'est pas conforme aux conditions fixées au présent article, le Greffier en chef fixe au requérant un délai raisonnable aux fins de régularisation du recours ou de production des pièces mentionnées ci-dessus. A défaut de cette régularisation ou de cette production dans le délai imparti, la Cour décide de la recevabilité du recours[209].

Le recours est signifié par la Cour à toutes les Parties à la procédure devant la juridiction nationale. Dans le cas prévu au paragraphe 5 de l'article précédent, la signification est faite dès la régularisation ou dès que la Cour aura admis la recevabilité, eu égard aux conditions de forme, énumérées audit article. Toute Partie à la procédure devant la juridiction nationale peut présenter un mémoire en réponse dans un délai de trois mois à compter de la signification du recours.

Le mémoire en réponse contient :

a) les noms et domicile de la Partie qui le produit ;
b) la date à laquelle le pourvoi lui a été signifié ;
c) les conclusions présentées et les moyens invoqués.

Les paragraphes 3, 4 et 5 de l'article 28 et l'article 29 ci-dessus sont applicables. Le recours et le mémoire en réponse peuvent être complétés par un mémoire en réplique et un mémoire en duplique ou par tout autre mémoire lorsque le président, soit d'office, soit à la suite d'une demande présentée en ce sens dans un délai de quinze jours à compter de la signification du mémoire en réponse ou en réplique, le juge nécessaire et l'autorise expressément.

Lorsque le Président autorise le dépôt d'une réplique ou d'une duplique, ou de tout autre mémoire, il fixe les délais dans lesquels ceux-ci sont produits. Toute exception à la compétence de la Cour ou à la recevabilité du recours doit être présentée dans le délai fixé pour le dépôt de la première

[209] Articles 27 à 28.

pièce de procédure émanant de la Partie soulevant l'exception. La Cour peut statuer distinctement sur l'exception ou la joindre au fond. Lorsque la Cour est manifestement incompétente pour connaître du recours ou lorsque celui-ci est manifestement irrecevable ou manifestement non fondé, elle peut à tout moment rejeter ledit recours par voie d'ordonnance motivée. La Cour peut à tout moment pour cause de connexité, ordonner la jonction de plusieurs affaires aux fins de la procédure écrite ou orale ou de l'arrêt qui met fin à l'instance. Elle peut les disjoindre à nouveau[210].

Paragraphe 3. La procédure orale

123. Le principe posé par l'art. 34 du Règlement de procédure est que la procédure devant la CCJA est écrite. Toutefois, la procédure orale peut être organisée à la demande de l'une des parties dans certaines affaires. Les articles 34 à 38 organisent une telle procédure de matière sommaire. La procédure devant la Cour est essentiellement écrite. Toutefois la Cour peut, à la demande de l'une des Parties, organiser dans certaines affaires une procédure orale. En pareil cas, le Greffier en chef informe les Parties de la décision prise et de la date de l'audience, telle que fixée par le Président.

L'audience est publique, à moins qu'il n'en soit décidé autrement par la Cour. La décision de huis clos comporte défense de publication des débats. Le Président dirige les débats et exerce la police de l'audience. Il détermine l'ordre dans lequel les Parties sont appelées à prendre la parole. Le président peut, au cours des audiences, poser des questions aux Parties. La même faculté appartient à chaque juge avec l'autorisation du Président. Le greffier en chef établit un procès-verbal de chaque audience. Ce procès-verbal est signé par le Président et par le Greffier en chef. Il constitue un acte authentique. Les Parties peuvent prendre connaissance au greffe de tout procès-verbal et en obtenir copie à leur frais[211].

Paragraphe 4. Les arrêts de la cour

124. La CCJA est juge de cassation et juge de 3e degré du fait de son pouvoir d'évocation qui a l'avantage d'accélérer le cours de la justice et d'éviter l'éventuelle résistance des juridictions de renvoi. Comme juge de cassation, elle rend des arrêts d'irrecevabilité, des arrêts de rejet et des arrêts de cassation.

Les arrêts d'annulation interviennent dans l'hypothèse d'un pourvoi contre un arrêt d'une juridiction nationale de cassation rendu en violation de

---

[210] Articles 29 à 33.
[211] Articles 34 à 38.

l'article 15 du Traité. Le requérant ayant soulevé vainement l'incompétence de cette juridiction peut obtenir de la CCJA, si celle-ci se déclare compétente, une annulation de l'arrêt attaqué. Lorsque la CCJA évoque, elle rend deux types de décisions : des arrêts de rejet ou des arrêts de condamnation.

L'arrêt de la Cour contient :

- l'indication qu'il est rendu par la Cour ;
- la date du prononcé ;
- les noms des juges qui y ont pris part, ainsi que celui du Greffier ;
- l'indication des Parties ;
- les noms des avocats des Parties ;
- l'exposé sommaire des faits ;
- les motifs ;
- le dispositif, y compris la décision relative aux dépens.

L'arrêt est rendu en audience publique, les Parties dûment convoquées. La minute de l'arrêt est signée par le président et le Greffier en chef. Elle est scellée et déposée au greffe. Copie certifiée conforme en est signifiée à chacune des Parties. Celles-ci peuvent obtenir une grosse de l'arrêt au tarif fixé par la Cour. L'arrêt a force obligatoire à compter du jour de son prononcé. Un recueil de la jurisprudence de la Cour est publié par les soins du Greffier en chef sous le contrôle du Président ou du juge qu'il a délégué à cet effet[212].

Paragraphe 5. Les dépens

125. Il est statué sur les dépens dans l'arrêt qui met fin à l'instance.

Sont considérées comme dépens récupérables :

a) les droits de greffe ;

b) les frais indispensables exposés par les parties aux fins de la procédure, notamment les frais de déplacement et de séjour et la rémunération des avocats, selon le tarif fixé par la Cour ;

c) les frais qu'une Partie a dû exposer aux fins d'exécution forcée suivant le tarif en vigueur dans l'Etat où l'exécution forcée a lieu.

La Partie qui succombe est condamnée aux dépens, à moins que la Cour, pour des motifs exceptionnels, n'en décide autrement.

Si plusieurs Parties succombent, la Cour décide du partage des dépens. A défaut de conclusions sur les dépens, chaque Partie supporte ses propres dépens[213].

---

[212] Articles 39 à 42.
[213] Article 43.

Paragraphe 6. Les désistements

126. Si avant que la Cour ait statué, les Parties informent la Cour qu'elles renoncent à toute prétention, le Président ordonne la radiation de l'affaire du registre. Il statue sur les dépens. En cas d'accord sur les dépens, il statue selon l'accord. Si le requérant fait connaître par écrit à la Cour qu'il entend renoncer à l'instance, le Président ordonne la radiation de l'affaire du registre. La Partie qui se désiste est condamnée aux dépens s'il est conclu en ce sens par l'autre Partie. Toutefois, à la demande de la Partie, si cela apparaît justifié du fait de l'attitude de cette dernière. A défaut de conclusion sur les dépens, chaque Partie supporte ses propres dépens. Le Recueil de jurisprudence de la CCJA montre que celle-ci a rendu de nombreuses décisions de radiation en cas d'accord des parties ou de renonciation du requérant, l'accord pouvant concerner les dépens. Différents cas de figure sont envisagés par l'art. 44[214].

Paragraphe 7. L'intervention

127. L'intervention peut être définie au regard de l'article 45 du Règlement de procédure comme une procédure par laquelle un Etat partie au Traité ou toute autre personne qui a intérêt prend part au procès au niveau de la CCJA, alors même qu'il n'était pas partie devant la juridiction nationale. Les Etats Parties au Traité peuvent intervenir aux litiges soumis à la Cour. Le même droit appartient à toute personne ayant intérêt, pour la conservation de ses droits, à soutenir les prétentions de l'une des Parties. La demande d'intervention est présentée dans les trois mois de la publication prévue au paragraphe 6 de l'article 13 du présent Règlement. La demande contient :

a) l'indication de l'affaire ;

b) l'indication des Parties principales au litige ;

c) le nom et domicile de l'intervenant ;

d) l'élection de domicile de l'intervenant au lieu où la Cour a son siège ;

e) les conclusions au soutien desquelles l'intervention autre que celles d'Etats membres, l'exposé des raisons justifiant l'intérêt à intervenir.

f) Dans le cas de demandes d'intervention autres que celles d'Etats membres, l'exposé des raisons justifiant l'intérêt à intervenir.

La demande d'intervention est signifiée aux Parties. Le Président met les Parties en mesure de présenter leurs observations écrites ou orales avant de statuer sur la demande d'intervention. Si l'intervention est admise,

[214] Article 423.

l'intervenant reçoit communication de tous les actes de procédure signifiés aux Parties. Le Président peut cependant, à la demande d'une Partie, exclure de fait de communication des pièces confidentielles. L'intervenant accepte le litige dans l'état dans lequel les Parties peuvent répondre à ce mémoire[215].

Paragraphe 8. L'exécution forcée

128. L'exécution forcée des arrêts de la Cour est soumise à deux régimes juridiques : aux règles du droit national auxquelles le règlement de procédure renvoie ; aux règles particulières du Règlement de procédure qui dérogent souvent aux dispositions du droit interne des Etats parties au Traité. L'exécution forcée des arrêts de la Cour est régie par les règles de la procédure civile en vigueur dans l'Etat sur le territoire duquel elle a lieu. La formule exécutoire est apposée, sans autre contrôle que celui de la vérification de l'authenticité du titre, par l'autorité nationale que le Gouvernement de chacun des Etats Parties désignera à cet effet et dont il donnera connaissance à la Cour. Après l'accomplissement de ces formalités à la demande de l'intéressé , celui-ci peut poursuivre l'exécution forcée en saisissant directement l'organe compétent, suivant la législation nationale. L'exécution forcée ne peut être suspendue qu'en vertu d'une décision de la Cour. Toute demande tendant à surseoir à l'exécution forcée d'une décision de la Cour est présentée dans les conditions prévues aux article 23 et 27 du présent Règlement. Elle est immédiatement signifiée aux autres Parties, auxquelles le Président fixe un bref délai pour la présentation de leurs observations écrites ou orales. Le Président statue sur la demande par voie d'ordonnance motivée et non susceptible de recours. Cette ordonnance est immédiatement signifiée aux Parties. A la demande d'une Partie, l'ordonnance peut à tout moment être modifiée ou rapportée. Le rejet de la demande n'empêche pas la Partie qui l'avait introduite de présenter une autre demande fondée sur des faits nouveaux[216].

Paragraphe 9. Voies de recours extraordinaires

129. La classification des voies de recours dans le système judiciaire des Etats parties au Traité OHADA distingue les voies de recours ordinaires (l'opposition et l'appel) des voies de recours extraordinaires (la tierce opposition, la requête civile ou la révision et le pourvoi en cassation). L'article 20 du Traité, en posant le principe que les arrêts de la Cour commune de justice et d'arbitrage ont l'autorité de la chose jugée et la force exécutoire, exclut

---

[215] Article 45.
[216] Article 46.

l'exercice des voies de recours ordinaires contre les ordonnances et arrêts rendus par la CCJA.

Le Règlement de procédure a défini les voies de recours extraordinaires en les limitant à deux : la tierce opposition et la révision. La règlementation de ces voies de recours par les articles 47 à 51 du Règlement de procédure de la CCJA ne donne aucune définition de ces notions dans le droit interne. On remarque par ailleurs que les terminologies ne sont pas identiques. Les droits internes burkinabé et français font état de « voies extraordinaires de recours[217] ». Mais il doit s'agir d'une simple différence terminologique sans conséquence sur le fond.

Toute personne physique ou morale peut présenter une demande en tierce opposition contre un arrêt rendu sans qu'elle ait été appelée, si cet arrêt préjudicie à ses droits. Les dispositions des articles 23 et 27 du présent Règlement sont applicables à la demande en tierce opposition. Celle-ci doit en outre :

a) Spécifier l'arrêt attaqué ;
b) Indiquer en quoi cet arrêt préjudicie aux droits du tiers opposant ;
c) Indiquer les raisons pour lesquelles le tiers opposant n'a pu participer au litige principal.

La demande est formée contre toutes les Parties au litige principal. L'arrêt attaqué est modifié dans la mesure où il fait droit à la tierce opposition. Mention de l'arrêt rendu sur tierce opposition est faite en marge de la minute de l'arrêt attaqué[218]. En cas de contestation sur le sens ou la portée du dispositif d'un arrêt, il appartient à la Cour de l'interpréter. Toute Partie peut demander l'interprétation du dispositif d'un arrêt dans les trois ans qui suivent le prononcé. La demande en interprétation est présentée conformément aux dispositions des articles 23 et 27 du présent Règlement. Elle spécifie en outre :

a) L'arrêt visé ;
b) Le texte dont l'interprétation est demandée.

130. La Cour statue par voie d'arrêt après avoir mis les Parties en mesure de présenter leurs observations. La minute de l'arrêt interprétatif est annexée à la minute de l'arrêt interprété. Mention de l'arrêt interprétatif est faite en marge de la minute de l'arrêt interprété. La révision de l'arrêt ne peut être demandée à la Cour qu'en raison de la découverte d'un fait de nature à exercer une influence décisive et qui, avant le prononcé de l'arrêt, était inconnu de la Cour et de la partie qui demande la révision. La procédure de révision s'ouvre par un arrêt de la Cour constatant expressément l'existence d'un fait

[217] Titre III art. 566 du code de procédure civile du Burkina Faso, art. 579 NCP civ. Français.
[218] Article 47.

nouveau, lui reconnaissant les caractères qui donnent ouverture à la révision et déclarant de ce chef la demande recevable. La Cour peut subordonner l'ouverture de la procédure en révision à l'exécution préalable de l'arrêt. La demande en révision doit être formée dans un délai de trois mois à compter du jour où le demandeur a eu connaissance du fait sur lequel la demande en révision est basée. Aucune demande en révision ne pourra être formée après l'expiration d'un délai de dix ans à dater de l'arrêt.

Les dispositions des articles 23 et 27 du présent Règlement sont applicables à la demande en révision. Celle-ci en outre doit contenir les indications nécessaires pour établir que les conditions fixées à l'article 49 sont remplies. La demande en révision est formée contre toutes les Parties à l'arrêt dont la révision est demandée. Ces dernières ont le droit de présenter des observations écrites sur la recevabilité de la requête. Ces observations sont communiquées à la Partie dont émane la demande.

Avant de rendre son arrêt sur la recevabilité de la demande, la Cour peut donner à nouveau aux Parties la possibilité de présenter leurs vues à ce sujet.

Si la demande est déclarée recevable, la Cour fixe les délais pour toute procédure ultérieure qu'elle estime nécessaire pour se prononcer sur le fond de la demande. La minute de l'arrêt portant révision est annexée à la minute de l'arrêt révisé. Mention de l'arrêt portant révision est faite en marge de la minute de l'arrêt révisé[219].

Paragraphe 10. Renvoi par le juge national

131. « Si l'article 14 du Traité a posé le principe de la compétence de la CCJA pour l'interprétation et l'application communes du Traité, des règlements pris pour son application et des actes uniformes, l'article 15 par contre détermine deux modes de saisine de la Cour : la saisine directe par les parties et la saisine sur renvoi. On peut cependant estimer que ce renvoi d'une juridiction nationale statuant en cassation alors qu'elle est saisie d'une affaire soulevant des questions relatives à l'application des Actes uniformes. Le Traité, tout en déniant aux juridictions nationales de cassation le pouvoir d'interpréter et d'appliquer les règles du droit OHADA, leur impose en même temps qu'elles renvoient certaines affaires devant la CCJA. Certains estiment que le renvoi par le juge national doit tirer son fondement du droit de procédure interne. Il faut donc pour cela prévoir dans les différents codes de procédure que cette possibilité de renvoi soit légalement fondée sur les dispositions du droit OHADA qui s'imposent aux Etats membres »[220].

---

[219] Articles 49 et 50.

[220] Commentaires in Code vert Traité et Actes uniformes commentés et annotés P. 99.

Lorsque la Cour est saisie conformément aux articles 14 et 15 du Traité par une juridiction nationale statuant en cassation qui lui renvoie le soin de juger une affaire soulevant des questions relatives à l'application des Actes uniformes, cette juridiction est immédiatement dessaisie. Elle transmet à la Cour l'ensemble du dossier, les Parties sont avisées de cette transmission par la Cour. Les dispositions des articles 23 à 50 du présent Règlement sont applicables sous réserve des adaptations imposées par le mode de saisine[221].

Paragraphe 11. Recours prévu a l'article 18 du Traité

132. « Ce renvoi défini à l'article 18 du Traité est assez particulier. Il ne semble exister nulle part ailleurs que devant la CCJA ; Il concerne les décisions rendues par les juridictions nationales de cassation qui ont rejeté l'exception d'incompétence soulevée et retenu leur compétence pour statuer. Il fait de la CCJA le juge suprême des juridictions de cassation »[222]. Lorsque la Cour est saisie, conformément à l'article 18 du Traité, d'un recours tendant à l'annulation d'un jugement par lequel une juridiction nationale statuant en cassation aurait méconnu la compétence de la Cour, ce recours est immédiatement signifié par le Greffier en chef à toutes les Parties à la procédure devant la juridiction nationale. Chacune de ces Parties peut présenter un mémoire dans un délai de trois mois à compter de la signification du recours. Les mémoires ainsi déposés sont communiqués au requérant et aux autres parties. Ceux-ci peuvent présenter un nouveau mémoire dans le délai fixé par le Président. Ce dernier décide en outre s'il y a lieu à audience. Si la Cour décide que la juridiction nationale s'est déclarée compétente à tort, la décision rendue par cette juridiction nationale s'est déclarée compétente à tort, la décision rendue par cette juridiction est réputée nulle et non avenue. Toute Partie devant ladite juridiction peut dans les deux mois de la signification du jugement de la Cour saisir cette dernière d'un recours en cassation contre la décision du juge du fond dans les conditions prévues à l'article 14 du Traité et aux articles 23 à 50 du présent Règlement[223].

Section 6. La procédure consultative

133. « Prévue à l'article 14 du Traité, la procédure consultative met en jeu l'une des attributions de la CCJA dont l'utilisation par certains Etats a

[221] Article 51.

[222] Commentaires in Code vert Traité et Actes uniformes commentés et annotés P. 101.

[223] Article 52.

permis d'apporter un éclairage sur un certain nombre de questions, en particulier sur la portée abrogatoire des Actes uniformes. L'avis n°001/2002/EP du 30 avril 2001, dont la demande a été formulée par la République de Côte d'Ivoire sur l'interprétation de l'article 10 du Traité, fait incontestablement partie de ce que l'on pourrait appeler'' Les grands avis de la CCJA''.

La procédure consultative s'applique :

- aux demandes d'avis formulées par le Conseil des Ministères de l'OHADA sur les projets d'actes uniformes ;
- aux demandes d'avis émanant des Etats parties ;

aux consultations formulées par les juridictions nationales. Elle concerne toute question touchant à l'application et des Actes uniformes. La CCJA n'étant pas une juridiction de renvoi préjudiciel, ses avis tiennent lieu d'indication dans l'interprétation et l'application de la règle invoquée. Mais quelle est la portée des avis rendus ? S'imposent-ils aux juges, aux Etats, au Conseil des Ministres ? A tout le moins, on peut penser qu'ils s'imposent à la juridiction qui a saisi la CCJA dans la mesure où celle-ci a sollicité l'avis afin de pouvoir l'appliquer à une affaire qui lui est soumise. Dans tous les cas, les avis peuvent, en raison de leur pertinence, jouer un rôle déterminant et même s'imposer »[224].

Dans l'exercice des fonctions consultatives que lui confie le deuxième alinéa de l'article 14 du Traité, la Cour applique les dispositions ci-après. Elle applique également, dans la mesure où elle le juge convenable, les autres dispositions du présent Règlement. Toute demande d'avis consultatif émanant d'un Etat Partie ou du Conseil des Ministres est présentée par requête écrite. Cette requête formule, en termes précis, la question sur laquelle l'avis de la Cour est sollicité. Il y est joint tout document pouvant servir à élucider la question.

134. Le Greffier en chef notifie immédiatement toute demande d'avis consultatif émanant d'un Etat aux autres Etats Parties au Traité. Lors de ces notifications, le Greffier en chef fait connaître à ses correspondants que la Cour est disposée à recevoir leurs observations écrites dans le délai fixé par le Président. Les observations écrites ainsi déposées sont communiquées au demandeur et aux autres auteurs d'observations écrites. Ceux-ci sont admis à discuter les observations ainsi reçues dans les formes, mesures et délais fixés dans chaque cas par le Président. Ce dernier décide en particulier s'il y a lieu à audience. Toute décision par laquelle une juridiction visée à l'article 14 du Traité sollicite un avis consultatif est notifiée à la Cour à la diligence de cette juridiction. Cette décision formule en termes précis la question sur laquelle la juridiction a estimé nécessaire de solliciter l'avis de la Cour pour rendre

[224] Commentaires in Code vert Traité et Actes uniformes commentés et annotés P. 103-104.

son jugement. Il y est joint tout document pouvant servir à élucider la question. Le greffier en chef notifie immédiatement toute demande d'avis consultatif émanant d'une juridiction visée à l'article 14 du Traité aux Parties en cause devant cette juridiction. Il la notifie en outre aux Etats Parties au Traité. Lors de ces notifications, le Greffier en chef fait connaître à ses correspondants que la Cour est disposée à recevoir leurs observations écrites dans le délai fixé par le Président.

Les observations écrites ainsi déposées sont communiquées aux auteurs d'autres observations écrites. Ceux-ci sont admis à discuter les observations ainsi reçues dans les formes, mesures et délais fixés dans chaque cas par le président. Ce dernier décide en particulier s'il y a lieu à audience[225].

[225] Articles 53 à 57.

CHAPITRE 4

LES COURS D'APPEL

Il peut être créé une Cour d'Appel par Région ou commune autonome. La loi de création fixe son siège et son ressort qui peut comprendre une ou plusieurs régions ou communes autonomes[226].

Section 1. La compétence

135. Les formations juridictionnelles des Cours d'Appel rendent des arrêts. Ces arrêts sont susceptibles de pourvoi en cassation devant la Cour Suprême[227].

Les Cours d'Appel connaissent en dernier ressort des appels des jugements rendus en premier ressort par les tribunaux de Grande Instance, les Tribunaux d'Instance, les Tribunaux de Travail, , les Tribunaux Administratifs, les Tribunaux de Commerce, Tribunaux Militaires et généralement des jugements rendus en premier ressort seulement par toute juridiction de leur ressort pour laquelle aucune juridiction spéciale d'appel n'est désignée par la loi[228].

Les Cours d'Appel connaissent en premier et dernier ressort :

- des litiges relatifs à la désignation par voie d'élection des assemblées, corps ou organismes, à l'exécution des assemblées, corps ou organismes, à l'exclusion des litiges relatifs aux élections des collectivités territoriales, municipales, législatives et présidentielles.

- des litiges relatifs à l'assiette, au taux de recouvrement des contributions directes, des taxes assimilées et des impositions de toutes natures perçues en matière de contributions directes et notamment des demandes ou décharges ou réductions formulées par les contribuables ainsi que des demandes en annulation des actes de saisies ou de poursuites administratives.

- elles reçoivent les serments qui relèvent de leur compétence[229].

---

[226] Article 46.
[227] Article 47.
[228] Article 48.
[229] Article 49.

Section 2. L'organisation

Paragraphe 1. Les membres

136. La Cour d'appel composée de magistrats du 1er grade nommés par décret du Président de la République sur proposition du Conseil Supérieur de la Magistrature comprend :

- un Président, un Vice-président et des Présidents de Chambres ;
- des Conseillers à la Cour ;
- le Ministère Public est constitué par le Procureur Général près la Cour d'Appel. Il lui est adjoint un Avocat Général et des Substituts Généraux[230].

La demande en récusation d'un Conseiller doit être motivée et écrite.

Elle est adressée au Président de la Cour Suprême qui statue par une ordonnance sans frais qui n'est susceptible d'aucun recours[231].

Paragraphe 2. L'administration

137. L'assemblée Générale de la Cour d'Appel délibère sur les questions d'ordre général ou celles concernant la vie de la Cour et peut édicter des règles qui complètent des lois et règlements sur son fonctionnement. Elle est compétente pour édicter les règles générales concernant le fonctionnement pratique des formations et des services de la Cour notamment en ce qui concerne la date, l'heure d'ouverture et la périodicité des audiences régulières, la répartition des dossiers entre les diverses formations et des Juges qui en font partie, le fonctionnement de la bibliothèque et l'organisation, la bonne marche et la surveillance du Greffe. Les délibérations sauf celles concernant l'extradition, de l'assemblée générale de la Cour qui adoptent ces règles générales sont sans délai, communiquées au bureau de la Cour Suprême par le Procureur Général près de la Cour d'Appel. Le bureau de la Cour Suprême peut les modifier dans l'intérêt d'une bonne administration de la Justice[232]

L'assemblée Générale de la Cour d'Appel comprend le Président, le Vice-président, les Présidents de Chambres, le Procureur Général près la Cour d'Appel, l'Avocat Général, et les Substituts Généraux et les conseillers. Le greffier en chef assiste aux délibérations de l'assemblée générale, sauf en matière disciplinaire. Elle est placée sous la présidence du Président de la Cour d'Appel et en cas d' absence ou d'empêchement, sous la prési-

---

[230] Article 50.
[231] Article 51.
[232] Article 52.

dence du Procureur Général. Elle se réunit en session ordinaire deux fois par année et en session extraordinaire chaque fois que le Président de la Cour le juge utile ou à la demande du Procureur Général[233]. Le Greffe de la Cour d'Appel comprend : Le Greffier en Chef et des Greffiers nommés par arrêté du Garde des Sceaux, Ministre de la Justice parmi les membres du Corps des Greffiers. Le Greffier en Chef a la direction du Greffe. Le Greffier en Chef et les Greffiers sont affectés aux diverses formations de la Cour d'Appel par décision du Président de la Cour après avis du Procureur Général[234].

Le Greffier de la Cour assure sous l'autorité et le contrôle des deux Chefs de Cour les missions suivantes :

- tenir la plume aux audiences, mentionner fidèlement, dans les registres appropriés, les déclarations des parties et leur conseil, les demandes de donner acte et les données actes ;
- noter tous les incidents d'audience ;
- rédiger les troubles d'audience et autres faits sous la dictée du Président ;
- établir les minutes des arrêts[235].

Paragraphe 3. Les formations juridictionnelles

138. La Cour d'Appel adopte les formations Juridictionnelles suivantes :

1° Une ou plusieurs chambres Civiles compétentes pour connaître des appels en matière civile ;

2° Une ou plusieurs chambres commerciales compétentes pour connaître des appels en matière commerciale ;

3° Une ou plusieurs chambres administratives compétentes pour connaître des appels en matière administrative ;

4° Une ou plusieurs chambres correctionnelles compétentes pour connaître des appels en matière correctionnelle ou contraventionnelle des tribunaux correctionnels et des tribunaux militaires.

5° Une ou plusieurs chambres correctionnelles compétentes pour connaître des appels en matière sociale.

6° La Cour Criminelle, compétente pour juger les crimes commis par les civils ou les militaires dans le ressort de la Cour d'Appel ainsi que les délits et contraventions qui leur sont connexes.

Néanmoins lorsqu'il se révèle que les infractions principales reprochées aux accusés ne sont pas des crimes, la Cour Criminelle a plénitude de juridiction pour juger les accusés renvoyés devant elle. Elle ne se dessaisit pas au profit de la juridiction pénale normalement compétente.

---

[233] Article 53.
[234] Article 54.
[235] Article 55.

7° La chambre d'Accusation, juridiction d'Instruction de deuxième degré[236].

139. Les formations de la Cour d'Appel, sauf la Cour Criminelle comprennent un Président et deux Magistrats. La Cour Criminelle comprend trois Magistrats dont un Président et six Jurés. Lorsqu'elle statue sur les infractions militaires, les jurés sont militaires et le Ministère Public est tenu par un Magistrat Militaire, sous réserve du droit reconnu au Procureur Général de tenir lui-même le siège du Ministère Public. En cas d'insuffisance des Conseillers dans l'une des Chambres, le Président de la Cour d'Appel ou à défaut le Vice-président, le président de la chambre concernée appelle, par ordonnance l'un des Conseillers d'une autre Chambre ou un Magistrat du Siège du Tribunal de Grande Instance ou d'un Tribunal d'Instance à compléter la formation de la Cour d'Appel. Les Magistrats du Siège du Tribunal de Grande instance qui ont connu l'affaire en premier ressort ne peuvent pas être appelés à compléter la Cour[237]. Le Président de la Cour d'Appel est le Président de la Chambre civile. En cas d'absence ou d'empêchement, il est suppléé dans ses fonctions par le Vice-président ou l'un des Présidents de Chambres. Il peut présider toute formation de la Cour lorsqu'il le juge convenable[238].

Les Présidents de Chambres président leurs formations respectives, ils sont suppléés, en cas d' absence ou d'empêchement, par le Doyen des Magistrats de la Chambre ou, à défaut, par l'un des autres Présidents de Chambres, le plus ancien venant avant, à moins que le Président de la Cour d'Appel n'use de sa prérogative en cas d'insuffisance de Magistrats[239]. Le Procureur Général occupe le siège du Ministère Public devant toutes les formations juridictionnelles de la Cour d'Appel. Il peut, s'il le juge utile, représenter le Ministère Public devant toutes les juridictions du ressort de la Cour d'Appel[240]. Le Procureur Général près la Cour d'Appel est chargé de veiller à l'application de la loi dans toute l'étendue du ressort de la Cour d'Appel et d'assurer l'exécution des décisions juridictionnelles. Il reçoit des Procureurs de la République près les Tribunaux de Grande Instance et des Tribunaux d'Instance un état mensuel des affaires de leur ressort au plus tard le 5 du moins suivant[241].

---

[236] Article 56.
[237] Article 56.
[238] Article 57.
[239] Article 58.
[240] Article 59.
[241] Article 60.

CHAPITRE 5

LES TRIBUNAUX DE GRANDE INSTANCE

140. Il peut être créé un Tribunal de Grande Instance par district ou arrondissement. La loi de création fixe son siège et son ressort qui comprend un ou plusieurs districts ou un ou plusieurs arrondissements. Chaque formation juridictionnelle du Tribunal de Grande Instance comprend un Greffier. Sauf disposition spéciale de la loi, tout acte du juge est accompli avec l'assistance d'un Greffier[242].

Section 1. Compétence

141. En matière civile, le Tribunal de Grande Instance est compétent pour juger toutes les demandes principales, incidentes, reconventionnelles ou en compensation.

Il connait, en premier ressort et à charge d'appel, de toutes les actions civiles dont le montant en capital est supérieur à 1.000.000 de francs et 300.000francs CFA en revenus, rente ou prix de bail.

Au cours des instances civiles dont elle est saisie, la Chambre civile est compétente pour interpréter les décisions des diverses autorités administratives et apprécier leur régularité juridique, lorsqu'elles sont invoquées à l'appui de la demande ou comme moyen de défense. Cette compétence ne lui est toutefois reconnue qu'à défaut du Tribunal Administratif dans le ressort.

Dans les ressorts où il existe un Tribunal Administratif, la Chambre civile doit surseoir à statuer[243].

En matière de divorce, les conjoints peuvent saisir à leur choix le Tribunal d'Instance ou le Tribunal de Grande Instance. En cas de désaccord le choix du défendeur à la première action principale détermine le Tribunal compétent[244]. En matière, le Tribunal de grande instance connaît des infractions punies de peines correctionnelles et des contraventions qui leur sont connexes. Il a, au cours des instances dont il est saisi plénitude de juri-

[242] Article 61.
[243] Article 62.
[244] Cf. H.D Amboulou, Le divorce et la séparation de corps en droit congolais, L'Harmattan, 2011.

diction et peut interpréter les décisions des diverses autorités administratives et en apprécier la régularité juridique, à la demande de l'une des parties[245].

Section 2. L'organisation

142. Le tribunal de grande instance, outre les Juges d'instance, outre les Juge d'instruction comprend des Magistrats du siège nommés par décret du Président de la République sur proposition du Conseil supérieur de la Magistrature et des Magistrats du Ministère public nommés dans les mêmes conditions.

Selon l'importance des tribunaux, seront nommés parmi les Magistrats du siège :

- Un Président
- Des Vice-présidents

Le Président du tribunal de Grande instance est Président de la première chambre civile[246].

Un juge peut être récusé par l'une des parties au procès. La demande en récusation doit être motivée et écrite. Elle est adressée au Président de la Cour d'Appel qui statue dans les 24 heures à compter de la réception de la demande par une ordonnance qui n'est susceptible d'aucun recours. Le Ministère Public est représenté par le Procureur de la République assisté d'un Procureur adjoint et d'un Substitut du Procureur de la République au moins[247].

Section 3. L'administration

143. L'assemblée générale du Tribunal de Grande Instance délibère sur les questions intéressant la vie du Tribunal ou celles d'ordre général. Elle est compétente pour édicter les règles générales concernant le fonctionnement pratique des formations du Tribunal et notamment de ces audiences, la répartition des dossiers entre les diverses formations du Tribunal et les Juges qui les constituent, la répartition des Greffiers entre les diverses chambres et les Cabinets d'instruction, la bibliothèque du Tribunal, la rédaction, la signature et la conservation des minutes et la surveillance de la bonne tenue du Greffe[248].

---

[245] Articles 63 et 64.
[246] Article 65.
[247] Article 66.
[248] Article 67.

Les délibérations de l'assemblée générale qui adoptent ces règles sont sans délai transmises au Président de la Cour d'Appel et au Procureur Général.

L'assemblée Générale du Tribunal de grande instance comprend : le Président du Tribunal, les Vice-présidents, les Présidents de Chambre, le Procureur de la République, les Substituts, les autres Magistrats du Siège, le greffier en Chef en matière disciplinaire. Elle est placée sous la Présidence du Président du Tribunal ou en cas d'absence ou d'empêchement, sous la présidence du Procureur de la République[249]. Elle se réunit en session ordinaire, deux fois par année et en session extraordinaire chaque fois que le Président du Tribunal le juge utile ou à la demande du Procureur de la République.

Sauf pour les matières pour lesquelles la loi a attribué compétence à d'autres juridictions, les Tribunaux de grande instance sont juges de droit commun en première instance en matière civile dans leur ressort. Ils sont également compétents en matière sociale, administrative et commerciale dans les localités où il n'existe pas de Tribunaux de Travail, de Tribunaux administratifs et de Tribunaux de commerce. En ce cas la procédure suivie est celle déterminée respectivement par le Code de Travail ou le Code de Procédure Civile, Administrative, Commerciale et Financière[250]. Le Greffe du Tribunal de grande instance comprend un Greffier en chef et des greffiers nommés par arrêté du Garde des Sceaux, Ministre de la Justice, parmi les membres du corps des greffiers. Le Greffier en chef et les greffiers sont affectés aux chambres et Cabinets d'instruction par décision du Président du Tribunal après avis du Procureur de la République. Ils exercent les attributions définies par la loi[251]. Le Procureur de la République assure l'ordre et la sécurité à l'intérieur du Tribunal et dans ses abords immédiats. Il dispose du piquet de police affecté au Tribunal et peut requérir la force publique. Il contrôle les pièces à conviction, vérifie leur état, fait établir les procès-verbaux de remise des pièces à conviction aux domaines en vue de la vente aux enchères, ordonne, le cas échéant, leur restitution ou destruction. Il exerce sur les personnels servant au Tribunal tout comme le Président du Tribunal, le pouvoir de notation et d'appréciation[252].

Section 4. Les formations

144. Le Tribunal de grande instance comporte :
1° une ou plusieurs Chambres Civiles compétentes en matière Civile.

---

[249] Article 68.
[250] Article 69.
[251] Article 70.
[252] Article 71.

2° une ou plusieurs chambres correctionnelles
3° un Tribunal pour enfants
4° un ou plusieurs cabinets d'instruction
La distribution des Juges pour le service des Chambres est faite par ordonnance du Président du Tribunal après avis de l'assemblée générale du Tribunal dans le trimestre précédent la rentrée judiciaire pour l'année judiciaire en cours et pour l'année judiciaire suivante[253].

A défaut de désignation des juges chargés du service des Chambres ou en cas d'empêchement des juges désignés ou d'insuffisance des effectifs, le Président du Tribunal appelle par ordonnance à compléter les Chambres, les Présidents des Tribunaux d'Instance et des Tribunaux de travail du ressort de Grande instance. Faute de cette désignation, le Président de la Chambre complète la formation où le juge le plus ancien de cette Chambre exerce les pouvoirs prévus par l'alinéa précédent. Faute de ces deux sortes de désignations ou en cas d'impossibilité d'y procéder, une ordonnance du Président de la Cour d'Appel sollicitée par le Président du Tribunal complète, après avis du Procureur Général, ces Chambres avec les Magistrats du Tribunal de grande instance ou du Tribunal d'instance.

Les juges qui ont déjà connu des litiges en procès en qualité de Juges ne peuvent pas être appelés à compléter le Tribunal[254].

145. Le Tribunal pour enfants est compétent pour juger les infractions qualifiées de crimes ou de délits, imputées aux mineurs de dix-huit ans. Ils peuvent également connaître des affaires dans lesquelles sont impliqués des mineurs de dix-huit ans et des majeurs. Ils sont compétents pour connaître des cas ou la santé, la moralité ou l'éducation des mineurs sont en danger. Dans chaque cas, le juge peut ordonner une mesure d'assistance éducative à la requête du gardien ou du tuteur, du mineur lui-même ou du Ministère Public. Le juge peut se saisir d'office à titre exceptionnel. Les règles concernant le fonctionnement, la compétence et la composition des Tribunaux pour enfants sont fixées par le Code de procédure pénale dans la mesure où les règles de ce Code ne sont pas contraires aux dispositions de la présente loi. Le juge des enfants est nommé par décret du Président de la République sur proposition du Conseil Supérieur de la Magistrature.

Le Cabinet d'instruction est une juridiction à juge unique. Le juge d'instruction est nommé par décret du Président de la République sur proposition du Conseil Supérieur de la Magistrature. Il est assisté d'un greffier. En l'absence du Greffier affecté au Ca binet d'instruction, le juge d'instruction peut nommer un Greffier ad hoc parmi les greffiers en exercice

[253] Articles 72 et 73.
[254] Article 74.

à la juridiction. Lorsqu'il y a plusieurs Cabinets il est nommé un doyen des juges d'instruction. Il peut se substituer à l'un des juges d'instruction relevant de son autorité.

Le Procureur de la République dirige le Parquet du Tribunal de grande instance et occupe le siège du Ministère Public devant les formations juridictionnelles du Tribunal. Il est en cas d'absence, d'empêchement ou sur ses ordres suppléé par ses substituts, le plus ancien venant avant le moins ancien et chacun d'eux étant affecté par le Procureur de la République à l'une ou plusieurs formations juridictionnelles du Tribunal de grande instance[255].

---

[255] Articles 75 à 79.

CHAPITRE 6

LES TRIBUNAUX ADMINISTRATIFS

146. Les jours et heures des audiences normales ou extraordinaires des Tribunaux administratifs sont fixés par délibération de l'Assemblée Générale du Tribunal au début de chaque année. L'administration du Tribunal administratif est dévolue au Président.

Section 1. Compétence

147. Les Tribunaux administratifs sont juges de Droit Commun en première instance en matière administrative. Le Tribunal administratif est, en matière administrative, juge de Droit Commun en premier ressort, et au plan contentieux, il est au Cours des Instances dont il est saisi, compétent pour interpréter les décisions des diverses autorités administratives et apprécier leur régularité juridique, à la demande de l'une des parties, sans pouvoir en prononcer l'annulation qui est de la compétence de la Cour Suprême.

A ce titre, le tribunal administratif connaît de toutes les actions tendant à faire déclarer débitrices les collectivités publiques soit à raison des marchés (titre le Tribunal administratif connaît) :

1° Publics conclus par elle, soit à raison des Travaux Publics qu'elles ont ordonnés, soit encore à raison de tous actes ou activités de leur part ayant porté préjudice à autrui.

2° Du contentieux des contributions perçues par les collectivités publiques.

3° De tous les litiges portant sur les avantages pécuniaires ou statutaires reconnus aux fonctionnaires et agents publics des diverses administrations, notamment aux fins de redresser les situations de carrières inadéquates et de prononcer le cas échéant, la réparation qui leur est due pour le préjudice.

4° Des actions intentées par les administrations contre les particuliers, ou d'autres administrations lorsqu'elles se rapportent à des relations relevant du Droit public.

Le Tribunal administratif statue toujours en premier ressort et à charge d'appel[256].

---

[256] Articles 80 à 84.

Section 2. L'organisation

148. Le Tribunal administratif comprend des magistrats du siège nommés par décret du Président de la République sur proposition du Conseil Supérieur de la magistrature et des magistrats du Ministère public nommés dans les mêmes conditions. Trois magistrats sont nommés l'un président du Travail administratif, l'autre Vice-président et le troisième juge du siège.

Un juge peut être récusé par l'une des parties au procès. La demande en récusation doit être motivée et écrite. Elle est adressée au Président de la Cour d'appel qui statue en Chambre administrative dans les 24 heures à compter de la réception de la demande par une ordonnance qui n'est susceptible d'aucun recours[257].

Section 3. L'administration

149. L'assemblée Générale du Tribunal administratif délibère sur les questions intéressant la vie du Tribunal ou celles d'ordre général. Elle est compétente pour édicter les règles générales concernant le fonctionnement pratique des formations et services du Tribunal et notamment les règles relatives à la périodicité des audiences, la répartition des dossiers entre les diverses formations du Tribunal et les juges qui les constituent, la répartition des greffiers entre les diverses sections, la bibliothèque du tribunal, la rédaction, la signature, la conservation des minutes et la surveillance de la bonne tenue du Greffe.

Les délibérations de l'Assemblée Générale qui adopte ces règles sont sans délai transmises au Président de la Cour d'appel et au Procureur Général.

L'Assemblée Générale du Tribunal administratif comprend : le Président du Tribunal, le Vice-président, le Procureur de la République, les substituts, les autres magistrats du Siège et le greffier en Chef sauf en matière disciplinaire. Elle est placée sous la présidence du Président du Tribunal ou en cas d'empêchement, sous la présidence du Procureur de la République près le même Tribunal administratif. Elle se réunit en session ordinaire deux fois par année et en session extraordinaire chaque fois que le Président du Tribunal administratif le juge utile ou à la demande du Procureur de la République.

Le Greffe du Tribunal administratif comprend un greffier en Chef et des greffiers nommés par arrêté du Garde des Sceaux, Ministre de la Justice, parmi les membres du corps des greffiers.

---

[257] Articles 85 à 86.

Le greffier en Chef et les greffiers sont affectés par décision du Tribunal après avis du procureur de la République[258]. Le Greffe du Tribunal administratif exerce sous l'autorité du président et du Procureur de la République, les attributions définies par la présente loi.

Le Procureur de la République exerce sur le personnel servant au Tribunal tout comme le Président du Tribunal le pouvoir de notation et d'appréciation[259].

[258] Articles 87 à 89.
[259] Article 90.

CHAPITRE 7

LES TRIBUNAUX DE COMMERCE

150. Il peut être créé un Tribunal de commerce par district ou arrondissement. La loi de création fixe son siège et son ressort qui comprend un ou plusieurs districts, ou un ou plusieurs arrondissements.

Chaque Tribunal de commerce comprend un Greffe. Sauf disposition spéciale de la loi, tout acte du juge est accompli avec l'assistance d'un greffier. Le Ministère Public y est représenté par un Procureur de la République et un substitut du Procureur de la République au moins. Les jours et heures des audiences normales ou extraordinaires des Tribunaux du Commerce sont fixés par la délibération de l'Assemblée Générale du Tribunal en début de chaque année. L'administration du Tribunal du commerce est dévolue au Président[260].

Section 1. La compétence

151. Les Tribunaux de commerce sont juges de droit commun en première instance en matière de Droit commercial. Ils sont compétents pour connaître :

- Des contestations relatives aux engagements et transactions entre négociants, marchands et banquiers ;

- Des contestations entre associés pour raison d'une société de commerce ;

- De celles relatives aux actes de commerce entre toutes les personnes, toutefois, les parties pourront, au moment où elles contractent, convenir de soumettre à des arbitres les contestations ci-dessus énumérées, lorsqu'elles viendraient à se produire. La loi répute actes de commerce :

Tout achat de denrées et marchandises pour les revendre, soit en nature, soit après les avoir travaillées et mises en œuvre, ou même pour en louer simplement l'usage ; Toute entreprise de manufactures, de commission, de transport par air, terre ou par eau ; Toute entreprise de fourniture, d'agence, bureaux d'affaires, établissements de ventes à l'encan, de spectacles publics ;

---

[260] Articles 91 à 92.

Toutes opérations de change, banque et courtage ;
Toutes obligations entre négociants, marchands et banquiers ;
Les lettres de change, entre toutes personnes.
La loi répute pareillement actes de commerce :
Toute entreprise de construction, et tous achats, ventes et reventes de bâtiments pour la navigation intérieure et extérieure ;
Toutes expéditions maritimes ;
Tout achat et vente d'agrées, apparaux et avitaillement ;
Tout affrètement ou Nolisement, emprunt ou prêt à la grosse ;
Toutes assurances et autres contrats concernant le commerce de mer ;
Tous accords et conventions pour salaire et loyers d'équipages ;
Tous engagements de gens de mer, pour le service de bâtiments de commerce[261].
Les tribunaux de commerce connaîtront également :
1° Des actions contre les facteurs, commis des marchands ou leurs serviteurs, pour le fait seulement du trafic du marchand auquel ils sont attachés ;
2° Les billets faits par les receveurs, payeurs percepteurs ou autres comptables des deniers publics.
Les tribunaux de commerce connaîtront de tout ce qui concerne les faillites. Lorsque les billets à ordre ne porteront que des signatures d'individus non négociants et n'auront pas pour occasion des opérations de commerce, trafic change, banque ou courtage, le Tribunal de commerce sera tenu de renvoyer au Tribunal civil, s'il en est requis par le défendeur. Lorsque ces billets à ordre porteront en même temps des signatures d'individus négociants et d'individus non négociants, le Tribunal de commerce peut en connaître. Ne seront point de la compétence des tribunaux de commerce les actions intentées contre un propriétaire, cultivateur ou vigneron, pour vente de denrées provenant de son cru, les actions intentées contre un commerçant, pour payement de denrées et marchandises achetées pour son usage particulier.

152. Néanmoins les billets souscrits par un commerçant seront censés faits pour son commerce, et ceux des receveurs, payeurs, percepteurs ou autres comptables de deniers publics, seront censés faits pour leur gestion, lorsqu'une autre cause n'y sera point énoncée[262]. Les tribunaux de commerce jugeront en dernier ressort :
1° Toutes les demandes dans lesquelles les parties justiciables de ces tribunaux, et usant de leurs droits, auront déclaré vouloir être jugées définitivement et sans appel.

[261] Articles 93 à 95.
[262] Articles 96 à 100.

2° Toutes les demandes dont le principal n'excèdera pas la valeur de 1.000.000 de frs CFA.

3° Les demandes reconventionnelles ou en compensation, lors même que réunies à la demande principale, elles excèderaient 1.000.000 de frs CFA.

Si l'une des demandes principales ou reconventionnelles s'élève au-dessus des limites ci-dessus indiquées, le tribunal se prononcera sur toutes qu'en premier ressort. Néanmoins il sera statué en dernier ressort sur les demandes en dommages-intérêts, lorsqu'elles seront fondées exclusivement sur la demande principale elle-même. Dans les arrondissements où il n'y aura pas de tribunaux de commerce, les juges du tribunal civil exerceront les fonctions et connaîtront des matières attribuées aux juges de commerce par la présente loi. L'instruction, dans ce cas, aura lieu dans la même forme que devant les tribunaux de commerce, et les jugements produiront les mêmes effets.

Le Tribunal de commerce est en matière de commerce, juge de droit commun en premier ressort, il est au cours des instances dont il est saisi, compétent pour interpréter les décisions des diverses autorités administratives et apprécier leur régularité juridique, à l a demande de l'une des parties sans pouvoir en prononcer l'annulation qui est de la compétence de la Cour Suprême. En matière commerciale, le Tribunal de commerce est compétent pour juger toutes les demandes principales, incidentes, reconventionnelles ou en compensation.

Il connaît, en premier ressort et à charge d'appel de toutes les actions commerciales dont le montant en capital est supérieur à 1.000.000 de frs et 300.000 frs CFA en revenus, rente ou prix de bail. Au cours des instances commerciales dont il est saisi, le tribunal de commerce est compétent pour interpréter les décisions des diverses autorités administratives et apprécier leur régularité juridique, lorsqu'elles sont invoquées à l'appui de la demande ou comme moyen de défense[263].

Section 2. Organisation

153. Le Tribunal de commerce comprend un magistrat du siège nommé par décret du Président de la République sur proposition du Conseil Supérieur de la Magistrature et des magistrats du Ministère Public nommés dans les mêmes conditions. Le Magistrat du siège en est le Président. Le Président peut être récusé par l'une des parties au procès. La demande de récusation doit être motivée et écrite. Elle est adressée au Président de la Cour d'appel qui statue dans les 24 heures à compter de la réception de la demande par

[263] Articles 101 à 105.

une ordonnance qui n'est susceptible d'aucun recours. En cas de récusation le Président de la Cour d'appel pourvoit par ordonnance au remplacement du Président du Tribunal de commerce par un magistrat du Tribunal de grande instance de la localité où siège le Tribunal.

Outre les magistrats nommés dans les conditions fixées à l'article 106 ci-dessus, le Tribunal de commerce comprend des assesseurs ayant voix délibérative au nombre de deux. Ils sont choisis parmi les commerçants. Il est adjoint un suppléant à chaque assesseur. Les assesseurs de l'un ou l'autre sexe doivent être âgés de vingt-cinq ans au moins, savoir parler et écrire le français et jouir de leurs droits civils et politiques. Sont incapables d'être assesseurs au Tribunal de commerce.

- Les individus qui ont été condamnés à une peine criminelle ;
- Ceux qui ont été condamnés à un mois d'emprisonnement pour crime ou délit ;
- Pendant cinq ans seulement à compter du jugement définitif ceux condamnés pour délit quelconque à un emprisonnement de moins d'un mois et à une amende au moins égale à 100.000F.
- Les aliénés interdits ou internés ainsi que les individus pourvus d'un Conseil judiciaire ;
- Les faillis non réhabilités ;
- Ceux auxquels les fonctions d'assesseurs ont été interdites par décision de justice ;
- Les commerçants radiés du registre de commerce pour motif quelconque[264].

Les assesseurs au Tribunal de commerce sont choisis chaque année sur une liste du ressort de chaque Tribunal de commerce. Cette liste comporte dix noms au moins et vingt au plus et ne peut comprendre que les commerçants ayant leurs activités dans le ressort du Tribunal de commerce. La liste est dressée par une commission sous la Présidence du Président du Tribunal de commerce ou du juge désigné par lui. Cette commission est composée du Président du Tribunal de commerce du lieu où siège le Tribunal de commerce de deux représentants des organisations patronales interprofessionnelles du Commerce et de l'industrie, et des représentants des cadres dirigeant des entreprises industrielles et commerciales. Les assesseurs au Tribunal de commerce sont choisis chaque année sur une liste du ressort de chaque Tribunal de commerce. Cette liste comporte dix noms au moins et vingt au plus et ne peut comprendre que les commerçants ayant leurs activités dans le ressort du Tribunal de commerce[265].

[264] Articles 106 à 109.
[265] Articles 110 à 112.

Section 3. L'administration

154. L'Assemblée Générale du Tribunal de commerce délibère sur les questions intéressant la vie du Tribunal ou d'ordre général. Elle est compétente pour édicter les règles, générales concernant le fonctionnement pratique des formations et services du tribunal et notamment les règles relatives à la périodicité des audiences, la répartition des dossiers entre les divers services du Tribunal et les magistrats qui les animent, la réquisition des greffiers, la bibliothèque du Tribunal, la rédaction, la signature et la conservation des minutes et la surveillance de la bonne tenue du Greffe. Les délibérations de l'Assemblée Générale qui adopte ces règles sont, sans délai, transmises au Président de la Cour d'appel et au Procureur Général près ladite Cour. L'Assemblée Générale du Tribunal de commerce comprend :

- Le Président - les deux assesseurs – le Procureur de la République et les substituts.

Elle est placée sous la Présidence du Président du Tribunal ou en cas d'absence ou d'empêchement, sous la Présidence du Procureur de la République près le Tribunal de commerce. Elle se réunit en session ordinaire, deux fois par année et en session extraordinaire chaque fois que le président du Tribunal le juge utile ou à la demande du Procureur de la République.

Le Greffe du Tribunal de commerce comprend :

- Un greffier en Chef et des greffiers nommés par arrêté du Garde des Sceaux, Ministre de la Justice, parmi les membres du corps des greffiers.
- Le greffier en Chef et les greffiers sont affectés dans les services par décision du Président du Tribunal après avis du Procureur de la République qui peut modifier les affectations.

Le greffier du Tribunal de commerce exerce sous l'autorité du Président et du Procureur de la République les attributions définies par la présente loi. Le Procureur de la République assure l'ordre et la sécurité à l'intérieur du Tribunal de commerce et dans ses abords immédiats. Il dispose du piquet de police affecté au Tribunal et peut requérir la force publique. Il exerce sur le personnel, tout comme le Président du Tribunal, le pouvoir de notation et d'appréciation. Le Procureur de la République exerce devant le Tribunal de commerce les fonctions du Ministère Public. Il est suppléé par le substitut le plus ancien[266].

[266] Articles 113 à 118.

CHAPITRE 8

LES TRIBUNAUX D'INSTANCE

155. Il peut être créé un Tribunal d'instance par district ou arrondissement. La loi de création fixe son siège et son ressort, qui comprend un ou plusieurs districts ou un ou plusieurs arrondissements. Chaque Tribunal d'instance comprend un Greffe. Sauf disposition spéciale de la loi, tout acte du juge est accompli avec l'assistance d'un greffier. Le Ministère Public y est représenté par un substitut du Procureur de la République près le Tribunal de grande instance.

Le Tribunal d'instance comprend un magistrat qui est un Président nommé par décret du Président de la République sur proposition du Conseil Supérieur de la magistrature et un Magistrat du Parquet nommé dans les mêmes conditions. Les jours et heures des audiences normales ou extraordinaires des Tribunaux d'Instance sont fixés par délibération de l'Assemblée Générale du Tribunal au début de chaque année. L'administration du Tribunal d'instance est dévolue au Président qui exerce à cet effet les attributions prévues aux articles 68 et 71 ci-dessus.

Le Tribunal d'instance connaît, en matière civile en conciliation de toutes les actions et aux contentieux de toutes les actions personnelles, mobilières ou immobilières en premier ressort et à charge d'appel jusqu'à la valeur de 1.000.000 de francs CFA en capital et 300.000Frs en revenus, rente ou prix de bail. En matière de divorce les conjoints peuvent saisir à leur choix le Tribunal d'instance ou le Tribunal de grande instance. En cas de désaccord, le choix du défendeur à la première action principale détermine le Tribunal compétent. Le Tribunal d'instance connaît lorsque les causes de la saisie sont dans les limites de sa compétence :

1° Des contestations et matière de saisie-brandon ou de saisie-exécution ;

2° Des demandes en déclaration affirmative, validité, nullité ou opposition ;

3° Des demandes en validité, nullité ou à main levée de saisies conservatoires, de saisies-gageries, de saisies-arrêts sur salaire ou de saisies-revendications, saisie-brandon.

156. Il est également compétent pour autoriser dans les limites de sa compétence, et s'il y a lieu, les saisies prévues au présent article[267]. Lorsque

---

[267] Articles 119 à124.

plusieurs demandes procédant de causes différentes et non connexes, sont formées par la même partie contre le même défendeur et réunies en même instance, la compétence du Tribunal et le taux du ressort sont déterminés par la nature et la valeur de chaque demande prise isolement. Lorsque les demandes réunies procèdent de la même cause ou sont connexes, la compétence et le taux du ressort sont déterminés par la valeur totale des demandes.

Le Tribunal d'instance connaît de toutes les exceptions ou moyens de défense qui ne soulèvent pas une question relevant de la compétence exclusive d'une autre juridiction, alors même qu'ils exigeraient l'interprétation d'un contrat. Le Tribunal d'instance connaît de toutes les demandes reconventionnelles ou en compensation qui par leur matière et leur valeur, sont dans les limites de sa compétence, alors même que ces demandes, réunies à la demande principale, excèderaient, les limites de sa juridiction.

En matière pénale, le Tribunal d'instance a des attributions correctionnelles limitées aux contraventions et aux délits pour lesquels la peine encourue est égale ou inférieure à une année d'emprisonnement[268]

---

[268] Articles 125 à 128.

CHAPITRE 9

LES TRIBUNAUX DE TRAVAIL

157. Les Tribunaux de travail peuvent être créés dans chaque région, commune, arrondissement ou district lorsque l'activité économique le justifie. La loi de création fixe son siège et son ressort. Le Tribunal de travail est juge de droit commun en matière sociale. Il connaît des différends individuels ou collectifs survenus à l'occasion du contrat de travail ou contrat d'apprentissage entre le travailleur et son employeur, l'apprenti et son maître. Il statue sur les différends individuels relatifs aux conventions collectives.

Sa compétence s'étend aux contentieux du régime de la sécurité sociale, aux différends individuels nés entre entrepreneurs du secteur privé ou étatique ainsi qu'aux actions récursoires des entrepreneurs contre les sous-entrepreneurs lorsqu'un cas d'insolvabilité des entrepreneurs est substitué à celui des sous-entrepreneurs pour le versement des cotisations à la sécurité sociale.

Le tribunal de travail est composé d'un magistrat nommé par décret du Président de la République sur proposition du Conseil Supérieur de la Magistrature et de deux assesseurs nommés conformément aux textes en vigueur[269].

Le Magistrat en est le Président.

Les assesseurs sont choisis sur les listes établies par les organismes syndicaux les plus représentatifs de chaque préfecture ou commune urbaine.

Pour les travailleurs, ils établissent deux listes d'assesseurs ainsi constituées :

- La liste des assesseurs travailleurs privés et des établissements publics à caractère industriel et commercial.
- La liste des assesseurs artisans ou travailleurs agricoles et leurs suppléants.
- La liste des assesseurs employeurs de leurs suppléants constituée par les organisations d'employeurs, des secteurs privés, mixtes et d'Etat.

Chaque liste comprend deux assesseurs et deux suppléants.

---

[269] Articles 129 à 131.

158. Ces listes après avoir été adoptées par les organismes syndicaux d'employeurs ou d'employés sont transmises au Ministère de la Justice qui prend un arrêté de nomination. Le Procureur de la République près le Tribunal de grande instance dans le ressort duquel se trouve le Tribunal du travail occupe le siège du Ministère Public par lui-même ou ses Substituts. Le Tribunal est assisté d'un Greffe, dont la mission est celle définie dans la présente loi, et qui est dirigé par un Greffier en Chef nommé par arrêté du garde des Sceaux Ministre de la Justice.

Les règles autres que celles qui sont fixées par le présent chapitre et qui concernent l'organisation, le fonctionnement des Tribunaux de travail, la procédure suivie devant ces juridictions et les recours ouverts contre les jugements sont fixés par le Code de travail, dans la mesure où les règles de ce Code ne sont pas contraires aux dispositions de la présente loi[270].

---

[270] Articles 132 à134.

CHAPITRE 10

LES TRIBUNAUX MILITAIRES

159. Il peut être créé un Tribunal militaire dans une région militaire ou une garnison. La loi de création fixe son siège et son ressort qui comprend une ou plusieurs régions militaires, une ou plusieurs garnisons. Les jours et heures des audiences normales ou extraordinaires des Tribunaux Militaires sont fixés par délibération de l'assemblée générale du Tribunal au début de chaque année. La justice, dans les Tribunaux militaires est rendue par des magistrats civils et militaires.

Les Magistrats Militaires peuvent être élus à la Cour Suprême dans les mêmes conditions que les Magistrats civils. Les Magistrats militaires prêtent, avant d'entrer en fonction, le serment requis pour l'exercice de la profession de Magistrat. Ce serment est prêté devant la Cour d'appel du ressort[271].

Section 1. Compétence

160. Le Tribunal militaire connaît des infractions militaires punies des peines correctionnelles et des contraventions qui leur sont connexes. Le Tribunal militaire connaît également des infractions militaires punies des peines de police, commises dans l'étendue de son ressort.

Les Tribunaux militaires sont compétents pour connaître :

- De tous les délits définis dans le Code de Justice Militaire ;
- Des délits aux lois et coutumes de guerre commis sur le territoire congolais ;
- Des infractions prévues aux articles 430 à 433 du Code Pénal relatifs aux infractions commises par les fournisseurs à l'armée.
- Des délits de droit commun commis par les militaires dans l'exécution du service. Les infractions de droit commun commises par les militaires à l'occasion de l'exercice de leurs fonctions sont de la compétence des tribunaux de droit commun ;
- Les délits de droit commun commis par toute personne majeure par des militaires ou assimilés à l'intérieur d'un établissement militaire.

---

[271] Articles 135 à 138.

En temps de guerre les tribunaux militaires demeurent seuls compétents pour connaître, en outre, de toutes les infractions de droit commun. Pendant cette période le Tribunal militaire est présidé par le Magistrat militaire le plus ancien[272]. Lorsque l'état de siège ou l'état d'urgence est proclamé, les tribunaux militaires connaîtront des infractions commises pendant cette période qui se rapportent aux évènements en cours ou qui leur sont connexes. Le Tribunal militaire quelle que soit sa formation, statue toujours à charge d'appel. La Cour Suprême règle les conflits positifs ou négatifs de compétence qui pourront surgir à l'occasion de l'application de la présente loi[273].

Section 2. L'organisation

161. Le Tribunal militaire comprend des Magistrats nommés par décret du Président de la République sur proposition du Conseil Supérieur de la Magistrature après avis du Ministre de la Défense.

Le Tribunal militaire est présidé par un magistrat civil, il est assisté de deux magistrats civils, il est assisté de deux magistrats militaires.

En cas d'empêchement du Président du Tribunal, il est pourvu à son remplacement par Ordonnance du Président de la Cour d'Appel qui pourra y déléguer soit un magistrat du siège du Tribunal de grande instance, soit le magistrat militaire le plus ancien dans le grade.

Le Ministère public est assuré par un Procureur de la République et des substituts du Procureur de la République tous magistrats militaires.

Il est assisté d'un greffé, dirigé par un Greffier en Chef militaire.

Un Juge peut être récusé par l'une des parties au procès. La demande en récusation doit être motivée et écrite. Elle est adressée au Président de la Cour d'appel qui statue dans les 24 heures à compter de la réception de la demande par une ordonnance qui n'est susceptible d'aucun recours[274]. En cas de récusation du Président, le Président de la Cour d'appel nomme par Ordonnance soit un Magistrat civil du Tribunal de Grande instance soit le Magistrat militaire assesseur le plus ancien.

Section 3. L'administration

162. L'Assemblée Générale du Tribunal militaire délibère sur les questions intéressant la vie du tribunal ou sur les questions d'ordre général. Elle

---

[272] Articles 139 à 140.

[273] Articles 141 à 144.

[274] Articles 145 à 146.

est compétente pour édicter les règles générales concernant le fonctionnement du tribunal, notamment les règles relatives à la périodicité des audiences, la répartition des dossiers entre Juges, la répartition des greffiers entre les différentes Chambres, et les Cabinets d'instruction, la Bibliothèque du Tribunal.

Elle assure le contrôle de la rédaction, la signature et la conservation des minutes et la surveillance du bon fonctionnement du Greffe. Les délibérations de l'Assemblée générale qui adoptent ces règles sont, sans délai transmises au Président de la Cour d'appel et au Procureur général près ladite Cour. L'Assemblée générale du Tribunal militaire comprend : le Président du Tribunal, le Procureur de la République, les Substituts du Procureur de la République, les autres magistrats du siège, le greffier en Chef. Elle est placée sous la présidence du Président du Tribunal, ou en cas d' absence ou d'empêchement, sous la présidence du Procureur de la République. Elle se réunit en session ordinaire, deux fois par année et en session extraordinaire chaque fois que le Président du Tribunal, le juge utile ou à la demande du Procureur de la République.

Le Greffe du Tribunal militaire comprend un greffier en Chef militaire et des greffiers militaires, nommés par un arrêté du Ministre de la Défense. Le greffier en Chef et les greffiers militaires sont affectés aux Chambres et aux Cabinets d'instruction par décision du Procureur de la République qui peut modifier ces affectations en tenant compte des besoins et des constatations faites par le Président du Tribunal à propos des qualités professionnelles et humaines du personnel[275].

Le Greffe du Tribunal, le greffier en Chef et les greffiers militaires sont placés sous l'autorité du Président du Tribunal le pouvoir de la République. Le procureur de la République gère les personnels servant au Tribunal. Il exerce sur eux tout comme le Président du Tribunal le pouvoir de notation et d'appréciation et saisit le Procureur général près la Cour d'appel de toutes propositions utiles.

Le Procureur de la République assure l'ordre et la sécurité à l'intérieur du Tribunal et peut requérir la force publique. Il contrôle les pièces à conviction ; vérifie leur état, fait établir les procès-verbaux de remise des pièces à conviction au domaine en vue de leur vente aux enchères, ordonne le cas échéant, leur restitution ou leur destruction[276].

---

[275] Articles 147 à 149.
[276] Articles 150 à 151.

Section 4. Les formations

163. Le Tribunal militaire comporte :

- Une Chambre Correctionnelle compétente pour statuer sur les délits et contraventions connexes qui relèvent de sa compétence matérielle. S'il résulte des débats que le fait comporte une qualification légale autre que celle donnée par l'ordonnance de renvoi ou la citation directe, la Chambre correctionnelle requalifie et renvoie l'affaire devant la Chambre compétente.
- Une Chambre de police compétente pour statuer sur des contraventions ;
- La Chambre correctionnelle pour mineurs compétente pour juger les élèves des Ecoles de formation militaire ;
- Un ou plusieurs Cabinets d'instruction.

La distribution des juges pour le service des Chambres est faite par ordonnance du Président du Tribunal après avis de l'Assemblée Générale du Tribunal dans le trimestre précédent la rentrée judiciaire pour l'année judiciaire en cours et pour l'année judiciaire suivante. La Chambre correctionnelle pour mineurs est compétente pour juger les infractions qualifiées crimes ou délits, imputées aux mineurs de dix-huit (18) ans et des majeurs.

Les règles concernant le fonctionnement, la compétence et la composition de la Chambre correctionnelle pour mineurs sont fixées par le Code de procédure pénale dans la mesure où les règles de ce Code ne sont pas contraires aux dispositions de la présente loi[277]. Le juge des enfants est nommé par décret du Président de la République sur proposition du Conseil supérieur de la magistrature après avis du Ministre de la défense.

164. Le Cabinet d'instruction est une juridiction à juge unique. Le juge d'instruction, magistrat militaire nommé par décret du Président de la République sur proposition du Conseil supérieur de la magistrature après avis du Ministre de la Défense, est assisté du greffier. En l'absence du greffier affecté au Cabinet d'instruction, le juge d'instruction peut nommer un greffier ad hoc parmi les greffiers en service à la juridiction. Lorsqu'il y a plusieurs Cabinets, il est nommé un Doyen des juges d'instruction. Il peut se substituer à l'un des juges d'instruction relevant de son autorité.

Le Procureur de la République dirige le Parquet du Tribunal militaire et occupe le Siège du Ministère public devant les formations juridictionnelles du Tribunal. Il est en cas d'absence, d'empêchement ou sur ses ordres suppléé par ses substituts, le plus ancien venant avant le moins ancien et chacun d'eux étant affecté par le Procureur de la République à l'une ou plusieurs formations juridictionnelles du Tribunal militaire.[278]

---

[277] Articles 152 à 155.
[278] Articles 156 à 158.

SEPTIEME PARTIE

LES NOUVELLES INSTITUTIONS ADMINSTRATIVES JUDICIAIRES

CHAPITRE 1

LE MINISTERE DE LA JUSTICE[279]

Section 1. Les attributions

165. Le ministère de la justice est l'organe de conception et d'exécution de la politique du Gouvernement dans les domaines de la justice, de la promotion et de la protection des droits humains et de l'administration pénitentiaire.

A ce titre, il est chargé notamment de :

- Elaborer les projets de textes législatifs ou règlementaires dans les domaines relevant de sa compétence ;
- Gérer, administrer, contrôler et surveiller l'ensemble des juridictions nationales, l'administration et les établissements spécialisés pour mineurs délinquants ou en danger moral ;
- Gérer et administrer les greffes, les offices publics et ministériels et tous les autres services judiciaires ;
- Concevoir et exécuter la politique du Gouvernement en matière de réinsertion sociale des mineurs délinquants ou en danger moral ;
- Gérer et administrer les greffes, les offices publics et ministériels et tous les autres services judiciaires ;
- Concevoir et exécuter la politique du Gouvernement en matière de réinsertion sociale des mineurs délinquants ou en danger moral ;
- Coordonner l'ensemble des activités touchant à la législation civile et commerciale ;
- Garantir et promouvoir les droits de la personne humaine et de l'enfance ;
- Conserver les armoiries et les Sceaux de l'Etat ;
- Appliquer, dans le cadre des accords de coopération, les mesures d'entraide internationale ;
- Veiller à la ratification des accords et traités internationaux ;
- Assurer l'exécution des accords, des conventions et traités ratifiés ;

---

[279] Décret n° 99-88 du 19 mai 1999 portant attributions et organisation du Ministère de la justice.

- Centraliser et coordonner, de concert avec les départements concernés l'ensemble du contentieux de l'Etat.

- Et, d'une manière générale, mettre en œuvre toute mission qui peut lui être confiée par le Gouvernement, dans le cadre de ses compétences[280].

Section 2. L'organisation

166. Le ministère de la justice comprend :

- Le cabinet ;
- Les directions rattachées ;
- L'inspection générale des juridictions et des services judiciaires ;
- Le secrétariat général à la justice ;
- La direction générale de l'administration pénitentiaire ;
- Les juridictions[281].
-

Paragraphe 1. Le cabinet

167. Placé sous l'autorité d'un directeur, le cabinet est l'origine de conception, de coordination, d'animation et de contrôle qui assiste le ministre dans son action.

Il est chargé de régler, au nom du ministre et sur délégation, les questions politiques, administratives et techniques qui relèvent du ministère.

La composition du cabinet et les modalités de nomination de ses membres sont celles qui sont définies par la règlementation en vigueur[282].

Paragraphe 2. Les directions rattachées

168. Les directions rattachées au cabinet sont :

- la direction des études et de la planification ;
- la direction de la coopération ;
- la direction du contentieux de l'Etat ;
- la direction de la protection et de la promotion des droits humains et des peuples ; la direction des affaires juridiques internationales.

---

[280] Article 1er.

[281] Article 2.

[282] Article 3.

Sous-section 1. La direction des études et de la planification

La direction des études et de la planification exerce ses attributions et est organisée conformément aux textes qui la régissent[283].

Paragraphe 1. La direction de la coopération

169. La direction de la coopération est dirigée et animée par un directeur. Elle est chargée notamment de :

- assurer la mise en œuvre et le suivi des accords de coopération conclus entre la République du Congo et les Etats étrangers en matière de justice et des droits humains ;
- préparer et participer aux travaux des commissions mixtes ;
- assurer la gestion de l'assistance technique ;
- faire appliquer, dans le cadre des accords de coopération, les mesures d'entraide internationale en matière pénale et civile ;
- veiller à la ratification des accords et des traités internationaux ;
- assurer l'exécution des accords, des conventions et des traités ratifiés.

La direction de la coopération comprend :

- le service de la coopération judiciaire et juridique ;
- le service des traités et des accords internationaux[284].

Paragraphe 2. La direction du contentieux de l'Etat.

170. La direction du contentieux de l'Etat est dirigée et animée par un directeur.

Elle est chargée notamment de :

Centraliser l'ensemble du contentieux de l'Etat en vue d'assurer la défense des intérêts de l'Etat devant les juridictions nationales ou internationales ;

- Préparer, de concert avec les différents départements ministériels, les requêtes, les mémoires, les conclusions et les actes de toute nature qu'exige la procédure, en demande ou en défense ;
- Recevoir les avis, les avertissements, les notifications, les significations, les assignations et tout autre acte de procédure destiné à l'Etat ;
- Examiner les requêtes préalables destinées au contentieux contre l'Etat et en donner suite.

La direction du contentieux de l'Etat comprend :

---

[283] Article 5.

[284] Articles 6 et 7.

- Le service du contentieux ;
- Le service des enquêtes[285].

Paragraphe 3. La direction de la protection et de la promotion des droits humains et des peuples.

171. La direction de la protection et de la promotion des droits humains et des peuples est dirigée et animée par une direction.

Elle est chargée notamment de :

- Promouvoir les droits de la personne humaine ;
- Assurer la protection des droits et des libertés de citoyen ;
- Œuvrer, de concert avec les organisations non gouvernementales agissant dans le domaine des droits humains, pour l'instauration de cadres d'actions en faveur des droits humains et des peuples ;
- Assurer le suivi des textes nationaux et des conventions internationales relatifs aux droits de la personne humaine et des peuples ;
- Œuvrer pour la promotion et le renforcement de l'Etat de droit ;
- Préparer, en accord avec les organismes concernés, les textes constitutionnels et en assurer le suivi.

La direction de la protection et de la promotion des droits humains et des peuples comprend :

- Le service de la promotion et de la protection des libertés et des droits fondamentaux ;
- Le service des relations avec les institutions spécialisées ;
- Le service de la protection des minorités nationales et des catégories sociales défavorisées ;
- Le service du crime contre l'humanité ;
- Le service de la promotion et du renforcement de l'Etat de droit[286].

Paragraphe 4. La direction des affaires juridiques internationales

172. La direction des affaires juridiques internationales est dirigée et animée par un directeur.

Elle est chargée notamment de :

- Préparer les travaux des institutions juridiques internationales ;
- Assurer la mise en œuvre des accords conclus avec les institutions juridiques internationales dont le Congo est membre ;
- Evaluer annuellement le programme d'activités des institutions juridiques internationales ;

---

[285] Articles 8 à 9.

[286] Article 11.

- Recevoir les demandes d'avis consultatifs, les notifications traitant des questions juridiques internationales.

La direction des affaires juridiques internationales comprend :

- Le service de suivi et de l'évaluation ;
- Le service de la législation[287].

Section 3. Les juridictions

173. Les juridictions nationales de l'ordre judiciaire sont :

- La cour suprême ;
- La cour des comptes ;
- Les cours d'appel ;
- Les tribunaux de grande instance ;
- Les tribunaux de travail ;
- Les tribunaux de commerce ;
- Les tribunaux d'instance ;
- Les tribunaux pour enfants.

Les juridictions sont régies par des textes spécifiques. L'organisation et le fonctionnement des services et des bureaux, à créer, sont fixés, en tant que de besoin , par arrêté du Garde des Sceaux, Ministre de la justice. Chaque direction centrale dispose d'un secrétariat et animé par un secrétaire qui a rang de chef de bureau[288].

---

[287] Articles 12 et 13.

[288] Articles 18 à 19.

CHAPITRE 2

L'INSPECTION GENERALE A LA JUSTICE[289]

Section 1. Dispositions générales

174. L'inspection générale des juridictions et des services judiciaires est l'organe technique qui assiste le ministre dans ses attributions en matière d'inspection. L'inspection générale des juridictions et des services judiciaires est dirigée et animée par un inspecteur général des juridictions et des services judiciaires exerce, sous l'autorité directe du Garde des Sceaux, ministre de la justice, une mission permanente d'inspection sur les juridictions de l'ordre judiciaire, la Cour Suprême exceptée, et sur l'ensemble des services et des organismes relevant du ministère de la justice.

L'inspecteur général est assisté d'un inspecteur général adjoint et d'inspecteurs. L'inspecteur général adjoint et les inspecteurs des juridictions et des services judiciaires disposent des mêmes pouvoirs d'investigation, de vérification et de contrôle que l'inspecteur général, pour les missions qui leur sont confiées. L'inspecteur général, l'inspecteur général adjoint et les inspecteurs des juridictions et des services judiciaires sont choisis parmi les magistrats hors hiérarchie ou les magistrats du premier grade de deux échelons les plus élevés ayant une ancienneté d'au moins quinze années dans la magistrature, dont au moins dix années effectives dans les juridictions ou dans les institutions centrales de l'Etat.

L'inspection générale des juridictions et des services judiciaires est rattachée au Garde des Sceaux qui, seul, peut la charger d'une mission. Elle est indépendante de l'administration centrale[290].

Section 2. Les attributions

175. L'inspection générale des juridictions et des services judiciaires est chargée notamment de :

---

[289] Décret n° 99-87 du 19 mai 1999 portant attributions, organisation et fonctionnement de l'inspection générale des juridictions et des services judiciaires..

[290] Articles 1 à 5.

- Apprécier, de façon permanente, à l'exception de la Cour Suprême, le fonctionnement des juridictions nationales, des administrations et des services relevant du ministère de la justice, des offices publics et ministériels ;

- Diligenter toute opération ponctuelle de contrôle à la demande du Garde des Sceaux ;

- Formuler toute suggestion propre à améliorer le fonctionnement des juridictions, des administrations et des services relevant du ministère de la justice ;

- Procéder à une étude thématique ;

- Eclairer le Garde des Sceaux sur tel-dysfonctionnement précis ou sur le non-respect par un acteur judiciaire de ses obligations statutaires[291].

Section 3. L'organisation

176. L'inspection générale des juridictions et des services judiciaires comprend ;

- Une division de l'inspection ;
- Une division des études ;
- Un secrétariat administratif.

La division de l'inspection est chargée notamment de :

- Préparer les missions ;
- Diligenter des enquêtes à caractère disciplinaire ;
- Accomplir les investigations nécessaires, susceptibles de mieux apprécier la situation de toute personne mise en cause ;
- Adresser un rapport des opérations susmentionnées, avec un avis, au Garde des Sceaux.

La division des études est notamment chargée de :

- Evaluer l'application de la politique du Gouvernement dans le domaine juridique et judiciaire ;
- Apprécier la nécessité ou l'opportunité d'une réforme et en dresser le bilan ;
- Etablir la liaison avec les directions, les services et les organismes du ministère de la justice ;
- Formuler toute suggestion tendant à l'amélioration des directions des services et des organismes du ministère.

Le secrétariat administratif est chargé de tous les travaux de secrétariat, notamment de :

- La réception et l'expédition du courrier ;
- L'analyse sommaire des correspondances et autres documents ;

[291] Article 6.

- La saisie et la reprographie des correspondances et autres documents administratifs ;

- Et, d'une matière générale, de toute autre tâche qui peut lui être confiée[292].

Section 4. Fonctionnement

177. Au début de chaque année, l'inspecteur général des juridictions et des services judiciaires élabore, après consultation des directeurs et des chefs de service du ministère de la justice, un calendrier d'inspection qui est soumis au Garde des Sceaux, qui l'arrête. Les directeurs et les chefs de service sont informés des missions d'inspection prévues au calendrier annuel. L'inspection générale des juridictions et des services judiciaires peut effectuer des missions inopinées. Toutefois, elle ne peut s'auto saisir ni publier ses rapports dont le Garde de Sceaux est le seul destinataire. Le garde des Sceaux peut, s'il le juge nécessaire, en assurer la communication au conseil supérieur de la magistrature, au conseil de discipline et à la commission d'avancement.

Pour l'accomplissement de ses missions, l'inspection générale des juridictions et des services judiciaires dispose d'un pouvoir général d'investigation, de vérification et de contrôle qui lui permet notamment de convoquer et d'entendre tout ce qui relève du ministère de la justice. L'inspection générale des juridictions et des services judiciaires fait rapport au Garde des Sceaux des résultats des missions d'inspection. Le rapport est préalablement notifié au magistrat, au fonctionnement ou à l'agent mis en cause. Celui-ci a le droit, dans un délai de huit jours, de faire ses observations écrites qui sont jointes, de faire ses observations écrites qui sont jointes au rapport adressé au Garde des Sceaux.

De même, chaque année, l'inspection générale des juridictions et des services judiciaires fait rapport au Garde des Sceaux de ses activités et de l'essentiel des constatations effectuées au cours de ses missions et des mesures qu'elle suggère. Sur décision du Garde des Sceaux, les rapports d'inspection sont communiqués aux directeurs et aux chefs de service concernés[293].

---

[292] Articles 7 à 10.

[293] Articles 11 à 13.

178. La division de l'inspection et la division des études sont dirigées et animées, chacune, par un chef de division. Le secrétariat administratif est dirigé et animé par un chef de secrétariat qui a rang de chef de division. Les enquêtes de l'inspection générale des juridictions et des services judiciaires sont diligentées par deux inspecteurs, au moins. L'organisation interne des divisions et du secrétariat administratif de l'inspection générale des juridictions et des services judiciaires est fixée par arrêté du Garde des Sceaux[294].

[294] Articles 14 à 17.

CHAPITRE 3

LE SECRETARIAT GENERALE A LA JUSTICE[295]

Section 1. Attributions

179. Le secrétariat général à la justice est l'organe technique qui assiste le ministre dans l'exercice de ses attributions dans les domaines de la justice, de la promotion et de la protection des droits humains.

A ce titre, il est chargé, notamment, de :

- Elaborer les projets de textes législatifs ou règlementaires en matière civile et pénale ;
- Contrôler les activités des offices publics et ministériels, des syndics liquidateurs et du ministère public en matière civile ;
- Suivre les questions relatives au statut des personnes, aux différents ordres nationaux, aux sceaux et aux armoiries de l'Etat ;
- Instruire les recours en grâce et élaborer les projets de lois d'amnistie ;
- Mener des études relatives à la protection de l'enfance ;
- Gérer le personnel et l'équipement[296].

Section 2. Organisation

180. Le secrétariat général à la justice est dirigé et animé par un secrétariat général.

Le secrétariat général anime, coordonne et contrôle les activités des directions placées sous son autorité. Le secrétariat général à la justice, outre le secrétariat de direction, le service de la documentation et des archives, le service de l'information sur les droits et les libertés, comprend :

- La direction des affaires civiles et du sceau ;
- La direction des affaires criminelles, financières et des grâces ;
- La direction de la protection légale de l'enfance ;
- La direction de l'administration, des finances et de l'équipement[297].

---

[295] Décret n°99-85 du 19 mai 1999 portant attributions et organisation du secrétariat général à la justice.

[296] Article 1er.

[297] Article 2 et 3.

Section 3. Le secrétariat de direction

181. Le secrétariat de direction est dirigé et animé par un chef de secrétariat qui a rang de chef de service.

Il est chargé, notamment, de :

- La réception et l'expédition du courrier ;
- L'analyse sommaire des correspondances et autres documents ;
- La saisie et la reprographie des correspondances et autres documents administratifs ;
- Et, d'une manière générale, de toute autre tâche qui peut lui être confiée[298].

Section 4. Le service de la documentation et des archives

182. Le service de la documentation et des archives est dirigé et animé par un chef de service.

Il est chargé, notamment, de :

- Collecter, traiter et conserver la documentation ;
- Centraliser, gérer et conserver les archives[299].

Section 5. Le service de l'information sur les droits et les libertés

183. Le service de l'information sur les droits et les libertés est dirigé et animé par un chef de service.

Il est chargé, notamment, de :

Rassembler les textes et les documents relatifs aux droits et aux libertés ;

Informer les justiciables sur les procédures judiciaires et administratives ;

Aider toute personne en difficulté, à constituer des dossiers d'assistance judiciaire ou à obtenir la commission d'office d'un avocat ;

- Donner toute autre information utile sur les droits et les libertés ;
- Réceptionner, enregistrer les demandes et les pièces relatives à la délivrance du certificat de nationalité et du casier judiciaire et accomplir toutes les formalités y afférentes ;

---

[298] Article 4.
[299] Article 5.

- Recueillir les observations des justiciables sur le fonctionnement des juridictions et des services judiciaires et sur les relations entre les auxiliaires de justice et les usagers[300].

Section 6. La direction des affaires civiles et du sceau

184. La direction des affaires civiles et du sceau est dirigée et animée par un directeur.

Elle est chargée, notamment, de :

- Suivre et mettre en œuvre les politiques en matière civile, sociale, commerciale et, d'une manière générale, en matière de droit privé ;
- Règlementer les questions relatives aux frais de justice en matière civile ;
- Etudier, ensemble et de concert avec la chancellerie des ordres nationaux, la législation relative aux différents ordres ;
- Suivre les questions relatives au statut des personnes, à l'état civil, à la nationalité, à l'adoption et à la naturalisation ;
- Contrôler l'action du ministère public en matière civile ;
- Se pourvoir en cassation dans l'intérêt de la loi, dans les matières touchant au droit privé ;
- Règlementer, organiser et contrôler les activités des greffes, des offices publics et ministériels et des autres services judiciaires ;
- Conserver les armoiries ;
- Conserver et apposer les sceaux de l'Etat ;
- Exécuter les commissions rogatoires en matière civile ;
- Contrôler les activités des syndics liquidateurs, des administrateurs judiciaires, des séquestres experts, des interprètes-traducteurs, des commissaires aux comptes et des commissaires-priseurs.

La direction des affaires civiles et du sceau comprend :

- Le service des affaires civiles ;
- Le service des affaires commerciales ;
- Le service du sceau, de la législation civile, du statut des personnes et de naturalisation ;
- Le service des offices publics et ministériels, des syndics liquidateurs, des greffes et autres services judiciaires[301].

---

[300] Article 6.

[301] Articles 7 et 8.

Section 7. La direction des affaires criminelles, financières et des grâces

185. La direction des affaires criminelles, financières et des grâces est dirigée et animée par un directeur.

Elle est chargée, notamment, de :

- Elaborer et appliquer la politique en matière criminelle, économique et financière ;
- Elaborer les projets de lois et de décrets en matière criminelle, correctionnelle et de simple police ;
- Examiner les projets de textes qui sont initiés par les autres départements ministériels et qui comportent des dispositions d'ordre pénal ;
- Elaborer les instructions générales et particulières destinées aux parquets ;
- Règlementer les questions relatives aux juridictions spécialisées et assurer les relations de justice en matière pénale ;
- Elaborer les projets de lois d'amnistie.

La direction des affaires criminelles, financières et des grâces comprend :

- Le service de la législation pénale ;
- Le service des affaires pénales générales et des grâces ;
- Le service des affaires économiques et financières ;
- Le service des relations avec les juridictions spécialisées ;
- Le service du casier judiciaire[302].

Section 8. La direction de la protection légale de l'enfance

186. La direction de la protection légale de l'enfance est dirigée et animée par un directeur. Elle est chargée, notamment, de :

- Faire appliquer la législation relative à la protection de l'enfance ;
- Mener des études concourant à l'élaboration de la législation sur la prévention de la délinquance juvénile et la protection de l'enfance ;
- Assurer, dans les établissements publics et du secteur privé, la rééducation des mineurs délinquants ou en danger moral ;
- Gérer les établissements publics spécialisés dans la protection de l'enfance ;
- Contrôler le fonctionnement des services auxiliaires de l'enfance ;

---

[302] Articles 9 et 10.

- Assurer la liaison avec les juridictions pour enfants et avec les organisations non gouvernementales spécialisées dans les questions liées à l'enfance et à la prévention de la délinquance juvénile ;

- Harmoniser les textes nationaux avec les conventions internationales relatives à la protection de l'enfance et des mineurs délinquants ou en danger moral.

La direction de la protection légale de l'enfance comprend :

- Le service de la législation de l'enfance, de la prévention et de l'action sociale judiciaire ;
- Le service de l'éducation surveillée ;
- Les centres de rééducation et d'observation pour mineurs[303].

Section 9. La direction de l'administration, des finances et de l'équipement

187. La direction de l'administration, des finances et de l'équipement est dirigée et animée par un directeur. Elle est chargée, notamment, de :

- Gérer le personnel des juridictions et services judiciaires et organiser la formation et le recyclage y relatifs ;
- Préparer et exécuter le budget ;
- Procéder aux études des marchés et à leur réalisation ;
- Procéder aux études financières des greffes et des services de recouvrement ;
- Veiller à l'équipement des juridictions et des services qui relèvent du ministère.

La direction de l'administration, des finances et de l'équipement comprend :

- Le service de la gestion du personnel des juridictions et des services judiciaires ;
- Le service des finances et du matériel ;
- Le service du contrôle des greffes ;
- Le service de l'équipement ;
- Le service de la formation et du recyclage du personnel des juridictions et des services judiciaires[304].

188. L'organisation et le fonctionnement des services, des bureaux et des centres, à créer, sont fixés, en tant que de besoin, par arrêté du Garde des

---

[303] Articles 11 à 12.
[304] Articles 13 et 14.

Sceaux, ministre de la justice. Dans les régions, les communes et les districts, les attributions au secrétariat général à la justice sont exercées par le procureur général près la cour d'appel territorialement compétent ou, à défaut, par le procureur de la République. Chaque direction centrale dispose d'un secrétariat dirigé et animé par un secrétaire qui a rang de chef de bureau[305].

[305] Articles 15 à 17.

CHAPITRE 4

DIRECTION GENERALE DE L'ADMINISTRATION PENITENTIAIRE[306]

Section 1. Attributions

189. La direction générale de l'administration pénitentiaire est l'organe technique qui assiste le ministre dans l'exercice de ses attributions dans le domaine de l'administration pénitentiaire.

A ce titre, elle est chargée, notamment, de :

- Garantir l'exécution des peines ;
- Veiller à l'exécution des peines dans des conditions humaines, en s'appuyant notamment sur les conventions et sur les recommandations de l'Organisation des Nations Unies et de l'Organisation de l'Unité Africaine ;
- Tenir à jour et centraliser les statistiques de la population carcérale,
- Gérer les établissements pénitentiaires ;
- Veiller à l'application des peines, ensemble et de concert avec le juge de l'application des peines ;
- Veiller à l'exécution des procédures de transfert et à l'extradition des détenus ;
- Tenir à jour les fichiers d'identification pénitentiaire ;
- Rééduquer le détenu et préparer la réinsertion sociale, ensemble et de concert avec les autres départements ministériels et les organisations non gouvernementales intéressées ;
- Protéger et assister, sur le plan de la rééducation, l'enfance délinquante, de concert avec la direction compétente du secrétariat général à la justice ;
- Définir les méthodes de l'action socioéducative en faveur de la population carcérale et des mineurs ;
- Evaluer les méthodes de rééducation des jeunes délinquants ;
- Participer à la gestion des centres de rééducation et d'observation pour mineurs délinquants.

---

[306] Décret n°99-86 du 19 mai 1999 portant attributions et organisation de la direction générale de l'administration pénitentiaire.

Section 2. Organisation

190. La direction générale de l'administration pénitentiaire est dirigée et animée par un directeur général.

La direction générale de l'administration pénitentiaire, outre le secrétariat de direction, comprend :

- La direction de la logistique et du personnel ;
- La direction de l'exécution des peines ;
- La direction des maisons d'arrêt et de correction ;
- La direction de la réinsertion sociale et de l'action sociale judiciaire.

Paragraphe 1. Secrétariat de direction

191. Le secrétariat de direction est dirigé et animé par un chef de secrétariat qui a rang de chef de service.

Il est chargé de tous les travaux de secrétariat, notamment, de :

- La réception et l'expédition du courrier ;
- L'analyse sommaire des correspondances et autres documents ;
- La saisie et la reprographie des correspondances et autres documents administratifs;
- Et, d'une manière générale, de toute autre tâche qui peut lui être confiée[307].

Paragraphe 2. La direction de la logistique et du personnel

192. La direction de la logistique et du personnel est dirigée et animée par un directeur. Elle est chargée notamment de :

- Préparer les projets de budget de l'administration pénitentiaire ;
- Gérer le personnel et les crédits de l'administration pénitentiaire ;
- Contrôler l'activité des centres de formation professionnelle des maisons d'arrêt et de correction ;
- Evaluer les besoins en matériel et en personnel.

La direction de la logistique et du personnel comprend :

- Le service des ressources humaines ;
- Le service du patrimoine et de l'équipement ;
- Le service administratif et financier[308].

---

[307] Article 4.

[308] Articles 5 et 6.

Paragraphe 3. La direction de l'exécution des peines

193. La direction de l'exécution des peines est dirigée et animée par un Directeur.

Elle est chargée notamment de :

- Veiller à toutes les questions relatives aux méthodes de surveillance et aux techniques de sécurité des établissements pénitentiaires ainsi qu'aux procédures de transfèrement des détenus ;
- Veiller à l'exécution des peines, ensemble et de concert avec le juge de l'application des peines ;
- Tenir à jour les statistiques de la population carcérale ;
- Veiller à l'application du règlement intérieur des maisons d'arrêt et de correction ;
- Organiser le travail d'intérêt général et autres peines de substitution.

La direction de l'exécution des peines comprend :

- Le service de la détention ;
- Le service de la sécurité ;
- Le service des peines alternatives ;
- Le service de l'information des droits des personnes détenues ou condamnées[309].

Paragraphe 4. La direction des maisons d'arrêt et de correction

194. La direction des maisons d'arrêt et de correction est dirigée et animée par un directeur. Elle est chargée notamment de :

- Garantir l'exécution des peines ;
- Assurer la mise à exécution des décisions judiciaires ordonnant une détention provisoire ;
- Veiller à l'application des peines ;
- Garder dans des conditions humaines, les personnes qui, dans les cas déterminés par la loi, sont placées en détention en vertu d'une décision de justice ou d'un mandat de justice ;
- Gérer les établissements pénitentiaires ;
- Centraliser les statistiques de la population carcérale ;
- Coordonner les activités des maisons d'arrêt et de correction.

La direction des maisons d'arrêt et de correction comprend :

- Le service de la règlementation et de la statistique ;
- Le service de la rééducation ;
- Le service de santé[310].

---

[309] Articles 7 et 8.

[310] Articles 12 et 13.

Paragraphe 5. La direction de la réinsertion sociale et de l'action sociale judiciaire

195. La direction de la réinsertion sociale et de l'action sociale judiciaire est dirigée et animée par un directeur.

Elle est chargée notamment de :

- Mener des actions multiformes afin d'aboutir à une réinsertion sociale des détenus ;
- Donner un avis technique sur les demandes de libération conditionnelle avant leur examen par le comité de probation ;
- Suivre les conditions d'hygiène et de santé dans lesquelles vivent les détenus, de concert avec les services sanitaires ;
- Encadrer, techniquement, les personnels sociaux judiciaires ;
- Tenir à jour les fichiers des libérés et ceux des libérations conditionnelles,, ensemble et de concert avec la direction de l'exécution des peines ;
- Suivre le travail pénal, de concert avec la direction de l'exécution des peines ;
- Participer aux travaux de la commission de libération conditionnelle ;
- Contrôler les activités récréatives, sportives et culturelles proposées aux détenus ;
- Concevoir des méthodes et des techniques de rééducation à appliquer aux détenus en s'inspirant notamment des recommandations de l'Organisation des Nations Unies et de l'Organisation de l'Unité Africaine ;
- Promouvoir la formation professionnelle des détenus ainsi que l'enseignement scolaire qui leur est destiné ;
- Définir les méthodes de rééducation des mineurs délinquants et assurer leur réinsertion.

La direction de la réinsertion sociale et de l'action sociale judiciaire comprend :

- Le service de l'assistance sociale et culturelle ;
- Le service de la formation professionnelle ;
- Le service de l'alphabétisation et de l'enseignement ;
- Le service des centres de rééducation pour mineurs délinquants[311].

196. Chaque direction centrale dispose d'un secrétariat dirigé et animé par un secrétariat qui a rang de chef de bureau. Les attributions et l'organisation des services et des bureaux, à créer, sont fixées, en tant que de

---

[311] Articles 14 et 15.

besoin, par arrêté du Garde des Sceaux, ministre de la justice. Dans les régions, les communes et les districts, les attributions, dévolues à la direction générale de l'administration pénitentiaire, à l'exception de celles relevant de la compétence du responsable local des prisons, sont exercées par le procureur général près la cour d'appel territorialement compétent ou, à défaut par le procureur de la République[312].

[312] Articles 16 à 17.

HUITIEME PARTIE

LES AUTRES ORDRES DE JURIDICTIONS ET INSTITUTIONS JUDICIAIRES

CHAPITRE 1

LA COUR CONSTITUTIONNELLE[313]

Section 1. Rôle et attributions

197. La Cour constitutionnelle est l'organe régulateur de l'activité des pouvoirs publics. Elle assure à travers ses missions de contrôle, la protection des droits et des libertés fondamentaux du citoyen.

Elle est indépendante du pouvoir exécutif, du pouvoir législatif et du pouvoir judiciaire.

Elle est chargée du contrôle de la constitutionnalité des lois, des traités et des accords internationaux.

Elle veille à la régularité de l'élection du Président de la République, en examine les réclamations et proclame les résultats du scrutin.

A l'occasion de l'élection du Président de la République, la Cour constitutionnelle désigne un collège de trois médecins assermentés pour constater l'état de bien-être physique et mental des candidats.

La Cour constitutionnelle est également compétente pour prononcer le report de l'élection du Président de la République dans les conditions fixées à l'article 63 de la Constitution.

Elle reçoit en séance publique solennelle en présence de l'Assemblée Nationale, du Sénat et de la Cour suprême, le serment du Président de la République élu. Elle constate et déclare la vacance de la fonction présidentielle et en désigne un intérimaire conformément aux dispositions de l'article 70 de la Constitution.

Elle statue en cas de contestation, sur la régularité des élections législatives et sénatoriales. Elle se prononce sur la recevabilité des candidatures aux mêmes élections et peut, en cas de circonstances exceptionnelles graves empêchant le déroulement des élections, prolonger le mandat des députés et des sénateurs. En ce cas elle est saisie par le Président de la République. Elle veille à la régularité des opérations de référendum et en proclame les résultats.

---

[313]Loi organique n° 1-2003 du 17 janvier 2003portant organisation et fonctionnement de la cour constitutionnelle.

La Cour constitutionnelle, saisie par le Président de la République dans les conditions fixées à l'article 127 de la Constitution donne un avis sur l'établissement définitif du budget de l'Etat par voie d'ordonnance. Elle peut par décision motivée et dans les conditions fixées à l'article 132 de la Constitution autoriser le Président de la République à légiférer par ordonnance[314].

Les lois organiques et les règlements intérieurs des deux chambres du Parlement sont, avant leur promulgation ou leur mise en application, soumis à la Cour constitutionnelle pour avis de conformité.

La Cour constitutionnelle donne également des avis consultatifs sur toutes les questions relevant de sa compétence d'attribution[315].

Section 2. Organisation, composition et membres de la cour constitutionnelle.

198. La Cour constitutionnelle comprend neuf membres nommés par le Président de la République à raison de :

- trois membres sur désignation du Président de la République ;
- deux membres sur proposition du Président de l'Assemblée Nationale ;
- deux membres sur proposition du Président du Sénat
- deux membres sur proposition du bureau de la Cour suprême.

Les deux membres proposés par le Bureau de la Cour suprême, sont choisis parmi les membres de cette juridiction. Une personne condamnée pour crime ou délit volontaire ne peut être nommée à la Cour constitutionnelle. Le mandat des membres de la Cour constitutionnelle est de neuf ans renouvelable. La Cour constitutionnelle se renouvelle par tiers tous les trois ans. Les deux premiers tiers sont désignés par tirage au sort à raison d'un membre parmi les trois membres nommés par le Président de la République et de deux membres parmi les six autres membres. Le renouvèlement des deux premiers tiers a lieu trente jours avant la fin du premier mandat.

En cas de décès, de démission ou de condamnation à une peine afflictive et infamante d'un membre de la Cour constitutionnelle, il est pourvu à son remplacement dans les huit jours pour le reste du mandat par nomination d'un membre par le Président de la République, conformément aux dispositions de l'article 10 ci-dessus. Avant d'entrer en fonction, les membres de la Cour constitutionnelle prêtent devant le Parlement réuni en congrès, le serment suivant :

---

[314] Articles 1 à 7.

[315] Articles 8 et 9.

Je jure de bien et fidèlement remplir mes fonctions, de les exercer en toute impartialité dans le respect de la Constitution et des lois de la République, de « garder le secret des délibérations et des votes et de ne prendre aucune « position publique, de ne donner aucune consultation sur les questions « relevant de la compétence de la Cour ». Acte est donné de la prestation de serment par le Président du Parlement réuni en congrès qui renvoie les membres de la Cour constitutionnelle à l'exercice de leurs fonctions. Tout manquement à ce serment constitue une forfaiture[316].

199. La Cour constitutionnelle comprend :
- un président ;
- un Vice-président
- des membres.

Le Président, le vice-président et les autres membres de la Cour constitutionnelle sont nommés par décret du Président de la République conformément aux dispositions de l'article 10 ci-dessus.

Le vice-président supplée le Président en cas d'absence ou d'empêchement temporaire de celui-ci.

En cas d'absence ou d'empêchement temporaire du Président et du Vice-président, la suppléance est assurée par le plus âgé des membres présents de la Cour constitutionnelle.

La Cour constitutionnelle dispose d'un organe technique de travail dénommé secrétariat général de la Cour constitutionnelle dirigé et animé par un secrétaire général nommé en Conseil des ministres. Un décret, en conseil des ministres détermine les attributions et le fonctionnement du secrétariat général de la Cour constitutionnelle. Les crédits nécessaires au fonctionnement de la Cour constitutionnelle sont inscrits au budget de l'Etat. Le Président de la Cour constitutionnelle en est l'ordonnateur principal, le Vice-président de la Cour constitutionnelle est l'ordonnateur délégué[317].

Section 3. Droits et obligations des membres

200. Les membres de la Cour constitutionnelle perçoivent un traitement fonctionnel mensuel dont le montant est déterminé par décret en Conseil des ministres. Aucun membre de la Cour constitutionnelle ne peut être ni poursuivi, ni recherché, détenu ou jugé à l'occasion des opinions ou des votes émis dans l'exercice de leurs fonctions.

---

[316] Articles 10 à 14.
[317] Articles 15 à 16.

Les membres de la Cour constitutionnelle sont justiciables de la Haute Cour de justice pour les actes qualifiés crimes ou délits commis dans l'exercice de leurs fonctions. Avant la prise de leurs fonctions, les membres de la Cour constitutionnelle appartenant à des partis et associations politiques ou à des syndicats, doivent faire, par écrit, une déclaration sur l'honneur qu'ils démissionnent de leurs partis et associations politiques ou syndicats respectifs.

Les fonctions des membres de la Cour constitutionnelle sont incompatibles avec celles de membres du Gouvernement, du Parlement, de la Cour suprême, du Conseil économique et social du Conseil supérieur de la liberté de communication, de la Commission nationale des droits de l'Homme, du Conseil supérieur de la magistrature et des conseils locaux. Pendant la durée de leur mandat, les membres de la Cour constitutionnelle ne peuvent occuper aucun autre emploi public ou privé.

Ils peuvent cependant, sans autorisation préalable, se livrer à des travaux agricoles, scientifiques, littéraires, artistiques ou d'enseignement[318]. Tout membre de la Cour constitutionnelle, qui accepte des fonctions incompatibles avec sa qualité, doit démissionner de la Cour. Il est alors pourvu à son remplacement, conformément aux dispositions de l'article 10 ci-dessus[319].

Section 4. Fonctionnement

Paragraphe 1 . Dispositions générales

201. La Cour constitutionnelle se réunit sur convocation de son Président ou, en cas d'empêchement de celui-ci, sur convocation de son vice-président. Elle peut également se réunir à la demande du tiers de ses membres. Elle peut prendre une délibération intérieure pour préciser ou compléter les règles de procédure prévues au présent titre. A l'occasion de l'examen de chaque affaire dont la Cour constitutionnelle est saisie le Président nomme un rapporteur parmi les membres de la Cour.

Le rapporteur instruit l'affaire. Il dispose des pouvoirs d'investigation les plus étendus. Il peut, dans le respect des droits de la défense, ordonner la communication des pièces, entendre les requérants, les parties adverses, tout sachant et, d'une manière générale, prendre toutes mesures d'instruction utiles.

---

[318] Articles 18 à 22.

[319] Article 23.

Le rapporteur fait constituer le dossier par le secrétaire général. Il fait un rapport à la Cour constitutionnelle après distribution de son rapport écrit aux autres membres de la Cour constitutionnelle.

La Cour constitutionnelle prend sa décision ou ordonne des mesures d'instruction supplémentaires, en cas de besoin. Les conseils sont autorisés à présenter, oralement, les mémoires des parties devant la Cour constitutionnelle. Il ne s'en suit aucun débat[320].

202. Les affaires sont portées devant la Cour constitutionnelle réunie en séance publique qui en délibère à huis clos. Le quorum des délibérations de la Cour constitutionnelle est de sept membres au moins. Les décisions et les avis de la Cour constitutionnelle sont rendus à la majorité des membres présents et votants. En cas de partage égal des voix, celle du Président est prépondérante. Lors des délibérations, le membre le plus jeune opine le premier après le rapporteur et ainsi de suite jusqu'au vice-président et au Président qui opine de dernier. Toute décision de la Cour constitutionnelle doit être motivée. Elle est publiée au Journal officiel. Les décisions et les avis de la Cour constitutionnelle peuvent être rendus en audience publique solennelle.

Les décisions de la Cour constitutionnelle sont notifiées à toutes les parties intéressées par le secrétaire général de la Cour constitutionnelle. Un recueil annuel des décisions et des avis de la Cour constitutionnelle est publié par le secrétariat général sous la direction du Président de la Cour constitutionnelle[321].

Paragraphe 2. La saisine et la déclaration de conformité

203. La Cour constitutionnelle est saisie, soit pour consultation, soit par voie d'action ou par voie d'exception. Elle donne des avis de conformité avant la promulgation des lois organiques ou la mise en application du règlement intérieur de chaque chambre et du Parlement réuni en congrès. Le règlement intérieur du Parlement, réuni en congrès, est soumis à la Cour constitutionnelle par le Président de l'Assemblée nationale. Les lois organiques sont déférées à la Cour constitutionnelle par le Président de la République ou le secrétaire général du Gouvernement par délégation. Les projets, les propositions de loi et les amendements, qui ne sont pas du domaine de la loi, sont irrecevables. L'irrecevabilité est prononcée par le président de la chambre intéressée, après délibération du bureau. En cas de contestation, la Cour constitutionnelle, saisie par le Président de la République ou par le Président de la chambre intéressée, statue dans un délai de quinze jours.

---

[320] Articles 24 à 27.
[321] Articles 28 à 31.

Les lois, avant leur promulgation, peuvent être déférées à la Cour constitutionnelle par le Président de la République, le Président de l'Assemblée nationale, le Président du Sénat ou par un tiers des membres de chaque chambre du Parlement. En ce cas, le délai de promulgation, prévu à l'article 83 de la Constitution, est suspendu. L'autorité, qui soumet à la Cour constitutionnelle une loi avant promulgation, en avise immédiatement les autres autorités ayant qualité pour saisir la Cour constitutionnelle des actes de même nature.

La Cour constitutionnelle peut être saisie pour interprétation des dispositions constitutionnelles par les autorités visées à l'article 35 de la présente loi. Elle se prononce dans un délai de trois mois à compter de l'introduction du recours. Ce délai est réduit à vingt jours si l'acte introductif du recours mentionne qu'il y a urgence. Les règles de procédure applicables sont celles qui sont définies aux articles 43, 44 et 45 de la loi. Dans les cas prévus aux articles 34 et 35 ci-dessus, la Cour constitutionnelle rend son avis suivant la même procédure que celle prévue aux articles 27, 43 et suivant de la loi.

204. Si la Cour constitutionnelle, saisie d'une loi avant promulgation, déclare que cette loi contient une disposition contraire à la Constitution sans constater en même temps que celle-ci est détachable de l'ensemble de cette loi, la loi dont il s'agit ne peut être ni promulguée, ni publiée. Dans le cas où la Cour constitutionnelle déclare que le règlement intérieur de l'Assemblée Nationale ou du Sénat ou du Parlement réuni en congrès qui lui a été soumis contient une disposition contraire à la Constitution, cette disposition ne peut être mise en application[322]. L'avis conforme de la Cour constitutionnelle constatant qu'une disposition législative n'est pas contraire à la Constitution met fin à la suspension du délai de promulgation. Si la Cour constitutionnelle, saisie conformément à l'article 183 de la Constitution, a déclaré qu'un engagement conventionnel comporte une clause violant une norme constitutionnelle, elle émet un avis de non-ratification. Si la Cour constitutionnelle, saisie par le Président de la République Constitution, a déclaré qu'un engagement conventionnel comporte une clause violant une norme constitutionnelle, elle émet un avis de non-ratification.

La saisine de la Cour constitutionnelle, pour des textes déjà votés par le Parlement mais non encore promulgués par le Président de la République, suspend le délai de promulgation. La Cour constitutionnelle doit statuer dans un délai d'un mois. Toutefois, à la demande expresse du requérant, ce délai peut être réduit à dix jours, s'il y a urgence. Tout particulier peut saisir la Cour constitutionnelle sur la procédure de l'exception d'inconstitutionnalité invoquée devant une juridiction dans une affaire qui le concerne.

---

[322] Articles 33 à 38.

205. Le recours en inconstitutionnalité n'est soumis à aucun délai. Il est valablement introduit par un écrit quelconque pourvu que celui-ci permette l'identification : nom, prénoms, date et lieu de naissance, profession et localisation : adresse du requérant et soit assez explicite en ce qui concerne l'acte ou la disposition dont l'inconstitutionnalité est alléguée et la disposition ou la norme constitutionnelle dont la violation est invoquée. A l'issue de l'instruction, le rapporteur établit un rapport et un projet de décision qui sont soumis à l'approbation de l'ensemble des membres de la Cour constitutionnelle.

Le président de la Cour constitutionnelle statue sur les recours. La Cour constitutionnelle se prononce dans le délai d'un mois à compter de l'introduction du recours. Ce délai est réduit à dix jours à la demande expresse du requérant[323].

Lorsque la Cour constitutionnelle constate que le texte ou une de ses dispositions inséparables de l'ensemble du texte est contraire à la Constitution, elle le déclare inconstitutionnel et prononce son annulation. Une disposition déclarée inconstitutionnelle ne peut être ni promulguée, ni mise en application. La Cour constitutionnelle rejette le recours lorsqu'elle constate que le texte ou une des dispositions inséparables de l'ensemble du texte est conformé à la Constitution dans ce cas, ce texte ou cette disposition peut être promulgué ou mis en application.

206. Le secrétaire général de la Cour constitutionnelle notifie la décision intervenue au requérant et aux autres parties intéressées. Le recours en inconstitutionnalité par voie d'exception, appartient aux parties en procès devant toute juridiction. L'exception d'inconstitutionnalité doit à peine d'irrecevabilité être invoquée avant la mise en délibéré, en matière pénale, et dans la requête introductive d'instance pour le demandeur, ou dans les premières conclusions en réponse, pour le défendeur en toutes autres matières. Elle peut être invoquée pour la première fois au deuxième degré de juridiction[324].

Lorsque l'exception d'inconstitutionnalité est déclarée recevable le jugement ou l'arrêt qui constate la recevabilité prononce le renvoi du dossier et des parties devant la Cour constitutionnelle. Ce jugement ou cet arrêt est rédigé en minute par le Président et le greffier sans aucun frais. Le greffier dresse inventaire des pièces de l'entier dossier et le fait parvenir en cet état au secrétaire général de la Cour constitutionnelle dans un délai de huit jours. Si devant une juridiction quelconque une partie soulève une exception d'inconstitutionnalité après la décision rendue par la Cour constitutionnelle, le secrétaire général fait

---

[323] Articles 39 à 44.
[324] Articles 45 à 49.

parvenir dans un délai de huit jours, au greffier de la juridiction concernée l'entier dossier et une expédition de la décision rendue[325].

Paragraphe 3. Contentieux de l'élection du Président de la République des députés et des sénateurs

207. L'élection du Président de la République peut être contestée devant la Cour constitutionnelle dans les cinq jours qui suivent la publication des résultats provisoires par le ministre en charge des élections. L'élection d'un député ou d'un sénateur peut être contestée devant la Cour constitutionnelle dans les quinze jours qui suivent la proclamation des résultats du scrutin par le ministre en charge des élections. Le droit de contester une élection appartient aux candidats ou à leurs représentants, aux partis et aux groupements politiques. Ce droit pour les élections de liste appartient aux partis ou aux groupements politiques concernés.

La Cour constitutionnelle ne peut être saisie que par une requête écrite adressée à son Président et signée par les personnes visées à l'article 54 en dessus. Le secrétaire général de la Cour constitutionnelle donne immédiatement avis à l'Assemblée Nationale, au Sénat et au défendeur de la requête dont la Cour constitutionnelle est saisie. Les mandataires constitués par le requérant, ne peuvent intervenir qu'à l'occasion des actes intérieurs de procédure. Un membre de la Cour constitutionnelle est désigné, sous serment les déclarations des témoins procès-verbal est dressé par le membre de la Cour constitutionnelle et communiqué aux intéressés qui ont un délai de huit jours pour déposer leurs observations écrites[326]. La Cour constitutionnelle peut commettre l'un de ses membres pour procéder sur place, à d'autres mesures d'instruction.

208. Dès réception de ces observations ou à l'expiration du délai imparti pour les produire, l'affaire est rapportée devant la Cour constitutionnelle qui statue par une décision motivée. La décision est aussitôt notifiée au requérant, ou à l'Assemblée Nationale ou au Sénat et à l'élu dont l'élection est contestée.

Lorsqu'elle fait droit à une requête, la Cour constitutionnelle peut selon le cas ; annuler l'élection contestée ou reformuler le résultat proclamé et déclarer élu le candidat régulièrement élu au vu de ces résultats. En cas d'annulation de l'élection du Président de la République par la Cour constitutionnelle de nouvelles élections sont organisées dans le délai de quarante-cinq à quatre-vingt-dix jours.

---

[325] Articles 50 à 52.
[326] Articles 53 à 55.

Dans le cas où la Cour constitutionnelle constate l'existence d'irrégularités dans le déroulement des opérations, elle apprécie eu égard à la nature et à la gravité de ces irrégularités, s'il y a lieu, soit de valider ces opérations, soit de prononcer leur annulation totale ou partielle[327]. Les dossiers dont est saisie la Cour suprême siégeant en matière constitutionnelle et sur lesquels elle n'a pas statué sont immédiatement transmis à la Cour constitutionnelle dès son installation. La présence loi abroge toutes dispositions antérieures ou contraires, notamment les dispositions de la loi n°17-94 du 1er août 1994 portant organisation et fonctionnement du Conseil constitutionnel[328].

[327] Articles 60 à 62.
[328] Articles 66 et 67.

CHAPITRE 2

LA HAUTE COUR DE JUSTICE[329]

Section 1. Attributions

209. La Haute Cour de justice est compétente pour juger les membres du Parlement et du Gouvernement à raison des faits qualifiés crimes ou délits commis dans l'exercice de leurs fonctions ainsi que pour juger leurs complices en cas de complot contre la sûreté de l'Etat.

Elle est également compétente pour juger le Président de la République en cas de haute trahison.

Dans les cas prévus à l'article premier, la Haute Cour de justice est liée par la définition des crimes et des délits ainsi que par la détermination des peines telles qu'elles résultent des lois pénales en vigueur au moment où les faits ont été commis[330].

Section 2. L'organisation

210. La Haute Cour de justice comprend quinze membres répartis comme suit :

- Le Premier Président de la cour suprême qui en est le Président,
- Huit parlementaires élus par leurs pairs,
- Huit suppléants élus dans les mêmes conditions,
- Six magistrats de Cour Suprême élus par leurs pairs,
- Trois suppléants élus dans les mêmes conditions. Leur mandat est de trois ans.

Le Ministère public est représenté par le Procureur Général près de la Cour Suprême, assisté de deux avocats généraux élus par leurs pairs parmi les membres de la Cour Suprême. Le Président de la Haute Cour de justice est secondé par un premier et un deuxième vice-président. Le premier vice-président et le deuxième Vice-président de la Haute Cour de justice sont élus pour une durée de trois ans par leurs pairs. Lors de leur entrée en fonction,

---

[329] Loi n°1-99 du 8 janvier 1999 portant attributions, organisation et fonctionnement de la haute cour de justice.

[330] Articles 1 et 2.

les membres de la Haute Cour de justice prêtent devant le Parlement le serment suivant : ''Je jure et promets de bien et fidèlement remplir mes fonctions de garder le secret des délibérations et des votes et de me conduire en tout comme un digne et loyal membre de la haute cour de justice''. Le serment est reçu par le Parlement. Acte est donné à la prestation par le Président du Parlement qui les renvoie à l'exercice de leurs fonctions.

211. En cas de décès, de maladie prolongée, de démission ou de condamnation à une peine afflictive et infamante d'un membre de la Haute Cour de justice, il est pourvu immédiatement au siège vacant par l'élection d'un nouveau membre parmi les suppléants de l'organe qui a procédé au choix précédent. Il est institué une commission d'instruction près la Haute Cour de justice. Cette commission comprend sept membres dont cinq magistrats de la Cour Suprême et deux parlementaires tous élus par leurs pairs. Les sept membres élisent leur Président.

Il est institué auprès de la Haute Cour de justice un secrétariat-greffe dirigé par un greffier en chef.

Le greffier en chef près la Haute Cour de justice est nommé par le décret du Président de la République sur proposition du Garde des Sceaux, Ministre de la justice. Il est choisi parmi les greffiers en chef de premier groupe du corps du personnel des greffes[331].

Section 3. Fonctionnement de la haute cour de justice

Paragraphe 3. La mise en accusation et l'instruction

212. Le Président de la République n'est responsable des actes accomplis dans l'exercice de ses fonctions qu'en cas de haute trahison. En ce cas, il est mis en accusation devant la haute cour de justice par le Parlement statuant à la majorité des deux tiers de ses membres. Le Président du Parlement saisit la Haute Cour de justice par une réquisition notifiée tant au Président de la Haute Cour de justice qu'au Procureur Général près cette cour. La réquisition contient le texte de la motion d'accusation. Le Président du Parlement fait dresser les procès-verbaux des notifications.

Dans les vingt-quatre heures de la notification, le Procureur général requiert l'ouverture de l'information et en saisit immédiatement la commission d'instruction. Jusqu'à la réunion de la commission d'instruction, le Président de celle-ci a personnellement pouvoir de faire tous les actes d'instruction nécessaires à la recherche de la vérité et à la mise sous main de justice des

---

[331] Articles 3 à 9.

accusés en se conformant aux règles ordinaires en matière d'instruction criminelle.

Dès que l'instruction est ouverte, ou en cas de nouvelle inculpation, le Président de la commission d'instruction invite chacun des inculpés à faire assurer sa défense par un ou plusieurs avocats de son choix, inscrits au Barreau. Sur sa demande ou en cas de nécessité constatée par décision de la commission d'instruction, le Président de la commission d'instruction peut se faire assister d'un ou plusieurs magistrats qui reçoivent délégation pour instruire une ou plusieurs affaires ou procéder à des commissions rogatoires. Ces magistrats siègent à la commission d'instruction avec voix consultative.

213. La commission d'instruction recherche si les faits reprochés sont établis. Elle statue sur les incidents de procédures et, notamment, sur les nullités d'instruction qui doivent être soulevées, à peine de forclusion, par déclaration au greffe dans les vingt-quatre heures. La commission d'instruction confirme, ou non, les mandats délivrés avant sa réunion par son Président. Elle délivre les mandats de dépôt, d'arrêt ou d'amener et se prononce sur la liberté provisoire[332].

La commission d'instruction se saisit d'office de tous faits nouveaux concernant l'inculpé. Elle statue éventuellement sur les nouvelles inculpations dont l'instruction ferait apparaître la nécessité. Au cours de la procédure d'instruction, le Ministère public et la défense peuvent faire citer tous témoins et demander toutes confrontations. Ils peuvent assister à tous les actes d'instruction. Lorsque la procédure paraît complète et après le réquisitoire définitif du procureur général, le dossier est déposé dix jours au greffe où les défenseurs des inculpés dûment avertis, peuvent en prendre connaissance

Avant la décision de renvoi ou de non-lieu, la commission entend le représentant du Ministère public et la défense au cours d'un débat public. Elle se retire pour délibérer et statue pour chaque inculpé sur chaque chef d'inculpation. Elle rend son arrêt en audience publique. Au cas de renvoi, la commission dit qu'il résulte charge suffisante de crimes ou de délits, qualifie lesdits crimes et délits et indique les textes applicables. Le dossier est alors transmis sans délai au Parquet de la Haute Cour de justice et le Président de la commission d'instruction en informe le Président de la Haute Cour de justice.

L'arrêt de renvoi est notifié par le Parquet à l'accusé. La notification contient ajournement devant la Haute Cour de justice dans un délai minimum de quinze jours. Dans tous les cas, la commission d'instruction statue à la majo-

[332] Articles 10 à 15.

rité et sans appel. La présence de quatre membres suffit à la validité de ses décisions[333].

Paragraphe 2. La procédure devant la haute cour de justice

214. Les membres de la Haute Cour de justice sont convoqués par le Président, huit jours avant l'ouverture de la session. Ceux qui ne répondent pas à la convocation et ne s'exécutent pas pour motif grave, jugé valable par la Haute Cour de justice, sont traduits devant elle sur la requête du Ministère public dans un délai de huit jours. S'ils ne se justifient pas, ils sont déclarés déchus de leur qualité de membres de la Haute Cour de justice. L'organe d'où ils émanent en est avisé et fait immédiatement procéder à leur remplacement dans les mêmes conditions que pour l'élection.

Tout membre de la Haute Cour de justice doit s'abstenir de siéger :

1° S'il est parent ou allié d'un accusé jusqu'au degré de cousin issu de germain inclusivement

2° S'il a été entendu ou s'il est cité comme témoin pour ou contre. Toutefois, le Ministère public ou un accusé ne peut citer comme témoin un membre de la Haute Cour de justice qu'après autorisation de la commission d'instruction.

3° S'il a existé entre lui et un accusé un motif d'inimitié particulier, le membre de la Haute Cour de justice tenu de s'abstenir doit le faire connaître au Président de la Haute Cour de justice dès réception de sa convocation.

Tout juge de la Haute Cour de justice, qui ne peut siéger pour quelque cause que ce soit, est remplacé par un juge suppléant. Celui-ci est tiré au sort dans la catégorie à laquelle appartient le juge empêché. Les débats sont publics, sauf si le huis clos est ordonné par la Haute cour de justice. Ils sont présidés par le Président ou, à défaut, par l'un des Vice-présidents. Ils suivent la procédure prévue par le Code de procédure pénale pour les affaires criminelles ou correctionnelles, suivant les cas.

215. Après la lecture de l'arrêt de renvoi et la vérification de l'identité des accusés, le Président donne, à la Haute Cour de justice connaissance, du dossier. Des témoins de l'accusation, puis de la défense sont entendus et le président procède à l'interrogation de l'accusé. Les juges, le Ministère public et les défenseurs peuvent poser des questions tant aux témoins qu'à l'accusé. Le greffier tient aux témoins qu'à l'accusé. Le greffier tient note des déclarations des témoins et des réponses des prévenus ou des accusés. La haute cour de justice entend, s'il y a lieu, les observations des parties

[333] Articles 16 à 20.

civiles, le réquisitoire du Ministère public, les plaidoiries des défenseurs et les observations des accusés, qui auront les derniers la parole.

Toutes les exceptions, sauf celles de prescription qui est jugée par arrêt spécial, sont examinées et jugées, soit séparément du fond, soit en même temps suivant ce que la haute cour de justice ordonne. La Haute Cour de justice ne peut que statuer sur les faits dont elle est saisie par arrêt de renvoi. Elle peut en modifier la qualification dans les limites du Code pénal[334].

Les débats publics étant clos, la Haute Cour de justice se retire en chambre du conseil. La discussion est alors ouverte ; après quoi l'on procède au vote sur la culpabilité. Il est voté séparément, pour chaque accusé, sur chaque chef d'accusation et sur la question de savoir s'il y a des circonstances atténuantes. Le vote a lieu à bulletin secret. La décision est prise à la majorité absolue. Si l'accusé est déclaré coupable, il est voté sans désemparer sur l'application de la peine. Toutefois, après deux votes dans lesquels aucune peine n'aura obtenu la majorité des voix, la peine la plus forte proposée dans ces votes sera écartée pour le vote suivant et ainsi de suite, en écartant chaque fois la peine la plus forte jusqu'à ce qu'une peine soit prononcée par la majorité des votants.

L'arrêt définitif est motivé. Il est rédigé par le Président, adopté par la Haute Cour en chambre du conseil, signé par le Président et le greffier. Il fait mention des membres de la Haute Cour de justice qui y ont concouru. Il est lu en audience publique par le Président. Les peines que peut prononcer la Haute Cour de justice sont celles prévues par les lois pénales ordinaires atténuées, s'il y a lieu, par application de l'article 463 du Code pénal. La constitution de partie civile est recevable devant la haute cour de justice. Les arrêts de la Haute Cour de justice ne peuvent être attaqués ni par voie d'appel, ni par pourvoi de cassation[335].

Paragraphe 3. Les droits et obligations des membres

216. Le Président et les autres membres de la Haute Cour de justice perçoivent une indemnité spéciale dont le montant est fixé par décret du Président de la République. Aucun membre de la Haute Cour de justice ne peut être poursuivi, ni recherché, détenu en justice à l'occasion des opinions ou des votes émis par lui dans l'exercice de ses fonctions. Lorsqu'un membre de la Haute Cour de justice est susceptible d'être inculpé d'un crime ou d'un délit commis hors exercice ou dans l'exercice de ses fonctions, le procureur de la République, saisi de l'affaire, transmet le dossier au Parlement. Dans ce cas, le membre de la Haute Cour de justice est mis

[334] Articles 21 à 25

[335] Articles 32 et 31.

en accusation devant ses pairs par le Parlement statuant à la majorité des deux tiers de ses membres[336].

217. Les crédits nécessaires au fonctionnement de la Haute Cour de justice sont inscrits au budget de l'Etat au titre de la Haute Cour de justice. L'organisation administrative de la Haute Cour de justice et de son secrétariat-greffe sera fixée par décret du Président de la République. Les archives de la haute cour de justice sont déposées, à la fin de chaque session, aux archives nationales[337].

---

[336] Article 32 et 33.
[337] Article 34.

CHAPITRE 3

LE CONSEIL SUPERIEUR DE LA MAGISTRATURE[338]

Section 1. Dispositions générales

218. Il est institué, au sein du pouvoir judiciaire, un organe collégial de décision dénommé conseil supérieur de la magistrature. Le président de la République garantit l'indépendance du pouvoir judiciaire à travers le Conseil supérieur de la magistrature. Le Conseil supérieur de la magistrature est présidé par le Président de la République.

Le Garde des Sceaux, Ministre de la justice et le premier président de l a Cour Suprême en sont membres de droit, assumant, respectivement, la première et la deuxième vice-présidence. Le Procureur général près de la Cour Suprême, le vice-président de la Cour Suprême, le premier avocat général près cette juridiction sont également membres de droit du Conseil supérieur de la magistrature.

La durée du mandat des membres désignés par voie de nomination est de trois ans renouvelable une seule fois. Lorsqu'une vacance se produit avant la date normale d'expiration du mandat, il est nommé, par le Président de la République, un autre membre relevant de la même juridiction[339].

Section 2. Les attributions

219. Le Conseil supérieur de la magistrature propose, au Président de la République, la nomination des magistrats du siège et du parquet des cours et tribunaux. Le Conseil supérieur de la magistrature veille à ce que la nomination des magistrats obéisse à la règle de l'impartialité et aux critères de :

- Ancienneté dans la profession ;
- Expérience ;
- Technicité et compétence ;

---

[338] Loi n°16-99 du 15 avril 1999 modifiant et complétant certaines dispositions de la loi 024-92 du 20 août 1992 et de la loi n°29-94 du 18 octobre 1994 portant institution du Conseil supérieur de la magistrature.

[339] Articles 1 à 5.

- Cursus professionnel ;
- Sens élevé du patriotisme.

Le Conseil supérieur de la magistrature établit et présente au Président de la République la liste des magistrats qui remplissent les conditions pour être nommés à la Cour Suprême. Sont nommés à la Cour Suprême les magistrats hors hiérarchie ou du premier grade ayant au moins quinze années d'ancienneté dont dix années effectives dans les juridictions ou dans les institutions centrales de l'Etat.

Le Conseil supérieur de la magistrature exerce le pouvoir disciplinaire sur les magistrats, conformément à la loi portant statut de la magistrature. Lorsque l'indépendance de la magistrature est en cause, le conseil supérieur de la magistrature met en œuvre les mesures qui s'imposent pour la défendre et la préserver, conformément à la loi.

Section 3. Fonctionnement

220. Le Conseil supérieur de la magistrature se réunit de plein droit en deux sessions ordinaires fixées à la deuxième quinzaine du mois de mai et à la première quinzaine du mois de décembre. La durée de chaque session ne peut excéder trois jours. Le Conseil supérieur de la magistrature se réunit en session extraordinaire sur convocation du Président de la République ou à la demande de deux tiers de ses membres.

L'ordre du jour des sessions est arrêté par le Président de la République sur proposition des membres de droit du Conseil supérieur de la magistrature. Les convocations sont adressées aux membres du conseil supérieur de la magistrature au moins dix jours avant la tenue de chaque session. Les réunions du Conseil supérieur de la magistrature se tiennent à huis clos. Les membres du Conseil supérieur de la magistrature ainsi que les personnes qui assistent, à un titre quelconque, aux réunions sont tenus au secret des débats et des délibérations.

A l'exception du Garde des Sceaux, ministre de la justice astreint aux incompatibilités édictées aux membres du Gouvernement, les fonctions de membre du Conseil supérieur de la magistrature sont incompatibles avec celles des membres du Gouvernement, du Parlement, du Conseil Constitutionnel, du Conseil économique et social, du Conseil supérieur de l'information et de la communication, du médiateur, du barreau, des Conseils locaux ; d'officier public ou ministériel.

Le président de la République ne peut, en aucun cas, déléguer la présidence du Conseil supérieur de la magistrature. Le premier Président de la Cour Suprême convoque et préside le conseil supérieur de la magistrature lorsqu'il siège comme commission d'avancement ou comme conseil de discipline des magistrats du siège ou du parquet de toutes les juridictions[340].

221. Les décisions du Conseil supérieur de la magistrature sont prises à la majorité des membres présents. Onze membres, au moins, doivent être présents pour la validité des décisions du Conseil supérieur de la magistrature. Lorsqu'il siège comme commission d'avancement ou comme conseil de discipline, la présence de neuf au moins de ses membres est requise. La commission d'avancement ou le conseil de discipline statue conformément aux dispositions pertinentes de la loi portant statut de la magistrature.

Le secrétariat général du Conseil supérieur de la magistrature, dont les règles d'organisation et de fonctionnement sont déterminées par décret du Président de la République pris sur proposition du Conseil supérieur de la magistrature, est assuré par le ministère de la Justice. Les crédits nécessaires au fonctionnement du Conseil Supérieur de la magistrature sont inscrits au budget de l'Etat au titre du Conseil Supérieur de la Magistrature.

Le Garde des Sceaux, Premier Vice-président du Conseil supérieur de la magistrature est chargé de la surveillance et du contrôle :

Des tâches du secrétariat général du conseil supérieur de la magistrature ;

De la gestion administrative et financière du Conseil supérieur de la magistrature ;

De la préparation des sessions et des dossiers du Conseil supérieur de la magistrature ;

De la rédaction des procès-verbaux des réunions et des actes du Conseil supérieur de la magistrature[341].

---

[340] Articles 11 à 15.

[341] Articles 16 à 20.

CHAPITRE 4

STATUT DE LA MAGISTRATURE[342]

Section 1. Dispositions générales

222. Le corps de la magistrature comprend les magistrats du siège et du parquet de la Cour Suprême et des autres juridictions nationales, ainsi que les magistrats en service dans les administrations de l'Etat et les auditeurs de justice. La hiérarchie du corps de la magistrature comprend trois grades comportant chacun des échelons. Il existe, en outre, une catégorie hors hiérarchie. Les échelons, ainsi que les fonctions exercées par les magistrats de chaque grade sont définis par un décret du Président de la République pris sur proposition du Conseil supérieur de la magistrature.

Les magistrats de la Cour Suprême, des cours d'appel et de la Cour des comptes sont nommés parmi les magistrats hors hiérarchie ou les magistrats du premier grade remplissant en outre les critères de :

- Ancienneté dans la profession ;
- Expérience ;
- Technicité et compétence ;
- Cursus professionnel ;
- Probité morale ;
- Conscience professionnelle ;
- Sens élevé du patriotisme.

Ils doivent attester d'une ancienneté d'au moins quinze années dont dix années effectives passées dans les juridictions ou dans les institutions centrales de l'Etat. Ils doivent attester d'une ancienneté d'au moins quinze années dont dix années effectives passées dans les juridictions ou dans les institutions centrales de l'Etat. Les chefs de Cours sont nommés parmi les magistrats hors hiérarchie ou du premier grade les plus anciens dans ces catégories. Un décret du Président de la République, pris sur proposition du Conseil supérieur de la magistrature, fixe les modalités d'application du présent article.

Les nominations aux divers emplois de la magistrature sont faites, sur proposition du Conseil supérieur de la magistrature, par décret du Président de la Ré-

[342] Loi n° 15-99 du15avril avril 1999, modification et complétant certaines dispositions de la loi n°023-92 du 20 août 1992 portant statut de la magistrature.

publique[343]. Les magistrats sont indépendants vis-à-vis du pouvoir politique, des groupes de pression et des justiciables.

223. Ils règlent les affaires dont ils sont saisis en toute impartialité, selon les faits et conformément à la loi, à l'abri de toute influence, de toute pression et de toute menace. Toute action concertée de nature à arrêter ou à entraver le fonctionnement des juridictions est interdite. Le pouvoir judiciaire est exercé par la Cour Suprême et les autres juridictions nationales créées par la loi. Le président de la République garantit l'indépendance du pouvoir judiciaire à travers le Conseil supérieur de la magistrature.

Tout magistrat, lors de sa nomination à son premier poste et avant d'entrer en fonction, prête serment en ces termes : ''Je jure de bien et fidèlement remplir mes fonctions, de garder le secret des délibérations et de me conduire en tout comme un digne et loyal magistrat''. Il ne peut, en aucun cas, être relevé de ce serment. Le serment est prêté devant la cour d'appel dans le ressort de laquelle il est nommé.

Les magistrats, nommés à la Cour Suprême, prêtent un autre serment devant cette cour, dans les termes retenus par la loi sur l'organisation et le fonctionnement de cette haute juridiction. En cas de nécessité, ces serments peuvent être prêtés par écrit. L'ancien magistrat, révoqué, prête à nouveau serment lorsqu'il est réintégré. Les magistrats sont installés dans leurs fonctions en audience solennelle de la juridiction à laquelle ils sont nommés. Le magistrat doit être installé même si le serment a été prêté par écrit[344].

L'exercice des fonctions de magistrat est incompatible avec l'exercice de toute fonction publique ou élective et de toute autre activité, professionnelle ou salariée, à l'exception des activités agricoles.

Des dérogations individuelles peuvent, toutefois, être accordées aux magistrats, pour exercer des fonctions ou des activités qui ne sont pas de nature à porter atteinte à la dignité ou à l'indépendance du magistrat. Les magistrats peuvent, sans autorisation préalable, se livrer à des travaux scientifiques, littéraires, artistiques ou d'enseignement.

Les parents et alliés, jusqu'au degré d'oncle et de neveu inclusivement, ne peuvent point, simultanément, siéger à la même audience d'une même Cour d'Appel ou de la Cour des comptes ou de la Cour Suprême, soit comme juges ou conseillers, soit comme membres du Ministère Public.

Nul magistrat, qui a connu l'affaire, ne peut, à peine de nullité de la procédure, connaître d'une affaire dans laquelle l'une des parties est représentée par un avocat, un conseiller, un mandataire, parent ou allié de ce magistrat jusqu'au troisième degré inclusivement. Nul magistrat, qui a connu l'affaire, ne peut, à peine de nullité des actes intervenus, se rendre acquéreur ou cessionnaire, soit

---

[343] Articles 1 à 4.

[344] Articles 5 à 7.

par lui-même soit par personne interposée, des droits litigieux ou des biens, des droits et des créances dont il doit poursuivre ou autoriser la vente.

224. Il ne peut, en outre, ni prendre ces biens en louage, ni les recevoir en nantissement. Aucun magistrat ne peut procéder à un acte de ses fonctions : Lorsqu'il s'agit de ses propres intérêts, de ceux de son conjoint, de ses parents en ligne directe ou en ligne collatérale ou de ses alliés, jusqu'au troisième degré inclusivement ; Lorsqu'il s'agit des intérêts d'une personne dont il est le représentant légal ou le mandataire. Les magistrats sont tenus à l'obligation de réserve définie comme l'interdiction de faire état de leurs convictions politiques, philosophiques ou religieuses dans le cadre de leurs fonctions.

Ils ne peuvent point être membres d'un parti politique[345]. Les magistrats, indépendamment des règles fixées par le Code pénal et les lois spéciales, sont protégés contre les menaces et les attaques, de quelque nature qu'elles soient, dont ils peuvent faire l'objet, dans l'exercice ou à l'occasion de l'exercice de leurs fonctions. L'Etat doit réparer le préjudice direct qui en résulte.

Les magistrats sont astreints de résider au siège de la juridiction à laquelle ils appartiennent. Ils ne peuvent s'absenter sans congé ou permission, si ce n'est pour cause de service. Lorsque le nombre de magistrats en fonction dans une juridiction est insuffisant pour assurer la continuité du service, il peut être remédié par la désignation, à titre intérimaire, par le chef de la juridiction hiérarchiquement supérieur de magistrats titulaires d'autres fonctions. En aucun cas, le magistrat intérimaire ne peut se voir confier des fonctions qui lui donnent autorité sur des magistrats appartenant à un grade supérieur au sien ou plus ancien dans son grade[346].

Section 2. Recrutement

225. Les auditeurs de justice sont recrutés par voie de concours.

Le candidat à l'auditorat doit être de nationalité congolaise, âgé de vingt-et-un ans au moins, trente-cinq ans au plus, et être titulaire du diplôme de fin de deuxième cycle des universités de Droit ou des facultés de Droit…

Avant d'être autorisé à concourir, le candidat à l'auditorat est soumis à une enquête de moralité diligentée par les services compétents.

Ne peuvent être candidats à l'auditorat :

- Les individus qui ont été condamnés à une peine criminelle ou à une peine correctionnelle résultant de délits intentionnels ;

[345] Articles 8 à 13.
[346] Articles 14 à 16.

- Les personnels de mauvaise moralité ;

- Les incapables majeurs, les individus internés et ceux qui sont pourvus d'un conseil judiciaire ainsi que les individus manifestement atteints d'un trouble ou d'une affection qui amoindrit leurs facultés mentales ;

- Les faillis non réhabilités.

Un décret du Président de la République, pris sur proposition du conseil supérieur de la magistrature, fixe l'organisation, le programme des épreuves et les matières des concours. Les candidats, admis au concours, sont nommés auditeurs de justice par décret du Président de la République pris sur proposition du conseil supérieur de la magistrature[347].

La formation des auditeurs de justice s'étend sur une période de deux ans. Ils suivent une formation théorique, pratique ensuite dans les juridictions. Ils sont astreints au secret professionnel. Préalablement à toute activité pratique, les auditeurs de justice prêtent serment, soit par écrit, soit oralement devant la cour d'appel en ces termes : '' Je jure de garder scrupuleusement le secret professionnel et de me conduire en tout comme un digne et loyal auditeur de justice''. Ils ne peuvent, en aucun cas, être relevés de ce serment.

226. L'aptitude des auditeurs de justice aux fonctions judiciaires est constatée à la fin du stage par leur inscription sur une liste de classement établie par ordre de mérite par le jury d'examen. Cette liste est publiée au Journal Officiel. Le Jury d'examen peut écarter un auditeur de justice de l'accès aux fonctions judiciaires ou lui imposer le renouvellement d'une année de stage. Les auditeurs de justice, déclarés aptes aux fonctions judiciaires, sont nommés au groupe 2 deuxième grade par décret du Président de la République sur proposition du Conseil supérieur de la magistrature.

Les auditeurs de justice, suivant leur rang de classement, choisissent leur poste sur une liste qui leur est proposée. Le candidat, qui n'a pas exercé de choix, est affecté d'office. En cas de refus, il est considéré comme démissionnaire[348].

Sont dispensés du stage après leur admission au concours :

- Les avocats titulaires d'une licence en droit ancien régime ou d'une maîtrise en droit qui justifient d'au moins dix années d'activité professionnelle effective ;

- Les notaires titulaires d'une licence en droit ancien régime ou d'une maîtrise en droit qui justifient d'au moins dix années d'activité professionnelle effective ;

---

[347] Articles 17 à 20.

[348] Articles 21à 22.

- Les notaires titulaires d'une licence en droit ancien régime ou d'une maîtrise en droit qui justifient d'au moins dix années d'activité professionnelle effective ;

- Les huissiers de justice titulaire d'une licence en droit ancien régime ou d'une maîtrise en droit qui justifient d'au moins dix années d'activité professionnelle effective ;

- Les greffiers en chef titulaires d'une licence en droit ancien régime ou d'une maîtrise en droit qui justifient d'au moins dix années d'activité professionnelle effective.

Sont admis sur titre :

- Les professeurs agrégés de Droit qui totalisent cinq années au moins de service dans le grade ;

- Les maîtres de conférences qui totalisent huit années au moins de service dans le grade ;

- Les maîtres-assistants qui totalisent dix années au moins de service dans le grade ;

- Les avocats titulaires d'une licence en droit ancien régime ou d'une maîtrise en droit qui totalisent quinze années au moins d'activité professionnelle effective.

Le nombre de magistrats nommés au titre des articles 23 et 24 ne peut dépasser le cinquième des vacances constatées dans chacun des deux grades[349].

Section 3. L'avancement

227. Nul magistrat du second grade ne peut être nommé au grade supérieur s'il n'est inscrit au tableau d'avancement. Le Conseil supérieur de la magistrature, siégeant comme commission d'avancement, dresse et arrête le tableau d'avancement ainsi que les listes d'aptitude aux fonctions. Le tableau d'avancement et les listes d' aptitude sont établis annuellement. Le tableau d'avancement cesse d'être valable à l'expiration de l'année pour laquelle il a été dressé. L'inscription sur les listes d'aptitude est définitive, sauf radiation décidée dans les mêmes formes que l'inscription.

Un décret du Président de la République, pris sur proposition du Conseil supérieur de la magistrature, spécifie les fonctions qui ne peuvent être conférées qu'après inscription sur la liste d'aptitude. Il détermine les conditions requises pour figurer au tableau d'avancement ou sur les listes d'aptitude ainsi que les modalités d'élaboration et d'établissement de ce tableau ou des

[349] Articles 23 à 25.

listes d'aptitude. Nul magistrat d'instance ne peut être nommé à la Cour d'appel s'il n'a accompli au moins dix années d'exercice de ses fonctions[350].

Section 4. La discipline

228. Tout manquement par un magistrat au devoir de son état, à l'honneur, à la délicatesse ou à la dignité constitue une faute. Toute insubordination caractérisée et réitérée constitue également une faute. Les chefs de Cours, en dehors de toute action disciplinaire, ont le pouvoir de donner un avertissement aux magistrats placés sous leur autorité.

Les sanctions disciplinaires applicables aux magistrats sont :

- La réprimande avec inscription au dossier ;
- Le déplacement d'office ;
- Le retrait de certaines fonctions ;
- L'abaissement d'échelon ;
- La rétrogradation ;
- La mise à la retraite d'office ou l'admission à cesser les fonctions lorsque le magistrat n'a pas droit à une pension de retraite ;
- La révocation avec droits à pension.

Si un magistrat est poursuivi en même temps pour plusieurs faits, il ne peut être prononcé contre lui que l'une des sanctions prévues à l'article précédent.

Toutefois les sanctions prévues aux points 3, 4 et 5 de l'article précédent peuvent être assorties du déplacement d'office. Articles 28 à 31

229. Le Procureur général près de la Cour Suprême, sur rapport du supérieur hiérarchique du magistrat, dénonce les faits qui motivent la poursuite disciplinaire au Conseil supérieur de la magistrature siégeant en conseil de discipline. Le Conseil supérieur de la magistrature désigne, parmi ses membres, un rapporteur qu'il charge éventuellement de procéder à une enquête.

Le rapporteur, au cours de l'enquête, entend ou fait entendre le magistrat poursuivi par un magistrat d'un rang supérieur et, s'il y a lieu, le plaignant et les témoins. Il accomplit tout acte d'investigation utile. Le magistrat a droit à la communication de son entier dossier ainsi que son conseil, soixante-douze heures au moins avant sa comparution devant le conseil supérieur de la magistrature. Lorsqu'une enquête n'a pas été jugée nécessaire ou lorsque

[350] Articles 26 à 27.

l'enquête est complète, le magistrat est appelé à comparaître devant le conseil supérieur de la magistrature[351].

Le magistrat, appelé, est tenu de comparaître en personne. Il peut se faire assister de tout conseil de son choix. En cas de maladie ou d'empêchement dûment justifié il est sursis à l'action disciplinaire. Au jour fixé pour la comparution et après lecture du rapport, le magistrat est invité à fournir ses explications et moyens de défense sur les faits qui lui sont reprochés. Si le magistrat dument appelé, hors le cas de force majeure, ne comparaît pas, il peut néanmoins être statué et la décision est réputée contradictoire. La convocation à comparaître est adressée au magistrat par le secrétariat général du Conseil supérieur de la magistrature[352]..

Le conseil de discipline statue à huis clos ; la décision, qui est motivée, est susceptible de recours devant la chambre administrative et constitutionnelle de la Cour Suprême qui statue dans un délai de deux mois à compter du jour de cette notification nonobstant le recours prévu à l'article précédent[353].

Section 5. La rémunération

230. Les magistrats perçoivent une rémunération qui comprend le traitement indiciaire et ses accessoires.

Cette rémunération correspond au traitement le plus élevé alloué aux fonctionnaires assimilés de l'Etat. Un décret du Président de la République, pris sur proposition du conseil supérieur de la magistrature, détermine la nature et le taux de cette rémunération et des accessoires[354].

Section 6. Les positions

231. Tout magistrat est placé dans l'une des positions suivantes :

- En activité ;
- En congé maladie ;
- En service détaché ;
- En disponibilité ;
- Sous les drapeaux.

La mise en position de détachement, de disponibilité ou sous les drapeaux est prononcée dans les formes prévues pour les nominations des magistrats.

---

351 Articles 32 à 35.
352 Articles 36 à 38.
353 Articles 36 à 38.
354 Article 40.

Nul magistrat ne peut être placé en position de détachement s'il n'a exercé comme magistrat sans discontinuer pendant dix années. Aucun détachement de magistrat ne peut excéder cinq ans. Un décret du Président de la République, pris sur proposition du Conseil supérieur de la magistrature, détermine les conditions d'application de l'article précédent[355].

Section 7. La cessation des fonctions

232. La cessation des fonctions résulte :
De la démission ;
De la mise à la retraite ;
De la révocation.

Tout magistrat, âgé de soixante-cinq ans, est admis à faire valoir ses droits à la retraite. Toutefois, sur demande expresse acceptée par le Conseil supérieur de la magistrature, tout magistrat, ayant accompli trente ans de service ininterrompu, peut faire valoir ses droits à la retraite avant l'âge de soixante-cinq ans. L'honorariat peut être conféré à tout magistrat, à la cessation de ses activités. Un décret du Président de la République, pris sur proposition du Conseil supérieur de la magistrature, détermine les attributions et les privilèges attachés à l'honorariat[356].

[355] Articles 41 à 43.
[356] Article 44 à 46.

NEUVIEME PARTIE

LES PROFESSIONS LIBERALES JUDICIAIRES

CHAPITRE 1

LA PROFESSION D'AVOCAT[357]

233. Il est institué un Ordre national des avocats ainsi que des barreaux auprès des Cours d'appel. L'avocat est le conseil des usagers de droit. Il est régulièrement inscrit à l'Ordre national.

Il exerce la plénitude de son ministère sur :

- La défense et l'assistance des parties ainsi que leur représentation territoriale en justice dès l'enquête préliminaire sauf les exceptions expressément prévues par la loi :
- La plaidoirie devant les juridictions et la plaidoirie devant les organismes juridictionnels, disciplinaires et administratifs de quelque nature que ce soit sauf les exceptions expressément prévues par la loi :
- La consultation juridique, le Conseil, l'assistance en matière fiscale, la rédaction des actes juridiques à l'exception des actes de décisions de justice et ce, sous réserve des droits reconnus par la loi aux autres professions :
- L'assistance judiciaire.
- L'avocat peut remplir les fonctions de membre du Conseil de surveillance ou d'administration de société, s'il justifie de cinq années d'exercice dans la profession.

La profession d'avocat est libérale et indépendante.

Les avocats qui exercent près les Cours et Tribunaux sont soumis aux obligations de la présente loi[358].

Section 1. L'organisation et l'administration de l'ordre national

234. L'Ordre national regroupe l'ensemble des avocats régulièrement inscrits aux barre aux. L'Ordre national est administré par un Conseil dont le Président porte le titre de ''bâtonnier'' de l'Ordre national des avocats. Le

---

[357] Loi n°026-92 du 20 août 1992 portant organisation de la profession d'avocat titre premier. disposition générales.

[358] Article 1 à 3.

bâtonnier de l'Ordre national est élu pour deux ans par l'Assemblée générale des avocats inscrits au tableau, au scrutin secret, à la majorité relative au second tour.

Il est choisi parmi les bâtonniers ou les anciens bâtonniers. Il est rééligible.

Le Conseil de l'Ordre national est composé de :

- bâtonniers en exercice, membres de droit ;
- D'avocats élus par chaque barreau à raison d'un membre du Conseil pour six (6) avocats relevant d'un même barreau.

L'Ordre national est doté de la personnalité morale. Son siège est fixé à Brazzaville[359]. Le Conseil national de l'Ordre a pour attributions

1° de contrôler le fonctionnement de l'Ordre national ;

2° de statuer sur l'inscription, à la demande de l'avocat au tableau décidé d'office ou à la demande du Procureur général, sur l'admission au siège sur l'inscription et le rang des avocats qui ayant déjà été inscrits au tableau, après interruption demandent à reprendre leur activité. T oute décision portant grief est susceptible de recours devant la Cour Suprême ;

3° d'élaborer de règlement intérieur de l'Ordre national ;

4° de fixer les conditions de rémunération des avocats stagiaires ;

5° de fixer les cotisations des barreaux de l'Ordre national ;

6° de veiller à l'élévation du niveau professionnel des avocats et à la formation des avocats stagiaires ;

7° d'assurer la défense des intérêts de la profession ;

8° de traiter toute question concernant l'exercice de la profession et la création des Cabinets secondaires ;

9° de gérer les biens de l'Ordre, d'administrer et d'utiliser les ressources de l'Ordre pour assurer les secours, allocations et avantages quelconques attribués aux membres et ancien membres de l'Ordre, à leurs conjoints survivants ou à leurs enfants ;

10° d'autoriser le bâtonnier de l'Ordre national à ester en justice, accepter tous dons et legs à l'ordre, transiger ou compromettre, consentir toute aliénation ou hypothèque et contracter tous emprunts ;

11° de conférer l'honorariat ;

12° de statuer en cause d'appel sur les décisions disciplinaires des barreaux ;

13° le bâtonnier de l'Ordre national représente l'Ordre des avocats dans tous les actes de la vie civile.

235. Il peut déléguer tout ou partie de ces attributions à un ou plusieurs membres du Conseil de l'Ordre national[360]. L'Assemblée générale de l'Ordre

[359] Articles 4 à 7.

national se réunit en session ordinaire au moins une fois par an, sur convocation du bâtonnier de l'Ordre national, et le cas échéant, en session extraordinaire, à la demande soit de la majorité de ses membres, soit du bâtonnier de l'Ordre national.

L'Assemblée générale de l'Ordre national est valablement constituée lorsque les deux tiers au moins de ses membres sont présents ou représentés. A défaut d'obtenir ce quorum, une nouvelle convocation est adressée pour une seconde Assemblée générale qui sera alors valablement constituée. Quel que soit le nombre de membres présents ou représentés, les décisions sont prises à la majorité simple. En cas de partage, la voix du bâtonnier de l'Ordre national est prépondérante.

L'Assemblée générale de l'Ordre national ne peut être saisie que des questions à caractère juridique et professionnel qui lui sont soumises par le Conseil de l'Ordre ou par le tiers au moins de ses membres.

Un rapport général sur l'activité du Conseil de l'Ordre national durant l'année précédente ainsi qu'un rapport sur les comptes de l'Ordre national est présenté par le Conseil et soumis à l'approbation de l'assemblée. Une copie des délibérations de l'Assemblée générale de l'Ordre national est transmise dans les huit (8) jours au Procureur général près la Cour Suprême[361].

Section 2. L'organisation et l'administration des barreaux

236. Les avocats exerçant auprès d'une Cour d'appel constituent un Barreau dès lors qu'ils sont au nombre minimum de six (6) inscrits au tableau. Les avocats exerçant auprès d'une Cour d'appel et n'atteignant pas ce nombre minimum sont provisoirement rattachés au barreau le plus proche. Chaque barreau est dirigé par un Conseil placé sous l'autorité d'un Bâtonnier. Le bâtonnier est élu pour deux (2) ans par l'Assemblée générale des avocats inscrits au tableau au scrutin secret à la majorité absolue des votants au premier tour et à la majorité relative au second tour. Il est choisi parmi les avocats ayant été inscrits au tableau depuis plus de huit (8) ans. Il est rééligible. Le Conseil du barreau est composé :

- du bâtonnier membre de droit ;
- d'avocats élus par l'Assemblée générale à raison d'un membre du Conseil pour trois (3) avocats inscrits au tableau.

---

[360] Article 7.
[361] Articles 9 à12.

Les Barreaux sont dotés de la personnalité morale. Leur siège est fixé dans le ressort de la Cour d'appel[362].

Le Conseil du barreau a pour attribution :

1° d'élaborer le règlement intérieur du barreau.

2° d'organiser pratiquement la formation des avocats stagiaires ;

3° de fixer les cotisations des avocats du barreau ;

4° de maintenir les principes de probité, de désintéressement, de modération, de courtoisie et de confraternité sur lesquels repose l'Ordre des avocats et d'exercer la surveillance que l'honneur et l'intérêt de l'ordre rendent nécessaire ;

5° de veiller à ce que les avocats soient exacts aux audiences et se comportent en loyaux auxiliaires de Justice ;

6° de veiller à la stricte observation par les avocats de leur devoir ;

7° de soumettre à l'Ordre national toutes questions intéressant l'exercice de la profession, la création de Cabinets secondaires, la défense des droits des avocats ;

8° de gérer les biens du Barreau, d'administrer et d'utiliser les ressources de l'Ordre pour assurer leur secours, allocations et avantages quelconques attribués aux membres et anciens membres du barreau, à leur conjoint survivant et à leurs enfants ;

9° d'autoriser le bâtonnier à ester en justice, accepter tous dons et legs faits au barreau, transiger et compromettre, consentir toute aliénation ou hypothèque et contrôler tous les emprunts.

10° de statuer en premier ressort en matière disciplinaire[363].

237. Le bâtonnier représente le barreau dans tous les actes de la vie civile. Il peut déléguer tout ou partie de ses attributions à un ou plusieurs membres du Conseil du barreau. L'Assemblée générale du barreau se réunit en session ordinaire au moins une fois par an sur convocation du Bâtonnier et le cas échéant en session extraordinaire, à la demande, soit de la majorité de ses membres, soit du bâtonnier. L'Assemblée générale du barreau est constituée valablement lorsque les deux tiers au moins de ses membres sont présents ou représentés. Les décisions sont prises à la majorité simple. En cas de partage, la voix du bâtonnier est prépondérante.

Lorsque le quorum prévu à l'alinéa 1er n'est pas atteint, une seconde convocation est adressée aux avocats et la deuxième Assemblée est valablement constituée quel que soit le nombre de membres présents ou représentés[364]. L'Assemblée générale du barreau ne peut être saisie que des questions à caractère juridique et professionnel qui lui sont soumises par le Conseil du

---

[362] Articles 13 à 17.

[363] Article 18.

[364] Articles 19 à 21.

barreau ou le tiers au moins de ses membres. Un rapport général sur l'activité du Conseil du barreau ainsi qu'un rapport sur les comptes du barreau est représenté par le Conseil et soumis à l'approbation de l'Assemblée générale. Une copie de délibération de l'Assemblée générale du barreau est transmise dans les huit (8) jours au bâtonnier de l'Ordre national ainsi qu'au Procureur général près la Cour d'appel[365].

Section 3. Conditions d'accès à la profession d'avocat

238. Toute personne qui demande son admission au stage doit remplir les conditions ci-après :

1° être de nationalité congolaise et jouir de ses droits civils et civiques sous réserve pour les étrangers , des accords de réciprocité ;

2° être âgé de vingt et un (21) ans au moins, sauf dispense donnée par le Conseil national de l'Ordre ;

3° être titulaire de la maîtrise en droit ou titulaire d'un diplôme juridique équivalent et du diplôme de l'Ecole nationale d'Administration et de magistrature-section magistrature et Barreau ou d'un diplôme équivalent.

Elle doit en outre fournir un extrait de casier judiciaire. Une enquête sur la moralité du postulant est faite par le Conseil de l'Ordre national[366]. Sur avis favorable du Conseil de l'Ordre national, le bâtonnier nomme l'avocat stagiaire. Une copie de cette décision est adressée sans délai de deux (2) mois pour se prononcer sur la demande d'inscription de l'avocat stagiaire. Le silence gardé pendant ce délai équivaut à une décision d'agrément. En cas de besoin, ce délai peut être prorogé de deux (2) mois par décision motivée du Conseil national de l'Ordre[367].

Les postulants doivent avant d'entrer en fonction et sur la présentation du bâtonnier ou de son représentant, prêter serment devant la Cour d'appel en ces termes :''Je jure, comme Avocat, d'exercer mes fonctions avec dignité, conscience, indépendance, probité et humanité''[368]. Les avocats stagiaires sont, à la date de leur prestation de serment, inscrits sur une liste du stage par l'Ordre national des avocats. Ils sont tenus de suivre un stage de deux (2) ans pendant lequel ils portent le titre d'avocat stagiaire.

---

365 Articles 22 et 23.

366 Article 24.

367 Article 25.

368 Article 26.

239. Le stage comporte nécessairement :

1° l'assiduité aux exercices de formation professionnelle et d'enseignement des règles, traditions et usages de la profession ;

2° la fréquentation des audiences ;

3° le travail effectif dans un cabinet d'avocat.

L'avocat stagiaire peut plaider dans les affaires qui lui sont confiées par le bâtonnier ou par le Cabinet d'avocat auquel il est rattaché. Il perçoit une rémunération.

Le stage est sanctionné par un certificat de stage délivré par le bâtonnier de l'Ordre national sur avis favorable du bâtonnier. Si le stagiaire n'a pas satisfait à son stage, le bâtonnier, après l'avoir entendu, peut prolonger le stage deux fois une année. L'avocat stagiaire qui aura obtenu son certificat de fin de stage sera, sur sa demande, inscrit au tableau de l'Ordre national. Notification de cette inscription sera transmise sans délai au Garde des Sceaux, Ministre de la Justice, à Messieurs les bâtonniers ainsi qu'à Messieurs les Chefs de Juridictions et Procureurs généraux.

Sont dispensés du stage :

1° Les Magistrats qui justifient d'au moins cinq (5) années de service effectif.

2° Les professeurs, maîtres-assistants et assistants titulaires d'un Diplôme de droit qui justifient d'au moins huit (8) années de service effectif, les Notaires titulaires d'une maîtrise ou d'un diplôme équivalent justifiant de cinq (5) années de pratique professionnelle[369].

Section 4. Le Tableau

240. Les Avocats exerçant près les Cours d'appel et les avocats honoraires sont inscrits au tableau de l'Ordre national des Avocats. Le tableau est imprimé une fois par an et déposé aux greffes des Cours d'appel. Doit être omis au tableau, l'avocat qui, par l'effet de circonstances nouvelles postérieures à son inscription, se trouve dans un cas d'exclusion ou d'incompatibilité prévu par la loi[370].

Est omis au tableau :

1° L'avocat qui, du fait de son éloignement du ressort de la Cour d'appel où il exerce, soit par l'effet de maladie ou d'infirmité grave et permanente, soit par acceptation d'activités étrangères au barreau, est empêché d'exercer réellement sa profession ;

---

[369] Articles 27 à 32.

[370] Articles 33 et 34.

2° L'avocat qui, investi de fonction ou chargé d'un emploi impliquant subordination, n'est plus en état d'exercer librement sa profession ;

3° L'avocat dont le défaut d'honorabilité porte manifestement atteinte à la dignité de l'Ordre ;

4° L'avocat qui sans motif valable, n'acquitte pas, dans les délais prescrits, sa contribution aux charges de l'Ordre ;

5° L'avocat qui, sans motif légitime, n'exerce pas effectivement sa profession. Toutefois, le Conseil national de l'Ordre pourra, lorsqu'il apparaîtra que la cause de l'omission est provisoire, que l'honorabilité de l'avocat n'est pas en cause et que les intérêts généraux de l'ordre ne sont pas atteints, ne pas prononcer l'omission et accorder à l'avocat un congé.

Pendant la durée du congé, l'avocat ne pourra ni exercer la profession, ni participer aux assemblées générales des barreaux et de l'Ordre national, ni faire usage du titre d'avocat[371].

Section 5. La discipline

241. Le Conseil de barreau, siégeant comme Conseil de discipline, poursuit les infractions et les fautes commises par les avocats inscrits au tableau ou sur liste du stage. Il agit soit d'office soit à la demande du Procureur général près la Cour d'appel, soit à l'initiative du Bâtonnier près la Cour d'appel, soit à l'initiative du bâtonnier du Conseil de l'Ordre national, soit à l'initiative du bâtonnier du barreau. En fonction de la gravité des fautes établies, l'une des peines disciplinaires ci-après est prononcée par le Conseil de l'Ordre :

- l'avertissement ;
- la réprimande ;
- l'interdiction temporaire ne pouvant excéder une année du stage ;
- la radiation.

Toute sanction disciplinaire autre que la radiation peut être assortie de l'interdiction temporaire du droit de faire partie du Conseil du barreau et ou du Conseil de l'Ordre national pendant une durée n'excédant pas cinq (5) ans[372].

Aucune peine disciplinaire ne peut être prononcée sans que l'avocat mis en cause ait été entendu ou appelé sous délai de huitaine et sans qu'au préalable soit mis à sa disposition l'entier dossier disciplinaire. L'intéressé a droit s'il le juge utile, à être assisté devant le Conseil par un avocat.

---

[371] Article 35.

[372] Article 36.

Il a la parole le dernier. Toute sanction prononcée doit être motivée. Toute décision disciplinaire est notifiée par lettre recommandée, par le bâtonnier à l'avocat dans les dix (10) jours de son prononcé.

Les sanctions portant interdiction et radiation doivent être adressées pour information aux Procureurs généraux par le bâtonnier. Les décisions prises par le Conseil du barreau lorsqu'il a été par le Procureur général doivent être notifiées dans les trois (3) jours à ce dernier. Les Procureurs généraux assurent et veillent à l'exécution des peines disciplinaires. Si la décision disciplinaire est rendue par défaut, l'avocat sanctionné peut former opposition dans le délai de cinq (5) jours à compter de la notification à personne.

242. L'opposition est reçue par simple déclaration au secrétariat du barreau qui délivre récépissé. Le droit d'appeler des décisions disciplinaires appartient, dans tous les cas à l'avocat sanctionné et aux Procureurs généraux pour les décisions, qui doivent leur être communiquées. Le délai d'appel est de dix (10) jours francs à compter de la notification des délais d'opposition. Toutefois, en cas de décision par défaut, ce délai ne court qu'à compter de l'expiration des délais d'opposition.

L'appel est formé par déclaration au secrétariat de l'Ordre national ou par lettre recommandée avec accusé de réception adressée audit secrétariat. L'appelant doit immédiatement aviser par lettre recommandée avec accusé de réception le Conseil du barreau ainsi que le Procureur général. L'appelant doit immédiatement aviser par lettre recommandée avec accusé de réception le Conseil du barreau ainsi que le Procureur général. L'appel est porté devant l'Ordre national qui dispose d'un délai de deux (2) mois pour statuer à compter de la date de l'introduction de l'appel. Sa décision est susceptible d'un recours devant la Cour Suprême selon les règles applicables aux pourvois en cassation en matière civile[373].

L'interdiction et la radiation peuvent faire l'objet d'un recours pour excès de pouvoir devant la Cour suprême. Toute faute, tout manquement aux obligations que lui impose son serment, commis, à l'audience par un Avocat, peut être réprimé par le Conseil du barreau, à la demande du Président de la Juridiction, lequel défère au Conseil du barreau les faits répréhensibles aux fins d'éventuelles sanctions.

L'avocat doit toujours être entendu. Il a droit s'il le juge utile au ministère d'un avocat. Les décisions rendues sont susceptibles d'appel. L'appel est toujours suspensif. Les sanctions professionnelles portées dans les cas prévus à l'article précédent sont celles énumérées à l'article 36. L'exercice de l'action disciplinaire ne met obstacle :

---

[373] Articles 37 à 42.

1° ni aux poursuites que le Ministère public ou les particuliers peuvent intenter devant les tribunaux répressifs conformément au droit commun :

2° ni à l'action civile en réparation du préjudice résultant d'un délit ou d'un quasi-délit[374].

Section 6. L'exercice de la profession

243. L'avocat exerce son Ministère conformément aux règles prévues par les règlements intérieurs de l'Ordre national et des barreaux. L'avocat peut exercer sa profession soit à titre individuel, soit en groupe dans le cadre d'association ou au sein de Sociétés civiles professionnelles, soit en qualité de collaborateur d'un autre avocat ou groupe d'avocats. Le règlement intérieur de l'Ordre national détermine les conditions d'organisation et de fonctionnement des Sociétés d'avocats, associations, Cabinets groupés ainsi que les modalités de collaboration de contrats de stage.

Devant les Tribunaux du ressort de chaque Cour d'appel, la postulation est exercée par les seuls avocats inscrits au barreau du ressort. Les avocats inscrits à l'Ordre national peuvent plaider devant toutes les juridictions congolaises. Le client choisit librement son avocat. A ce principe du libre choix correspond le principe de la liberté d'agrément ou de refus du client par l'avocat, sauf lorsqu'il est légalement commis d'office[375].

L'avocat commis d'office ne peut refuser son Ministère sans faire approuver ses motifs d'excuse par le Bâtonnier ou son représentant qui seul, peut le relever de sa commission. L'avocat a le choix des moyens de défense et de la forme sous laquelle il entend les présenter. Son temps de parole ne peut être limité. Les paroles prononcées ou les écrits produits par un avocat dans le cadre de la défense de son client, ne peuvent donner lieu à aucune poursuite en diffamation, injure ou outrage. L'avocat est rigoureusement tenu au secret professionnel.

Dans l'intérêt de la paix publique, le Cabinet de l'avocat est inviolable. Aucune perquisition ne peut y être faite, sauf dans le cas où l'avocat étant l'objet de poursuites pénales, il s'agirait seulement d'y saisir les pièces utiles à l'information pénale et étrangères à l'exercice de la profession d'avocat.

La perquisition dans tous les cas est nulle si elle est faite en l'absence du bâtonnier ou de son représentant, qui a seul accès aux documents et apprécie en conscience la possibilité de les saisir, eu égard au respect du secret professionnel et des droits de la défense. Sauf crime ou délit flagrant, il ne peut

---

[374] Articles 43 et 46.
[375] Article 47 à 49.

être procédé à l'arrestation d'un avocat qu'en présence du bâtonnier et du Procureur général près la Cour d'appel.

244. Les droits et devoirs de l'avocat, ainsi que les règles, traditions et usages professionnels de l'avocat feront l'objet de dispositions spécifiques par règlement intérieur de l'Ordre national des avocats.

L'indépendance, la loyauté, l'honneur et la délicatesse seront en tous cas pour l'avocat, ses devoirs impérieux tant dans ses rapports avec les magistrats et ses confrères que dans ses rapports avec ses clients[376].

L'exercice de la profession d'avocat est incompatible avec :

1° les fonctions de Membres du Gouvernement ;

2° toutes fonctions salariées publiques ou privées ;

3° les charges d'officier public ou ministériel ;

4° tout emploi de Directeur de société ou agent comptable ;

5° toutes espèces de négoce.

Toutefois, l'enseignement et le fait de publier des travaux intellectuels ne sont pas incompatibles avec l'exercice de la profession d'avocat[377].

Il est interdit aux avocats de se rendre directement ou indirectement adjudicataires, des biens meubles ou immeubles dont ils sont chargés de poursuivre la vente, de se rendre cessionnaires des droits successoraux litigieux dont ils sont chargés, de conclure des pactes de quota-litis, de prêter leurs noms pour des actes de postulation illicite, de faire signer des quittances ou décharges en blanc et de se livrer à des opérations de banque ou d'escompte sur les fonds du compte professionnel.

Il est également fait interdiction expresse aux avocats d'encaisser, sans mandat de leurs clients, aucune créance dont ils ont été chargés de poursuivre le recouvrement en justice. Si un tel mandat, il doit, à tout moment, justifier du versement immédiat des fonds encaissés entre les mains du client ou à son compte, dans un établissement financier ou leur emploi en conformité stricte du mandat donné par le client. Dans la gestion financière des Cabinets d'avocat, toute confusion est interdite entre les fonds personnels constitués par les honoraires du Ministère de l'avocat et les fonds professionnels constitués par les sommes d'argent reçues pour le compte des clients.

245. Les honoraires sont retracés dans un document comptable tenu dans l'ordre chronologique, de telle sorte qu'apparaissent clairement les mentions des noms des parties, de la somme reçue en rémunération et le mode de paiement. En cas de paiement en espèce, les honoraires doivent donner lieu à la délivrance d'un reçu détaché d'un carnet à souches. Tout d'avocat est tenu

---

[376] Articles 50 à 54.

[377] Article 55.

de présenter sa comptabilité soit par lui-même, soit par ses délégués choisis au sein du Conseil de l'Ordre.

Les Avocats sont tenus d'ouvrir un compte dans un établissement bancaire ou financier congolais pour les fonds professionnels. Ils doivent également tenir les documents précités à l'article 59 pour la gestion de ces fonds. S'il est impossible de les verser immédiatement entre les mains du bénéficiaire ou à son compte pour une cause indépendante de la volonté de l'avocat, ils seront versés, dès l'encaissement, au compte désigné dans l'alinéa premier, en attendant leur remise au bénéficiaire dans les plus brefs délais.

La responsabilité professionnelle de chaque avocat, sera couverte par une police collective d'assurance souscrite par le bâtonnier de l'Ordre national au nom et pour le compte de l'Ordre.

La charge de la prime est répartie par le Conseil national de l'Ordre, sous le contrôle de l'assemblée Générale, entre les avocats. Le non-paiement de la cotisation ainsi fixée dans le délai déterminé par le Conseil national de l'Ordre ou assemblée générale, entraîne la suspension de l'avocat en cause par le Conseil de l'Ordre. Cette suspension est prononcée d'office et même sans audition de l'avocat concerné et va jusqu'au paiement de la cotisation. L'assurance de responsabilité professionnelle ne décharge pas l'Avocat de la responsabilité pénale qu'il pourrait encourir en raison d'indélicatesses commises dans l'exercice de la profession[378].

Section 7. Les honoraires

246. L'honoraire de l'avocat est la légitime rémunération du travail fourni et du service rendu.

L'honoraire est fonction :

- de la structure du cabinet
- de la nature de l'affaire
- de l'importance du travail fourni
- du service rendu
- du résultat obtenu
- de la notoriété du client.

Les honoraires sont librement débattus entre l'Avocat et son client[379].

L'avocat a droit en outre à des émoluments taxés dont le montant est fixé par arrêté du Garde des Sceaux, Ministre de la justice. Les contestations concernant le paiement des frais et honoraires des avocats, sont obligatoire-

[378] Articles 56 à 61.
[379] Article 62.

ment soumises à l'appréciation du bâtonnier ou de son représentant, qui tentera de concilier les parties. En cas de non-conciliation, la contestation sera soumise à l'appréciation de la Cour d'appel où l'avocat exerce ses activités. Les débats ont lieu en chambre du Conseil. L'arrêt est rendu en chambre du Conseil. Il est susceptible de voies de recours conformément au droit commun.

CHAPITRE 2

LA PROFESSION DE NOTAIRE[380]

247. Il est institué en République populaire du Congo un notariat exercé par des personnes physiques dont le statut est défini ci-après. Le notariat est organisé en offices. Les Offices sont créés par arrêté du Garde des Sceaux, Ministre de la justice, dans le ressort de chaque Tribunal populaire de région ou de commune autonome.

Section 1. L'organisation

248. Chaque Office est tenu par un notaire titulaire. Le notaire titulaire d'un office exerce ses fonctions à titre libéral sur toute l'étendue du ressort du territoire national. Le notaire est tenu de résider dans le ressort du Tribunal populaire de Région ou de la Commune Autonome auprès duquel il est nommé. Si le notaire fixe sa résidence hors dudit ressort, il est réputé démissionnaire. Les notaires titulaires d'un office peuvent, sur autorisation du Garde des Sceaux, Ministre de la Justice, se grouper et exercer leurs fonctions sous la forme d'une société civile professionnelle. Dès lors, chaque notaire prend le titre de notaire associé.

Les offices de notaire sont placés sous la tutelle du Ministère de la Justice. Les notaires titulaires et les notaires associés sont placés sous l'autorité du Garde des Sceaux, Ministre de la Justice et sous la surveillance des Procureurs généraux près les Tribunaux populaires de région ou de commune Autonome et sous le contrôle du Secrétariat général à la Justice. Lorsque le nombre des notaires titulaires d'un office ou des notaires associés atteindra le chiffre Vingt (20) en République populaire du Congo, ceux-ci pourront s'organiser en une Chambre nationale des notaires dont les modalités d'organisation et de fonctionnement seront fixées par décrets pris en Conseil des Ministres[381].

[380] Loi n°017/89 du 29 septembre 1989 portant institution du notariat.
[381] Articles 3 à 7.

Section 2. Le fonctionnement

249. Outre les actes que la loi assujettit impérativement à la forme authentique, les actes portant mutation d'immeubles ou de droits immobiliers, les cessions d'actions nominatives ou des parts de sociétés, les baux ruraux, les baux commerciaux, les gérances de fonds de commerce ou d'établissements industriels peuvent être dressés soit en la forme sous seing privé, soit sous forme authentique.

Les actes ainsi établis en la forme sous seing privé doivent pour leur publicité et pour l'accomplissement de la formalité de l'enregistrement, être déposés au rang des minutes de l'office d'un notaire.

Les actes constitutifs ou modificatifs des sociétés commerciales privées doivent être constatés à peine de nullité par acte authentique et les numéraires provenant de ces opérations, déposés entre les mains du notaire rédacteur de l'acte, ou dans un établissement bancaire agréé. Les actes notariés font foi de leurs énonciations jusqu'à inscription de faux. Ils sont exécutoires sur toute l'étendue du territoire national. Les actes notariés sont, sous la responsabilité du notaire, établis suivant les modalités qui seront déterminées par décret du Premier Ministre. Les actes notariés contiennent des mentions et des énonciations fixées par arrêté du Garde des Sceaux, Ministre de la Justice. Le droit de délivrer des grosses et expéditions n'appartient qu'au notaire possesseur de la minute, néanmoins tout notaire peut délivrer copie de l'acte qui lui a été déposé pour minute.

Les notaires ne peuvent se dessaisir d'aucune minute si ce n'est dans les cas prévus par la loi et en vertu d'un jugement. Avant de se dessaisir de la minute, ils en dressent et signent une copie figurée qui, après avoir été certifiée par le Président du Tribunal populaire de District ou d'Arrondissement de leur résidence, est substituée à la minute dont elle tient lieu jusqu'à réintégration. Les notaires ne peuvent également être sans une ordonnance du même magistrat délivrée expédition ni donner connaissance des actes à d'autres qu'aux parties contractantes ou à leurs héritiers. Toutefois, ils peuvent délivrer photocopie desdits actes à leurs confrères sur réquisition de ces derniers[382]. Les grosses, seules, sont délivrées en forme exécutoire, elles sont intitulées et terminées dans les mêmes termes que les jugements des Tribunaux Populaires.

250. Il est fait mention, sur la minute, de la délivrance de la première grosse faite à chacune des parties intéressées. Il ne pourra en être délivré d'autres sans une ordonnance du Président du Tribunal populaire de District ou d'Arrondissement du ressort. Les notaires tiennent répertoire de tous les

---

[382] Articles 8 à 13.

actes qu'ils reçoivent. Ces répertoires contiennent des mentions et des énonciations qui seront déterminées par arrêté du Garde des Sceaux, Ministre de la justice. Les répertoires sont visés, côtés et paraphés par le Président du Tribunal populaire d'Arrondissement ou de District de la résidence du notaire ou à son défaut, par un juge dudit Tribunal désigné par le Président.

Les notaires doivent, en outre tenir un registre particulier qui sera visé, côté et paraphé, comme il est dit pour le répertoire en l'article précédent, et sur lequel ils inscrivent, à la date dépôt, les noms, prénoms, profession, domicile et lieu de naissance des personnes qui leur remettront un testament olographe. Ce registre ne fera aucune mention de la teneur du testament déposé. Si à l'époque où ils auront connaissance du décès de la personne dont le testament olographe aura été déposé en leur étude, aucune partie ne se présente pour requérir l'application de l'article 69 du Code de la famille, les notaires doivent remettre ce testament au Président du Tribunal Populaire de Quartier ou de Village-centre du lieu d'ouverture de la succession, après en avoir avisé le Parquet.

Chaque notaire doit tenir une comptabilité destinée spécialement à constater les recettes et les dépenses de toute nature effectuées pour le compte de ses clients. A cet effet, il doit tenir un livre journal, un livre des frais d'actes, un grand livre des espèces, un livre de dépôt des titres et valeurs dont le modèle, les mentions et énonciations seront fixés par un arrêté du Garde des Sceaux, Ministre de la Justice[383]. Le Procureur général près le Tribunal populaire de région ou de commune est chargé de vérifier si la comptabilité des notaires est régulière et si la situation de leur compte en banque est conforme aux énonciations des registres. Pour exercer son contrôle, il peut déléguer ses substituts généraux, les Procureurs de la République ou leurs substituts. Le Procureur général ou le magistrat délégué par lui doit, une fois chaque semestre, procéder à la vérification de chaque office de son ressort.

251. Le Procureur général ou le magistrat délégué ont le droit de se faire présenter par le notaire, à toute réquisition, les registres de la comptabilité et les actes qui ont pu être faits à l'occasion d'un dépôt. Le magistrat vérificateur peut se faire assister d'un agent de l'administration de l'enregistrement pour la vérification de la comptabilité notariale au point de vue technique. Il appose son visa sur les registres avec l'indication du jour de la vérification. Le magistrat délégué transmet sans délai au Procureur général le compte rendu des opérations constatant les résultats de sa vérification accompagné de son avis motivé. Les notaires ne peuvent conserver pendant plus de 90 jours les sommes qu'ils détiennent pour le compte d'un tiers à quelque titre que ce soit. Lesdites sommes doivent être déposées dans un compte client de l'office prévu à cet effet dans une banque.

---

[383] Articles 14 à 18.

Lorsque l'original d'un acte authentique ou sous seing privé aura été détruit soit par suite de fait de guerre en tous lieux, soit par suite d'un sinistre chez un officier public ou dans un service public, les parties intéressées pourront en poursuivre la reconstitution devant le Tribunal compétent. La procédure sera sommaire. Le jugement sera rendu sur requête. Il pourra opérer la reconstitution partielle de l'acte dans le cas où la preuve de certaines clauses, valables par elles-mêmes, sera seule rapportée. Il sera susceptible de tierce opposition[384].

Sous- section 1. Le statut des notaires

Paragraphe 1. Disposition générales

252. Les notaires sont des officiers publics établis pour recevoir tous les actes et contrats auxquels les parties doivent ou veulent faire donner le caractère d'authenticité attaché aux actes de l'autorité publique et pour en assurer la date, en conserver le dépôt, en délivrer des grosses et expéditions. Ils exercent leur office à titre libéral, sous la tutelle du Ministre de la justice, Garde des Sceaux. Les notaires sont tenus de prêter leurs services lorsqu'ils en sont requis, à moins que les conventions qui leur sont soumises ne soient contraires aux lois et règlements en vigueur.

Les notaires éclairent de leurs conseils les parties de manière à mettre les conventions de ces dernières en harmonie avec les lois qui doivent les régir et en assurer l'exécution. Ils instruisent également les parties de l'étendue de leurs obligations et droits respectifs, leur expliquent tous les effets et engagements auxquels elles se soumettent, leur indiquent enfin les précautions et moyens que la loi exige ou fournit pour garantir l'exécution de leur volonté[385].

Avant d'entrer en fonctions les notaires prêtent à l'audience du Tribunal populaire de région ou de Commune, le serment suivant : '' Je jure de remplir mes fonctions avec exactitude et probité et d'observer scrupuleusement la règle du secret professionnel''. Ils doivent également déposer au greffe du Tribunal populaire de région ou de commune leur signature et leur paraphe[386]. Avant d'entrer en fonction le notaire doit s'acquitter de l'obligation de souscrire une assurance de responsabilité professionnelle[387].

---

[384] Articles 19 à 22.
[385] Articles 23 et 25.
[386] Article 25.
[387] Article 26.

Paragraphe 2. Discipline

253. Il est interdit à tout notaire d'exercer une autre fonction publique. Lorsque le notaire exerce à titre professionnel une activité privée lucrative qui n'est pas incompatible avec ses fonctions, déclaration doit en être faite par lui au Ministère de la Justice[388]. Cette interdiction ne s'applique pas à la production d'œuvres scientifiques, littéraires ou artistiques ni aux tâches d'enseignement ou de formation.

Lorsque le conjoint d'un notaire exerce à titre professionnel une activité privée lucrative, déclaration doit en être faite par lui au Ministère de la Justice. Il est également interdit aux notaires, soit par eux-mêmes, soit par personnes interposées, soit directement, soit indirectement :

1° de se livrer à la spéculation de bourse ou à l'opération de commerce, banque, escompte ou courtage.

2° de s'immiscer dans l'administration d'une société ou entreprise de commerce ou d'industrie ;

3° de faire à titre personnel des spéculations relatives à l'acquisition et la revente des immeubles, à la cession industrielle et autres droits incorporels ;

4° de s'intéresser à une affaire pour laquelle ils prêtent leur Ministère ;

5° de recevoir ou conserver des fonds à charge d'en servir l'intérêt ;

6° de se constituer garants ou cautions à quelque titre que ce soit, des prêts à la négociation desquels ils auraient participé, comme aussi de ceux dont les actes seraient dressés par eux ou avec leur participation ;

7° de se servir de prête-nom en aucune circonstance même pour des actes autres que ceux désignés ci-dessus ;

8° de contracter pour leur propre compte un emprunt par souscription de billet sous seing privé ;

9° d'employer même temporairement les sommes ou valeurs dont ils sont constitués détenteur à un titre quelconque, à un usage auquel ils ne sont pas destinés ;

10 de négocier, de rédiger, de faire signer des billets ou reconnaissances sous seings privés et de s'immiscer de quelque manière que ce soit dans la négociation, l'établissement ou la prorogation de tel billet ou reconnaissance ;

11° Sans préjudice des sanctions pénales prévues par la législation en vigueur, il est interdit aux notaires de réclamer ou de percevoir aucune somme en dehors des taxes débours prévus par la règlementation, sous peine de sanctions disciplinaires[389].

---

[388] Article 27.
[389] Article 28.

254. Le notaire ne peut négocier des prêts qu'en la forme authentique et qu'assortis d'une sûreté réelle. Les notaires ne peuvent recevoir des actes dans lesquels leurs parents ou alliés en ligne collatérale jusqu'au degré d'oncle ou de neveu inclusivement seraient parties, ou qui contiendraient quelque disposition en leur faveur. Par ailleurs, deux notaires parents ou alliés au degré prohibé ne peuvent concourir aux mêmes actes, de même, les collaborateurs des notaires ne peuvent être témoins. Les notaires qui contreviendront aux dispositions des articles 26, 27, 28 et 30 ci-dessus, s'exposeront selon la gravité de la faute commise aux sanctions prévues à l'article 33 ci-dessus.

Les atteintes aux dispositions de la présente loi, ainsi que les autres violations à la discipline sont poursuivies, lors même qu'il n'y aurait aucune partie plaignante par le Procureur général près le Tribunal populaire de région ou de commune autonome. Les poursuites judiciaires tendant à la condamnation du notaire à une amende ou à des dommages-intérêts, sont portées devant la juridiction du lieu où il exerce ses fonctions[390].

Les sanctions disciplinaires sont :

1° Le rappel à l'ordre ;

2° L'avertissement ;

3° La censure ;

4° Le blâme ;

5° La suspension ;

6° Le remplacement pour défaut de résidence ;

7° La destitution[391].

Le Procureur général près le Tribunal populaire de région ou de commune autonome adresse aux notaires tous avertissements utiles. Il prononce le rappel à l'ordre et la censure. En tout état de cause, le notaire doit être préalablement entendu. A l'égard des autres sanctions, le Procureur général entend le notaire puis adresse l'entier dossier de la procédure avec son avis motivé au Garde des Sceaux, ministre de la Justice qui prononce la sanction par arrêté. Le notaire en cause peut se faire assister d'un défenseur de son choix.

255. Tout notaire suspendu, remplacé ou destitué doit, aussitôt après la notification qui lui a été faite de sa suspension, de son remplacement ou de sa destitution, cesser l'exercice de ses fonctions à peine de tous dommages-intérêts et des autres condamnations prévues par les lois contre tout agent suspendu ou destitué qui continue l'exercice de ses fonctions. Le notaire suspendu de ses fonctions ne peut les reprendre sous les mêmes peines

---

[390] Articles 29 à 32.

[391] Article 33.

qu'après la cessation du temps de la suspension. Les arrêtés prononçant suspension, remplacement ou destitution ordonneront le dépôt des minutes et archives du notaire soit au greffe du Tribunal populaire de district ou d'arrondissement soit chez un notaire. Le Procureur de la République près le Tribunal populaire d'arrondissement ou de district est chargé de veiller à ce que les remises ainsi ordonnées soient effectuées. Il y fait procéder d'office si c'est nécessaire. Dans tous les cas, il est dressé un état sommaire des minutes remises. Celui qui les reçoit en donne décharge au pied dudit état dont un double est déposé au greffe du Tribunal populaire de région ou de commune autonome. Article 34 et 35.

Section 3. Nomination-cessation des fonctions

Sous-section 1. Nomination

256. Nul ne peut être nommé notaire s'il ne remplit les conditions suivantes :

1° être de nationalité Congolaise ;

2° jouir de droits civils et politiques ;

3° être âgé de 25 ans révolus ;

4° n'avoir subi aucune condamnation pour des faits contraires à l'honneur, à la probité ou aux bonnes mœurs, ou n'avoir été ni déclaré en faillite, ni mis en état de liquidation judiciaire, ne pas être ancien officier public destitué, avocat destitué du barreau, fonctionnaire révoqué par mesure disciplinaire pour faute contraire à l'honneur, la probité ou aux bonnes mœurs ;

5° être titulaire d'un diplôme de notaire ;

- ou titulaire de la maîtrise en droit assortir d'un diplôme notarial de spécialité plus deux ans de stage ;
- ou titulaire de la licence en droit et avoir accompli trois ans de stage dans un office de notaire ;
- ou Greffe en Chef avec au moins cinq ans de pratique professionnelle à la date de la promulgation de la présente loi en tant que responsable d'un greffe et justifiant d'une pratique notariale[392].

257. Pourront être admis aux fonctions de notaire :

1° Les Avocats ;

2° Les Magistrats ;

3° Les Greffiers en Chef justifiant de cinq années de fonction dans les greffes.

[392] Article 36.

Ils sont soumis à un stage de six mois.

Article 38. Le notaire en exercice n'aura besoin d'aucune nouvelle justification pour être nommé titulaire d'un office après sa démission de l'office dont il est titulaire.

L'examen professionnel de premier clerc est subi devant un jury dont la composition et les conditions de fonctionnement seront déterminées par arrêté du Garde des Sceaux, Ministère de la Justice. Les candidats à un office sont nommés notaires par arrêté du Garde des Sceaux, Ministre de la Justice. Les notaires titulaires d'un office n'ont pas le droit de présenter de successeur[393].

Sous-section 2. Cessation des fonctions

258. Les notaires qui se trouvent dans l'impossibilité de continuer leurs fonctions par suite de maladie, blessure ou infirmité dûment établies peuvent être remplacés après avis conforme d'une commission spéciale qui comprendra, sous la présidence du représentant du Garde des Sceaux, Ministre de la Justice :

- Le Procureur général près le Tribunal populaire de région ou de commune autonome ;
- Un fonctionnaire représentant le Ministre de la Santé ;
- Un notaire désigné par le Ministre de la Santé ;
- Un médecin désigné par le Ministre de la Santé ;
- Un notaire désigné par ses pairs.

Les demandes en réhabilitation ne peuvent être formées qu'après un délai de trois ans à partir du jour de cessation de fonctions. L'intéressé a le droit de prendre connaissance de son dossier et de faire entendre par la commission un médecin de son choix. Il peut présenter des observations écrites[394]. Outre les cas visés aux articles précédents, la cessation des fonctions de notaire titulaire d'un office résulte :

1° de la démission acceptée ou constatée ;

2° du décès ;

3° de la destitution.

Lorsque par suite de la cessation de fonctions d'un des notaires d'une société civile professionnelle titulaire d'un office il reste un seul notaire en exercice, ladite société se trouve dissoute de plein droit et le notaire restant prend le titre de notaire. Les notaires sont tenus d'exercer leurs services avec la probité la plus scrupuleuse et la plus grande diligence sous peine d'engager leur responsabilité tant civile que pénale.

---

[393] Articles 39 et 40.

[394] Article 41.

259. Les parties sont libres de choisir leur notaire pour la réception des actes qui les concernent. Lorsque deux notaires titulaires d'un office et résidant dans le même ressort sont en concours, la garde de la minute appartient au notaire représentant la plus grande somme d'intérêt, la minute appartient au notaire le plus ancien. En cas d'égalité d'intérêts, la minute appartient au notaire le plus ancien. En cas de cession de droit, la minute appartient au notaire de l'acquéreur.

1° Le notaire qui garde la minute est le notaire en premier ; il est nommé le premier dans l'acte. L'autre notaire est le notaire second.

2° En aucun cas les parties n'ont à connaître les difficultés entre notaires notamment de celles relatives à l'attribution de la minute, à la réception de l'acte ou au partage des émoluments.

Les notaires doivent enregistrer dans les délais fixés par la loi et acquitter les frais des actes passés devant eux. Ils sont tenus de faire publier, et ce, indépendamment de la volonté des parties les actes dressés par eux ou avec leur concours.

Tout retard est passible d'une amende immédiatement exigible dans les limites prévues au Code Général des Impôts.

Les notaires doivent pour la réception des droits dus à l'Etat et pour le paiement de leurs émoluments, demander à leurs clients le versement d'une provision suffisante. Les notaires ne doivent réclamer ni recevoir d'autres droits et émoluments que ceux fixés par la règlementation en vigueur[395].

Section 4. Dispositions diverses

Paragraphe 1. Les aspirants au notariat

260. Les clercs de notaires sont inscrits sur un registre de stage côté et paraphé par le Président du Tribunal Populaire de Région ou de Commerce Autonome déposé au Secrétariat Général à la Justice. L'inscription est opérée par le Secrétaire Général à la justice. Pour être inscrit, le postulant doit justifier qu'il est âgé de dix-huit (18) ans accomplis et produire une attestation délivrée par le notaire chez lequel il travaille et qui constatera le grade occupé. Ces pièces sont remises par lui au Secrétaire Général à la Justice dans les trois (3) mois de leur délivrance : l'acte de naissance y est joint.

Les demandes d'inscriptions seront adressées au Secrétariat Général à la justice.

[395] Articles 44 à 47.

Toutes les pièces produites pour prise d'inscription restent déposées aux archives du Secrétariat Général à la Justice, par l'intéressé, auquel est délivré un récépissé.

Aucun aspirant au notariat ne pourra être admis à prendre l'inscription de premier clerc s'il n'est âgé de vingt et un (21) ans, s'il n'a accompli trois (3) années effectives de stage dans une étude de notaire et n'a pas préalablement subi avec succès l'examen d'aptitude aux fonctions de premier clerc prévu à la présente loi. Le titre de premier clerc est attribué par arrêté du Garde des Sceaux Ministre de la Justice. Ce titre ne peut être conféré à plus de deux clercs dans chaque office de notaire.

Les inscriptions de stage, les mutations de grade dans un même office ou d'un office à l'autre ne seront reçues par le Secrétaire général à la Justice que sur autorisation du Procureur général près le Tribunal populaire de région ou de la commune autonome devant lequel devra se pourvoir l'aspirant au notariat par un arrêté accompagné de pièces exigées par les articles précédents.

Le procureur général près le Tribunal populaire de région ou de la commune autonome donnera une surveillance générale sur la conduite de l'aspirant du ressort et pourra, suivant les circonstances, après avoir entendu les clercs intéressés et le notaire chez lequel ils travailleront, prononcer contre eux, soit le rappel à l'ordre, soit la censure, soit enfin la suspension du stage pendant un temps déterminé qui ne pourra excéder une année[396].

Paragraphe 2. Intérim des fonctions notariales

261. En cas de congé d'un notaire, son intérimaire sera désigné par lui-même et notification sera faite au Garde des Sceaux, Ministre de la Justice. Les Congés des notaires de plus d'un mois seront délivrés par le Garde des Sceaux, Ministre de la Justice. Cet intérimaire présenté par le notaire, doit justifier des conditions d'âge, de capacité et de moralité exigées des notaires. Il exerce sous la responsabilité du titulaire et sous garantie de son assurance. En cas d'absence, ou en cas d'empêchement nécessitant une gestion provisoire pendant une période continue et de longue durée les notaires sont, à défaut d'intérimaires présentés dans les conditions stipulées à l'alinéa précédent ; remplacés par le premier clerc.

Cette désignation est faite par arrêté du Garde de Sceaux, le Ministre de la justice. Quelle que soit la durée prévue du remplacement, la gestion du premier clerc remplaçant prend fin après que le titulaire eût repris la direction de l'office, ou qu'il ait fait agréer un intérimaire remplissant les conditions voulues pour pouvoir le remplacer. La reprise des fonctions du titulaire

---

[396] Articles 48 à 52.

est constatée par une déclaration au greffe. Il en est de même de la prise de fonctions de l'intérimaire admis à remplacer le titulaire.

Dans le cas de gestion provisoire ci-dessus prévue, le premier clerc a droit à la moitié des émoluments et honoraires alloués aux notaires par les tarifs, en cas d'insuffisance de revenus, devront être supportés par le notaire titulaire auquel appartiendra l'autre moitié, l'assurance garantissant toujours la gestion du remplaçant.

En cas de cessation de fonction, pour l'une des raisons énumérées à la présente loi ou par suite de suspension, le Garde des Sceaux, Ministre de la Justice désigne un intérimaire lequel peut-être le premier clerc qui recevra provisoirement les actes[397].

Les conclusions des notaires seront, à la réquisition du Ministère public, lues à l'audience et transcrites sur un registre du Greffe à ce destiné. Lorsqu'un premier clerc sera notamment empêché dans les conditions indiquées à l'article précédent, il sera également remplacé dans ses fonctions de notaire par une personne désignée par ordonnance du Président du Tribunal Populaire ou de District.

Immédiatement après le décès d'un notaire, les minutes et répertoires sont mis sous scellés par le Président du Tribunal populaire d'arrondissement ou de district de la résidence du notaire et la garde des archives est assurée jusqu'à la désignation d'un intérimaire par la personne chargée provisoirement de recevoir les actes conformément aux articles précédents. Les actes dressés par le notaire intérimaire ou le remplaçant momentané seront inscrits, à la date de leur réception sur le répertoire du titulaire et classés dans les minutes dans les 12 jours de leur date[398].

Paragraphe 3. Taxes, droits et frais afférents au notariat

262. Quiconque demande qu'il soit dressé un acte notarié ou en demande copie d'une manière générale, recourt au service du notaire pour une formalité quelconque ou bénéficie de ses diligences, paie un droit exigible d'avance dont le taux sera fixé par arrêté du Garde des Sceaux, Ministre de la justice. Les sommes dues à des tiers et notamment les droits de timbres et d'enregistrement, les taxes hypothécaires, les honoraires des experts et des frais de publicité légalement obligatoires sont à la charge des parties.

Le notaire reçoit, pour le compte de l'Etat, les taxes et droits de toute nature à l'acquittement desquels sont tenues les parties. Il procède men-

---

[397] Article 53.
[398] Articles 54 à 57.

suellement au versement à la Section de recouvrement des droits, amendes et redevances de la juridiction de leur résidence, des sommes ainsi perçues. Il est interdit à tout notaire de réclamer pour quelque cause que ce soit, une somme supérieure aux droits en vigueur sous peine de restitution des droits indûment perçus et de dommage-intérêts s'il ya lieu ; le tout sans préjudice de poursuites disciplinaires éventuelles[399].

[399] Articles 58 à 60.

CHAPITRE 3

LA PROFESSION D'HUISSIER DE JUSTICE[400]

Section 1re. Dispositions générales

263. Il est créé un corps d'huissier de justice en République du Congo. La profession d'huissier de Justice est libérale ; elle peut être exercée individuellement ou sous forme de société civile professionnelle. Les huissiers de justice sont des officiers ministériels chargés de :

- Signifier les actes et les exploits ;
- Exécuter les décisions de justice ;
- Faire les constats à la diligence des parties.

Ils peuvent en outre procéder aux prisées et ventes des meubles.
Dans ce cas, ils doivent se conformer à toutes les prescriptions légales et règlementaires applicables aux commissaires-priseurs[401].

Section 2. Exercice de la profession

Paragraphe 1. Conditions d'aptitude

264. Nul ne peut être nommé huissier de Justice s'il ne remplit pas les conditions suivantes :

- être de nationalité Congolaise ;
- être âgé de 25 ans révolus ;
- être titulaire de la licence en Droit au moins ou d'un diplôme équivalent ;
- n'avoir subi aucune condamnation pour des faits contraires à la probité ou bonnes mœurs ;
- n'avoir été déclaré en faillite ni mis en état de liquidation judiciaire ;
- ne pas être ancien officier ministériel destitué, avocat rayé du barreau, fonctionnaire révoqué par mesures disciplinaires ;

[400] Loi n°027-92 du 20 août 1992 portant institution de la profession d'huissiers de justice.
[401] Articles 1er 3.

- avoir subi avec succès l'examen d'accès à la profession d'huissier ;
- avoir accompli dans une étude d'huissier ou d'avocat un stage de deux (2) ans au moins ;
- avoir obtenu de la Chambre nationale ou régionale des huissiers un certificat de bonne moralité. Au cas où ce certificat serait refusé sans motif valable, il pourrait être délivré par le Procureur Général près de la Cour d'appel ;
- être agréé par l'assemblée générale de la Cour d'appel[402].

Par dérogation à l'article 4 ci-dessus, pourront être admis aux fonctions d'huissier de justice sur titre :

- les magistrats, avocats, notaires, greffiers en Chef quelle que soit leur ancienneté et les greffiers principaux qui justifient de quinze (15) années d'ancienneté.

Le stage et l'examen professionnel d'huissier prévus à l'article 4 sont règlementés par arrêté du Garde des Sceaux, Ministre de la justice. L'aspirant dont la demande a été agréée par l'assemblée générale de la Cour d'appel est nommé huissier de Justice par arrêté du Garde des Sceaux, Ministre de la justice[403].

Paragraphe 2. Les obligations diverses

265. Avant d'entrer en fonction, l'huissier doit s'acquitter de l'obligation de souscrire une assurance de responsabilité professionnelle.

Les huissiers sont assujettis au paiement d'un droit dont le montant est fixé par décret du Premier Ministre Chef professionnel. Avant d'entrer en fonction et après avoir rapporté le récépissé constatant le versement de leurs droits, les huissiers prêtent, devant la Cour d'appel de leur résidence, le serment dont la teneur suit : ''Je jure de bien et fidèlement remplir mes fonctions d'huissier de Justice et de me comporter en tout temps et en tout lieu comme un loyal auxiliaire de la Justice''.

Ils doivent en outre déposer au greffe de ladite Cour, leur signature et leur paraphe. Les huissiers doivent, pour la perception des droits dus à l'Etat et pour le paiement de leurs émoluments, demander à leurs clients le versement d'une provision suffisante et nécessaire. Les huissiers de Justice sont tenus de prêter gratuitement leurs services lorsqu'ils sont requis par le Ministère public ou nommés à cet effet par le Président d'une juridiction[404].

---

[402] Article 4.
[403] Articles 5 à 7.
[404] Articles 8 à 12.

Paragraphe 3. La discipline

266. Les huissiers de Justice ne peuvent exercer aucune profession salariale publique ou privée, ni aucune espèce de négoce. Cette interdiction ne s'applique pas à la production d'œuvres scientifiques, littéraires ou artistiques, ni aux tâches d'enseignement ou de formation[405].

Il est interdit aux huissiers soit directement, soit indirectement de :

- se livrer à la spéculation en bourse ou aux opérations de commerce, banque, escompte ;
- s'immiscer dans l'administration d'une société ou entreprise de commerce ou d'industrie ;
- faire à titre personnel des opérations relatives à l'acquisition et à la revente des immeubles, à la cession des créances, droits successifs, actions industrielles et autres droits incorporels, à la cession des créances, [droits incorporels] ;
- s'intéresser à une affaire pour laquelle ils prêtent leur Ministère ;
- conserver des fonds de leurs clients ;
- se constituer garants ou cautions à quelques ils auraient participé ;
- servir de prête-nom en aucune circonstance même pour les actes autres que ceux désignés ci-dessus ;
- employer, même temporairement, les sommes ou valeurs dont ils sont constitués détenteurs à un titre quelconque, à un usage auquel ils ne sont pas destinés[406].

267. Sans préjudice de sanctions pénales prévues par la législation en vigueur, il est interdit aux huissiers de réclamer ou percevoir les sommes supérieures aux tarifs en vigueur dans la profession[407]. Les sanctions disciplinaires sont :

- le rappel à l'ordre ;
- l'avertissement ;
- Le blâme ;
- La suspension ;
- La radiation[408].

La Chambre régionale des huissiers prononce le rappel à l'ordre, l'avertissement et le blâme. Ces sanctions peuvent également être prononcées par le Procureur général près la Cour d'appel sur le rapport de l'assemblée générale de la Cour.

La suspension et la radiation sont prononcées par le Garde des Sceaux, Ministre de la Justice, sur le rapport soit du Président de la Chambre nationale ou régionale après délibération de l'assemblée générale des huissiers, soit du Procureur

---

405 Article 13.
406 Article 14.
407 Article 15.
408 Article 16.

général, après délibération de l'Assemblée générale de la Cour d'appel. Dans tous les cas, l'huissier de Justice doit être préalablement entendu devant l'organe disciplinaire approprié ; il peut être assisté d'un défenseur de son choix, avocat ou huissier. Tout huissier suspendu ou radié doit, dès notification de la décision, cesser ses fonctions sous peine de poursuites pénales. Il peut être remplacé sur décision du Ministre de la justice[409].

Section 3. Organisation de la profession

268. Il est institué auprès du Garde des Sceaux, Ministre de la justice, une Chambre nationale des huissiers de Justice et auprès de chaque Cour d'appel une Chambre Régionale des huissiers de justice. La Chambre nationale et la Chambre régionale des huissiers de Justice sont des établissements publics dotés de la personnalité morale[410].

Paragraphe 1. La chambre nationale

La Chambre Nationale des Huissiers de Justice regroupe l'ensemble des Huissiers régulièrement inscrits en République du Congo. Elle est constituée lorsque leur nombre atteint 20. La Chambre Nationale des Huissiers de Justice est chargée de :

- statuer sur les demandes d'inscription ou de radiation sur la liste nationale des Huissiers de Justice ;
- élaborer son règlement intérieur qu'elle doit soumettre au Garde des Sceaux, Ministre de la Justice ;
- proposer les principes généraux de l'organisation de l a profession
- déterminer l'honorabilité, la moralité et la probité des membres de la profession ;
- assurer la défense des intérêts de la profession ;
- gérer le patrimoine de la Chambre ;
- administrer et utiliser les ressources de la Chambre pour assurer les secours, allocations, avantages quelconques attribués aux membres et anciens membres de la profession, à leurs conjoints survivants et leurs enfants ;
- d'autoriser le Président de la Chambre à ester en Justice, accepter les dons et legs, transiger ou compromettre, consentir toute aliénation ou hypothèque et contracter tous emprunts ;
- conférer l'honorariat ;
- statuer en cause d'appel sur les décisions des Chambres Régionales ;

409 Articles 17 à 20.
410 Articles 21 et 22.

- de donner son avis, chaque fois qu'elle en est saisie par le Garde des Sceaux, Ministre de la Justice, sur les questions professionnelles qui rentrent dans ses attributions[411].

Paragraphe 2. La chambre régionale

270. La Chambre Régionale des Huissiers de Justice regroupe l'ensemble des Huissiers inscrits dans le ressort d'une Cour d'appel.
Les Huissiers exerçant auprès d'une Cour d'appel constituent une Chambre dès lors qu'ils sont au nombre minimum, ils sont provisoirement rattachés à la Chambre Régionale la plus proche.
La Chambre Régionale est chargée de :

- élaborer son règlement intérieur
- maintenir tous principes de probité, de loyauté, de désintéressement, de modération et de fraternité ;
- exercer la surveillance que l'honneur et l'intérêt de la profession rendent nécessaires ;
- établir, en ce qui concerne les usages de la profession ainsi que les rapports des Huissiers entre eux et avec la clientèle, un règlement qui sera soumis à l'approbation du Garde des Sceaux, Ministre de la Justice ;
- prononcer ou de proposer les sanctions ;
- prévenir ou de concilier tout différend d'ordre professionnel entre Huissier du ressort et en cas de non-conciliation, de prendre des décisions qui sont immédiatement exécutoires ;
- examiner toutes réclamations de la part des tiers contre des Huissiers à l'occasion de l'exercice de leur profession et notamment en ce qui concerne la taxe des frais ;
- à réprimer par voie disciplinaire les infractions sans préjudice de l'action devant les tribunaux ;
- vérifier la tenue de la comptabilité dans les études d'Huissiers ;
- donner son avis lorsqu'elle est saisie sur les actions en dommages-intérêts contre les Huissiers à raison d'actes de leurs fonctions ou sur les différends relatifs au règlement des frais ;
- délivrer ou refuser par décision motivée le certificat de bonne moralité exigé pour l'exercice de la profession ;
- déterminer les conditions de travail dans les études sous réserve des dispositions législatives ou règlementaires particulières au salaire et accessoires du salaire ;

[411] Articles 23 et 24.

- assurer l'exécution dans son ressort des décisions prises par la Chambre Nationale des Huissiers ;
- examiner toutes les questions relatives à l'exercice de la profession ;
- gérer les biens et les ressources de la Chambre ;
- autoriser le Président à ester en Justice, accepter tous dons et legs faits à la Chambre, transiger ou compromettre, consentir toute aliénation ou hypothèque et contracter tous emprunts ;
- statuer en premier ressort en matière disciplinaire ;
- établir son budget et en répartir les charges entre ses membres.

L'organisation et le fonctionnement de la Chambre Régionale et des Chambres Régionales seront fixés par décret pris en Conseil des Ministres[412].

---

[412] Articles 25 à 28.

BIBLIOGRAPHIE

1. Législation coloniale

- Décret du 16 avril 1913 portant organisation de la justice en A.E.F. (J.O.A.E.F du 15 mai 1914).

- Décret du 30 décembre 1928 autorisant dans les colonies, autres que les Antilles et la Réunion, dans les pays de protectorat et territoires sous mandat dépendant du Ministère des colonies, les gouverneurs généraux, gouverneurs et commissaires de la République à fixer, par voie d'arrêté, les honoraires, les indemnités et les frais de justice (J.O. du 4 janvier 1929).

- Décret du 24 juillet 1930 portant réorganisation de la justice en A.E.F.

- Décret du 30 juin 1935 réorganisant la justice française en A.E.F.

- Décret du 29 mai 1936 portant réorganisation de la justice en A.E.F.

- Décret du 25 juin 1940 portant création d'un Haut-commissariat de l'Afrique française (J.O. des 26, 27 et 28 juin 1940).

- Décret du 23 juin 1941 portant création d'une cour criminelle spéciale dans les territoires relevant du Secrétariat d'Etat aux colonies (J.O du 26 juin 1941).

- Décret du 29 septembre 1941 portant application aux territoires relevant du Secrétariat d'Etat aux colonies autres que les Antilles, la Réunion, l'Inde et l'Indochine des dispositions de la loi du 26 juillet 1941 fixant le taux des amendes pénales (J.O. du 7 janvier 1942).

- Décret du 12 janvier 1942 modifiant l'article 10 du décret du 2 mai 1939 portant règlement d'administration publique pour l'application dans les territoires relevant du Secrétariat d'Etat aux colonies de la loi du 11 juillet 1938, en ce qui concerne les sanctions applicables en cas d'infractions aux arrêtés des chefs de territoires.

- Loi du 5 juin 1942 port ant extension aux territoires relevant du ? (Préciser).

- Décret du 9 septembre 1942 réservant les droits des justiciables dans certains territoires relevant du Secrétariat d'Etat aux colonies décret du 9 septembre 1942 relatif aux sanctions de police administrative (J.O. du 16 septembre 1942).

- Décret du 26 juillet 1944 instituant et organisant des juridictions indigènes et coutumières en A.E.F. et au Cameroun (J.O. du 10 août 1944).

- Décret du 26 juillet 1944 instituant et organisant les juridictions indigènes et coutumières en A.E.F. et au Cameroun (Rectificatif J.O. du 9 février 1945).

- Décret du 26 juillet 1944 instituant et organisant les juridictions indigènes et coutumières en A.E.F. et au Cameroun (Rectificatif J.O. du 18 mars 1945).

- Ordonnance du 22 août 1945 fixant les modalités de la participation des territoires d'outre-mer relevant du Ministère des colonies au référendum institué par l'ordonnance du 17 août 1945 (J.O du 23 septembre 1945).

- Loi du 6 mars 1946 étendant aux territoires relevant du Ministère de la France d'outre-mer les dispositions des ordonnances des 5 décembre 1944 concernant les chambres de révision, 20 novembre 1944 relative à l'annulation de certaines condamnations et 26 avril 1945 autorisant l'annulation de certaines condamnations (J.O du 7 mars 1946).

- Décret du30 mars 1946 complétant et modifiant le décret du 29 juillet 1942 fixant le statut des notables évolués en A.E.F. (J.O. du 4 avril 1946).

- Décret du 30 avril 1946 portant suppression de la justice indigène en matière pénale dans les T.O.M. (J.O. du 1er mai 1946).

- Loi du 9 mai 1946 tendant à fixer le régime électoral, la composition, le fonctionnement et la compétence des assemblées locales des T.O.M. (J.O. du 10 mai 1946).

- Décret du n°46-2250 du 16 octobre 1946 portant réorganisation administrative de l'A.E.F. (J.O. du 10 novembre 1946).

- Décret n°46-2252 du 16 octobre 1946 complétant le décret du 30 avril 1946 portant suppression de la justice indigène en matière pénale (J.O. du 17 octobre 1946).

- Loi n°46-385 du 27 octobre 1946 relative à la composition et l'élection de l'Assemblée de l'Union française (J.O. du 28 octobre 1946).

- Décret n°46-295 du 30 décembre 1946 modifiant certaines dispositions du 16 octobre 1946 portant réorganisation administrative de l'A.E.F. (J.O. des 30 et 31 décembre 1946).

- Décret du 17 avril 1947 portant application à l'A.E.F. des dispositions de l'art. 1er et 2 de l'ordonnance du 25 juin 1945 concernant le concours des citoyens à la justice et la sécurité publique (J.O. du 19 avril 1947).

- Décret du47-2300 du 27 novembre 1947 réorganisant la justice de droit français en A.E.F. (J.O. du 7 décembre 1947, rectification J.O. du 11 avril 1948).

- Décret n°56-276 du 28 février 1950 transférant de Brazzaville à Pointe-Noire le chef-lieu du territoire du Moyen-Congo (J.O. du 7 mars 1950).

- Décret n°55-1582 du 3 décembre 1955 portant convocation dans les territoires relevant du MFOM des collèges électoraux pour l'élection d'une Assemblée nationale (J.O. du 4 décembre 1955).

- Décret n°56-1301 du 18 décembre 1956 modifiant le décret du 27 novembre 1947 portant réorganisation de la justice de droit français en A.E.F. (J.O. du 22 décembre 1956).

- Décret n°57-259 du 4 avril 1957 fixant les conditions de formation et de fonctionnement des conseils de gouvernement dans les territoires de l'A.O.F. et de l'A.E.F. (J.O. du 11 avril 1957).

- Ordonnance n°58-1256 du 19 décembre 1958 portant loi organique sur la cour arbitrale de la Communauté (J.O. du 20 décembre 1958).

- Ordonnance n°59-227 du 4 février 1959 relative à l'élection des députés à l'Assemblée nationale représentant les T.O.M. (JO. Du 7 février 1959).

2. Législation nationale

- Loi n°42-61 du 20 juin 1961 portant statut de la magistrature (J.O.R.C. du 1er juillet 1961, 403) modifié par l'ordonnance n°10-69 du 31 mars 1969.

- Décret n°61-183 du 3 août 1961 portant application de la loi n°42-61 du 20 juin 1961 portant statut de la magistrature (J.O. du 1er septembre 1961, 595).

- Loi n°15-62 du 3 février 1962 portant statut général des fonctionnaires (J.O. 1er mars 1962, 227).

- Décret n°62-130 du 9 mai 1962 fixant le régime de rémunération des fonctionnaires (J.O. 1er mars 1962, 227).

- Décret n°62-195 du 5 juillet fixant la hiérarchisation des différentes catégories des fonctionnaires de la République du Congo (J.O. 1er août 1962, 619), abrogé par le décret n°74-470 du 31 décembre 1974 (J.O.14 mars 1974, 1969).

- Décret n°62-426 du 29 décembre 1962 fixant le statut des cadres de la catégorie A des services administratifs et financiers (J.O. du 1er janvier 1963, 37).

- Loi n°24-67 du 12 décembre 1967 complétant la loi n°34-64 du 27 novembre 1964 portant création d'une commission spéciale de discipline (J.O.1968, 3).

- Décret n°69-70 du 21 février 1969, fixant la composition de la commission de refonte de la fonction publique (J.O 1er mars 1969, 102).

- Ordonnance n°38-70 du 7 septembre 1970 relative à la discipline des fonctionnaires civils (J.O.15 septembre 1970, 524).

- Décret n°70-300 du 7 septembre 1970 portant composition de la commission spéciale de discipline et règles de procédures (J.O.du 15 octobre 1970, 624).

- Acte n°80-056 P.C.T du 3 novembre 1980 fixant le régime des indemnités de déplacement des agents de l'Etat (J.O. du 15 novembre 1980, 1, 154).

- Loi n°01-82 du 7 janvier 1982 relative aux règles disciplinaires applicables aux agents de l'Etat.

- Loi n°31-59 du 2 octobre 1959 prévoyant l'institution d'une cour criminelle spéciale (J.O. du 14 octobre 1959).

- Décret n°6-61 du 11 janvier 1961 fixant l'organisation judiciaire en République du Congo (J.O. du 1er février 1961, 85) complétée par la loi n°28-61 du 29 mai 1961).

- Loi n°29-61 du 29 mai 1961 déterminant l'organisation, la compétence et le fonctionnement des tribunaux de grande instance prévus par la loi n°6-61 du 11 janvier 1961, fixant l'organisation judiciaire en République du Congo (J.O. du 1er juin 1961, 309).

- Loi n°4-62 du 20 janvier 1962 portant création de la Cour suprême (J.O. du 15 février 1962).

- Loi n°5-62 du 20 janvier 1962 relative à l'organisation et au fonctionnement du conseil supérieur de la magistrature (J.O. du 1er février 1962, 97).

- Loi n°6-62 du 20 janvier 1962 relative à la compétence de la Cour d'appel et des tribunaux de grande instance et à la procédure suivie devant ces juridictions en matière administrative (J.O. 1er février 1962, 98).

- Décret n°62-284 du 7 novembre 1962 sur la procédure civile (modifiant l'Arrêté du 11 mai 1914, relatif à la procédure civile et commerciale en Afrique équatoriale française).

- Loi n°01-63 du 13 janvier 1963 portant code de procédure civile.

- Décret n°63-269 du 13 août 1963 relatif à la mise en place de la Cour criminelle spéciale (J.O.15 août 1963, 718).

- Ordonnance n°10-63 du 6 novembre 1963 fixant l'organisation judiciaire et la compétence des juridictions (J.O.15 août 1963, 718).

- Ordonnance n°23-63 du 13 décembre 1963 relative à la Cour suprême en matière de comptabilité publique (J.O. du 1er janvier 1964, 4).

- Ordonnance n°26-63 du 24 décembre 1963 portant organisation de la Haute cour de justice (J.O. du 1er janvier 1964, 753).

- Ordonnance n°02-69 du 7 février 1969 instituant la collégialité dans les tribunaux de grande instance (J.O. du 15 mars 1969, 141).

- Décret n°69-114 du 6 mars 1969 portant installation de la Cour martiale (J.O. du 15 mars 1969, 143).

- Ordonnance n°18-69 du 10 novembre 1969 portant création d'une Cour martiale (J.O. du 1er décembre 1969, 586).

- Ordonnance n°37-70 du 7 septembre 1970 portant règlementation des règles de procédure concernant les actions intentées par ou contre l'Etat (J.O. du 15 septembre 1970, 523).

- Arrêté n°268 du 16 janvier 1972 relatif à l'exécution des arrêts de la Cour révolutionnaire de justice (J.O. du 1er février 1972, 47).

- Lois constitutionnelles n°1 et 2 du 28 novembre 1958 portant organisation des pouvoirs publics en République du Congo (J.O. du 3 décembre 1958, 6).

- Lois constitutionnelles du 29 février 1959 relatives à l'organisation des pouvoirs publics et à la mise en place des institutions (J.O. du 15 mars 1959, 171).

- Loi n°43-60 du 28 juillet 1960 portant ratification des accords de transfert de compétences de la république française à la République du Congo (J.O. 1960, 553).

- Ordonnance n°63-2 du 11 septembre 1963 portant organisation provisoire des pouvoirs publics en république du Congo (J.O. du 15 septembre 1963, 771).

- Constitution du 8 décembre 1963 (J.O. du 31 décembre 1963, 1039).

- Acte du 5 août 1968 créant le Conseil national de la révolution (J.O. du 15 août 1968, 382).

- Constitution du 4 juin 1973 (J.O. du 13 juillet 1973).

- Acte fondamental du 5 avril 1977.

- Acte n°005 P.C.T. C.M.P. du 7 février 1979 portant fonctionnement et organisation des pouvoirs publics.

- Constitution du 8 juillet 1979 (J.O du 13 juillet 1973).

- Ordonnance n°12-72 portant création de la Cour martiale (J.O. du 15 mars 1972, 139).

- Loi n°82-75 du 18 juillet 1975 donnant compétence aux tribunaux de droit commun et organisant la procédure applicable en matière de crimes et délits, de détournement de deniers publics, d'escroquerie, de concussion, de corruption de fonctionnaires, d'émission de chèques sans provision, de sabotage économique au préjudice du parti, des organisations de masse, de l'Etat ou de l'activité des organisations de masse, de l'Etat ou de l'activité des organismes de l'Etat.

- Loi n°30-76 du 5 août 1976 donnant compétence à la cour révolutionnaire de justice et organisant la procédure applicable en matière de crimes et délits de détournement de deniers publics, d'escroquerie, de concussion, de corruption de fonctionnaires, d'émission de chèques sans provision, de sabotage économique au préjudice du parti, des organisations de masse, de l'état ou de l'activité des organismes de l'Etat.

- Ordonnance n°01-78 du 2 janvier 1978 portant création de la Cour révolutionnaire d'exception (modifiée par l'ordonnance n°03-78 du 3 janvier 1978).

- Ordonnance n°33-78 du 29 août 1978 portant création de la Cour de sûreté de l'Etat.

- Décret n°82-722 du 22 octobre 1981 portant création de la cour d'appel à Pointe-Noire.

- Décret n°82-247 du 19 mars 1982 portant attribution et réorganisation du Ministère de la justice –complété par le décret n°85-1069 du 10 septembre 1985, J.O. du 1er au septembre 1985, 6).

- Loi n°10-83 du 27 janvier 1983 portant modification de certains articles de la loi n°01-63 du 13 janvier 1963 portant code de procédure pénale.

- Loi n°51-83 du 21 avril 1983 portant de code procédure civile, commerciale, administrative et financière (J.O. n° spécial du 6 juin 1983, 2).

- Loi n°53-83 du 21 avril 1983 portant réorganisation de la justice en République Populaire du Congo (J.O. n° spécial 6 juin 1983, 20).

- Loi n°01-84 du 20 janvier 1984 portant organisation des sections de recouvrement des droits, amendes et autres redevances.

- Ordonnance n°18-84 du 23 août 1984 étendant la compétence matérielle des juridictions de droit commun et organisant la procédure applicable en matière de crimes et délits, de détournement de deniers publics, d'escroquerie, de sabotage économique au préjudice du parti, des organisations de masse, de l'Etat et services publics ou parapublics (ratifiée par la loi n°019-87 du 28 décembre 1987 portant réorganisation de la Cour révolutionnaire de justice).

- Loi n°01-017/89 du 29 septembre 1989 portant institution du notariat.

- Loi n°022-92 du 20 août 1992 portant organisation du pouvoir judiciaire en République du Congo.

- Loi n°023-92 du 20 août 1992 portant statut de la magistrature.

- Loi n°025-92 du 20 août 1992 portant organisation et fonctionnement de la Cour suprême.

- Loi n°27-92 du 20 août 1992 portant institution de la profession d'huissier de justice en République du Congo.

- Acte fondamental du 4 juin 1991 portant organisation des pouvoirs publics durant la période de transition.

- Constitution congolaise du 5 mars 1992.

La législation 1997 à nos jours

- Acte fondamental du 24 Octobre 1997.

- Décret n°99-88n du 18 mai 1999 portant attributions et organisation du Ministère de la justice.

- Décret n°95-87 du 19 mai 1999 portant attributions, organisation et fonctionnement de l'Inspection générale à la justice.

- Décret n°99-86 du 19 mai 1999 portant attributions et organisation de la Direction générale de l'Administration pénitentiaire.

- Loi n°19-99 du 15 Août 1999 modifiant et complétant certaines dispositions de la loi n° 022-92 du 20 août 1992 portant organisation du pouvoir judiciaire.

- Loi n° 15-99 du 15 avril 1999, modifiant et complétant certaines dispositions de la loi n°023-92 du 20 août 1992 portant statut de la magistrature.

- Loi n°16-99 du 15 avril 1999 modifiant et complétant certaines dispositions de la loi n°024-92 du 20 août 1992 et la loi n°29-94 du 18 octobre 1994 portant institution du Conseil Supérieur de la magistrature.

- Loi n°17-99 du 15 avril 1999 modifiant et complétant certaines dispositions de la loi n°025-92 du 20 août 1992 et la loi n° 30-94 du 18 octobre 1994 portant organisation et fonctionnement de la Cour suprême.

- Loi n° 1-99 du 8 janvier 1999 portant attributions, organisation et fonctionnement de la Haute Cour de justice.

- Loi n°027-92 du 20 août 1992 portant institution de la profession d'huissier de justice.

- (Loi sur la cour des comptes et de discipline budgétaire).

- (Loi organique n° 1-2003 du 17 janvier 2003 portant organisation et fonctionnement de la Cour constitutionnelle).

- La constitution du 20 janvier 2002.

4. Collection Que sais-je (QSJ)

- L'Afrique Equatoriale, par Vennetier. P ; (QSJ) N° 1522, 1972, 126 p.

- L'Afrique Noire précoloniale par Deschamps H. QSJ N° 241 bis, 1977. 123 p.

- La Colonisation française par Tersen E. QSJ N° 452, 1950, P.127 p.

- Les Civilisations africaines par Paulme D. QSJ N° 606. 1950-124 p.

- Les étapes de la décolonisation française par Yacono X. QSJ. N°428 bis, 1971-124 p.

- L'éveil politique africain par Deschamps H. QSJ N° 549, 1952-126 p.

- La fin des empires coloniaux, Par Deschamps H. QSJ N° 241, 1946, 127 p.

- Les Institutions politiques de l'Afrique Noire par Deschamps H. QSJ N° 549.

- Les partis politiques en Afrique Noire par Lavroff DG.QSJ N° 1380, 1970, 124 p.

- Les Religions en Afrique Noire par Deschamps H.QSJ N° 1298, 1968, 126 p.

- L'Union Française par Culmann H. QSJ N° 428, 1950, 135 p.

- La Quatrième République par Centier P. QSJ N° 1613, 1975, 126 p.

- La Cinquième République par de la Corcel P-M et Moschetto B. QSJ. N° 1763, 1979-126 p.

- Le Panafricanisme par Decraene Ph. QSJ. N° 847, 1959, 127 p.

- Le Monde depuis 1945 par Zorgbibe, QSJ. N° 1865, 1980, 127 p.

5. Publications internationales

- Dialogue Nord-Sud et CNUCED VI ; Genève, 1976, P33. 11 p. (Centre Europe-Tiers-Monde).
- Forum et développement, DPI, Négociations globales Nord-Sud, Université des Nations Unies, Genève n° 73, juin 1981.
- Mirlande H- Les Etats du groupe de Brazzaville aux Nations Unies, Paris, Presses de la Fondation Nationale des sciences politiques.

6. Organisation de l'Unité Africaine (OUA)

- Boutros Ghali, Boutros. Y., Les difficultés institutionnelles du panafricanisme, Genève, 1971. 56 p.
- Conférence des Chefs d'Etat et de gouvernement de l'OUA, Caire, 1964, Textes des discours prononcés à la Conférence, Le Caire, RAV Administration de l'information, 1964, 174 p.
- Déclaration d'engagement des chefs d'Etat pour un nouveau type de développement en Afrique, Monrovia, Juillet 1979.
- Kouassi, E. Kwaui, Les rapports entre l'ONU et l'OUA. Contribution à la théorie institutionnelle dans les rapports internationaux-Bruxelles, E. Buyland 1978-414 p.
- Lampoué ; D, Les groupements d'Etats africains, Paris, LGDJ, 1964. p. 21-64.
- Quenille P. Histoire de l'Afro-Asiatisme jusqu'à Bandoung. La naissance du Tiers-Monde, Paris, Payot, 1965-326 p.
- William, Oumar, L'Afrique des réalités, Paris, La Pensée Universelle, 1974. 224 P.
- Afrique diplomatique, 1975, Genève, 601 p.

7. Commission économique des Nations-Unies pour l'Afrique

- Développement industriel en Afrique, Henri Yorka, Nations Unies 1963, 111 p.
- Etudes sur la situation économique de l'Afrique, Addis-Abeba, CEA ; Nations Unies 1966.
- Indicateurs économiques africains, CEA-Addis-Abeba 1972.
- Informations sur la population en Afrique, CEA, Addis-Abeba, 1970.
- Série des études sur la population africaine n°1 Addis-Abeba, 1973.

8. Ouvrages généraux

- Afrique Equatoriale Française, sous la direction d'Eugène Guenier, Paris, Encycle. Col et maritime. 1950.

- Afrique 19. Un panorama du continent africain présenté par Jeune Afrique, Paris, 1968.

- Afrique 68, Panorama du continent africain présenteé par Jeune Afrique, Paris 1967 ou 1968, 596 p.

- Afrique 70, Jeune Afrique, Paris, éd. 1969 ou 1970. 584 p.

- Afrique en devenir, Essai sur l'avenir de l'Afrique Noire-Paris, PUF, 1966-140 p.

- Agblemagnon (N' Sonngan), Sociologie des sociétés orales d'Afrique Noire, Paris, La Haye, Mouton, 1969. 219 p.

- Balandier G. Sociologie actuelle de l'Afrique Noire, Paris, PUF. Dynamique Sociale en Afrique Centrale 1963.

- Balandier G. Afrique ambiguë, Paris, Le Monde en 1910-1918. 1962 ou Plon, 1977. 401 p.

- Banning E. L'Afrique et la Conférence Géographique de Bruxelles, Paris, 1878, 150 p.

- Banning. E. Le partage politique d'après les transactions internationales les plus récentes, 1885-1888, Bruxelles, Th. Falks, 1888, XII, 181 p.

- Bastide R. Formes élémentaires de la stratification sociale, Centre de Documentation universitaire, Paris, 1965, 84 p.

- Brunchwig. H. La colonisation française, Paris, Calmann Levy, 1949, 301 p.

- Brunchwing H. Le partage de l'Afrique Noire, Paris, Flamarion, 1971, 189 p.

- Biarnes P. L'Afrique aux Africains, Paris, A. Colin, 1980, 475 p.

- Binet J. Afrique en question, Paris, Ed. Maison Name 1965. 248 p.

- Bourges et Wanthier Cl. Les 50 Afriques : Tome II. Paris, Seuil, 1979, 645 p.

- Chaliand G. L'enjeu africain, Paris, Seuil, 1980, 151 p. (Stratégies des puissances).

- Casteran Cler-et Langellier J.P. L'Afrique déboussolée, Paris, Plon, 1975, 248 p.

- Elikia M'Bokolo, L'Afrique au XXe siècle, Le continent convoité, Paris-Montréal, Ed. Etudes vivantes, 1980, 218 p.

- Collection V. L'Afrique Noire contemporaine, Paris, A. Colin, 1968, 455p.

- Hazoumé G.L. Idéologies tribalistes et Nations en Afrique (le cas dahoméen). Présence Africaine, Paris 1972, 216 p.

- Lombard J. Autorités traditionnelles et pouvoirs européens en Afrique Noire-Paris, Presse de la Fondation nationale des sciences politiques. 1967, 297 p.

- Ndiaye. JP. Monde Noir et destin politique, Paris, Présence Africaine, 1976, 292 p.

- Nganongo G. Les investissements d'origine extérieure en Afrique Noire francophone : Statut et incidence sur le développement. Paris, Présence Africaine, 1973, 298 p.

- Oginga Odinga, A quand l'indépendance ? Paris, Présence Africaine, 1960, 457 p.

- Présence Africaine, L'Afrique Noire et l'Europe face à face, Dialogue d'Africains et d'Européens ou la présente crise mondiale de civilisation, Paris, P.A. 1971, 182 p. (Première rencontre à Brazzaville).

- Présence Africaine, La reconnaissance des différences, chemin de la solidarité (2e rencontre) ; Paris, PA 1973, 383 p.

- Présence Africaine, Réflexions sur les premières décennies des indépendances en Afrique Noire, Paris, Présence Africaine, Numéro spécial, 1971, 422 p.

- Reymond D. Le colonisateur vu par le colonisé, Textes littéraires négro-africains, Berne, service Ecole, Tiers-Monde, Avril 1978, 64 p.

- Sally Ndongo ; ''Coopération'' et néocolonialisme, Paris P. Coll. Maspero, 1976, 196 P.

- Samir Amin, L'accumulation à l'échelle mondiale, critique sur la théorie du sous-développement, Paris, Anthropos (Dakar), IFAN, 2e Ed. 1971, 617 p.

- Samir Amin, Le développement inégal. Essai sur les formations sociales du capitalisme périphérique, Paris, Ed. de Minuit, 1973, 367 p.

- Sekou Traoré, Afrique Socialiste, Paris, Ed. Anthropos, 1979, 135 p.

- Suret-Canale J. Maquet E. et Kaké I. B, Histoire de l'Afrique Centrale, Paris, Présence Africaine, 1971, 256 p.

- Tom-Mboya, L'indépendance et après... Paris, Présence Africaine, 1963, 313 p.

- Thomas L.V, Le socialisme et l'Afrique, Paris, Ed. Le livre africain, 1966, tome I. 203 p.

- Wallerstun Imm, L'Afrique et l'indépendance, Paris Présence Africaine, 1966, 203 p.

- Ziegler-J, Main Basse sur l'Afrique, Paris, Seuil, 1978, 292 p.

9. Afrique

- Balandier. G, Structures sociales traditionnelles et changements économiques, in C.E.A. Vol. t. 1960, pp. 1-14 ;

- Bongo EL Hadj. Oumar, Le dialogue des Nations, l'Afrique dans le nouvel ordre politique et économique mondial, Libreville, Ed. Multipress, Gabon 1978, 130 p.

- Bonnafé P., Le nationalisme africain, aperçu sur sa naissance et son développement, Paris, Fondation des sciences politiques, série C. Recherches n° Décembre 1964, 60 p.

- Botte R., Processus de formation d'une classe sociale dans une société africaine précapitaliste, in C.E.A Vol. XIV, 1974, pp. 605-626.

- Bruschwig H., Colonisation, décolonisation, Essai sur le vocabulaire usuel de la politique coloniale, in C.E.A. Vol I. 1960, pp. 44-54.

- Bujtenhuis R., Les potentialités révolutionnaires de l'Afrique Noire : Les élites dissidentes, in C.E.E 1978, pp. 79-92.

- Conférence Africaine Française, Brazzaville, 30 janvier 8 février 1944, Paris, Ministère des colonies, 1945, IFAN, 134 p.

- Coste J., La nouvelle famille africaine dans les droits de l'indépendance : Essai de sociologie normative, in l'année sociologique, Paris, PVF, Vol 22. 1971. pp.153- 179.

- Coquery- Vidrovitch C., La mise en dépendance de l'Afrique Noire, Essai de périodisation, 1800-1970 in CEA Vol XVI, 1976 pp.7-58.

- Dreux-Brézé J., Le problème de regroupement en Afrique Equatoriale. Du régime colonial à l'UDEAC ; Thèse de droit, Paris, 1966, 249 p.

- EBoué F., Les peuples de l'Oubanqui-chari, Essai d'Ethnographie, de linguistique et d'économie sociale-New. York Press, 1977-105.p.

- Georgy G., La politique africaine de la France. In Afrique contemporaine, Paris, N° 102, mars-avril 1979, pp.1-6.

- Kwame Nkrumah, Le consciencisme, Paris, Présence Africaine, 1976, 141 p.

- Kwamé Nkrumah, La lutte des classes en Afrique, Paris. Présence Africaine 1972, 108 p. in Les Cahiers Français.

- Les Multinationales, Paris, La Documentation Française, supplément aux Cahiers Français n° 167, Réédition février 1977, Le Tiers-Monde et nous.

- Mabilean A., Décolonisation et régimes politiques en Afrique Noire, Presse de la fondation des sciences politiques, 1978, 306 p.

- Wunsche R., Les relations de la République Démocratique Allemande avec les Etats de l'Afrique subsaharienne : Bilan et perspective, in Afrique contemporaine, Paris, n° 108, mars-avril 1980, pp. 6-12.

10. Le Congo- Brazzaville

(Ouvrages sur l'histoire, l'économie, la politique, et la sociologie).

- Bolandamio FL., La démographie historique du Congo sous la domination française, Paris, 1978, 102 P. (Mémoirée EHESS, Paris, 1978).

- Balandier G., Sociologie des Brazzaville Noires, Paris, Truand Colin, 1955, 275 p.

- Coquery-Vidovitch C-, Le Congo au temps des grandes compagnies concessionnaires (1898-1930), Paris, Thèses Lettres, Mouton 2 Co et Ecole pratique des Hautes Etudes, 1972, 587 p.

- Ekondy-Akala, Les élites africaines et les relations raciales, in présence Africaine, n°56, Paris, pp. 45-67.

- Ekondy Akala, Le Congo-Brazzaville, Essai d'analyse et d'explication sociologique selon la méthode pluraliste. Peter Lang.

- Gide A., Voyages au Congo, Carnets de route, Paris Gallimard, 1927, 253 p.

- Grillot B., Les territoires orientés du Congo-Brazzaville, Essai d'interprétation, in C.E.A. Vol. XII, 1901, 75 p.

- Maran R., Brazzaville et la fondation de l'AEF, Paris, Gallimard, 1941, 305 p.

- Mirlande H., Groupe de Brazzaville et Nations Unies, Fondation des Sciences politiques, Paris 1977, 336 p.

- Ngouabi Marien, Vers la Construction d'une société socialiste en Afrique, Paris, Présence Africaine, 1975, 725 p.

- Obenga Th., La cuvette Congolaise, les hommes et les structures, Paris, Présence Africaine, 1976, 164 p.

- Owona J., Un droit administratif de transition vers le socialisme, l'exemple de la République Populaire du Congo, Paris, Penant 87 (760), 1978. pp. 155. 174

- Robineau Cl., Contribution à l'histoire du Congo : la domination européenne et l'exemple de Souanké (1900-1960), in C.E.A. Vol. VII, 1967, pp. 300-344.

- Rouget F., L'expansion coloniale au Congo Français, introduction d'Emile Gentil et une lettre préfacée de Albert Duchère, Paris, Carose, 1906, VIII, 942 p.

- Rey P. Ph., Colonialisme, néocolonialisme et transition au capitalisme, exemple de la COMILOG au Congo-Brazzaville, Paris, Maspéro, 1971, 527 p.

- Sauther G., De l'Atlantique au Fleuve Congo. Une géographie du sous-peuplement, République du Congo, République Gabonaise, Paris, Mouton, 1966.

- Samir Amin et Coquery-Vidrovitch C., Histoire économique du Congo, 1880-1968, Paris, Authropos, 1969-205 p.

- Sinda-M., André Matsoua, Collection ''grandes figures africaines'', A B C, Belgique, 1978, 94 p.

- Sinde M., Le Messianisme congolais et les incidences politiques, Paris, Payot, 1972, 38 p.

- Verhacgen B., Les rebellions populaires au Congo en 1964, in C.E.A., Vol. VII, n°26, pp. 345-359.

- Yhomby-Opango J., L'arme théorique : manuel du militant de la révolution congolaise, Brazzaville, Ed. PCT, 1977 ; 11 p.

- Woungly-Massaga., La révolution au Congo- Contribution à l'étude des problèmes politiques d'Afrique Centrale, Paris, Maspero, 1974, 189 p.

- Hense G.A., La psychologie des Noirs Africains, Brazzaville. Liaison, n° 56. 1957, pp. 23-2P.

- Débat ouvert sur la psychologie des Noires Africains de M. Hense, Brazzaville, Liaison, N°56, 1957, pp.29-32.

- Dr. La Tondre et Mme Dormean G., Prise de position contre les conclusions de M. Hense sur la psychologie des Noires Africains, Brazzaville, Liaison, N° 58, 1957, pp. 45-49

- Lebeuf J.P., L'ethnologue occidental face aux institutions africaines, Brazzaville, Liaison, N°58, 1957, pp. 57-58.

- Maquet J.J., Motivations culturelles des migrations vers les Villes d'Afrique Centrale, Brazzaville, Liaison, N° 60, 1957, pp. 27-32.

- Tsamas Sylver., Où Le droit romain et les coutumes africaines s'affrontent…Brazzaville, Liaison, n° 61, 1958, janvier-Février.

- Tsamas-S. En A.E.F., l'élite africaine est-elle consciente de sa mission de dirigeante de la masse ? Brazzaville, Liaison, N°58, 1957, pp. 21-23.

- Lhoni P., Connaissez-vous le Conseil coutumier ? Brazzaville, Liaison, n° 66, 1958, pp.33-37.

- Winter G., Intérêt et limites des méthodes quantitatives de la planification en Afrique. Paris, ORSTOM, Vol. XII, n°3. 1975, pp. 235-248.

11. Ouvrages et articles généraux

Arminjon (Pierre)

- Précis de droit international privé, Paris, Dalloz, 3e éd., t.1, 1947.

Audier (Gilbert)

- Le conflit colonial de juridictions, Paris, Domat, 1941.

Balandier (G)

- L'Afrique ambigüe : Afrique centrale, Paris Plon, 1957.

Barrière (Louis Augustin)

- Le statut personnel des musulmans d'Algérie de 1834 à 1962, thèse, droit, Univ. Lyon 3, 1990.

Benot (Yves)

- La révolution française et la fin des colonies : essai, Paris, La Découverte. 1989

Bernard (Noél)
- De l'Empire colonial à l'Union française, Paris, Flammarion, 1951.
Biarnes (Pierre) - Les Français en Afrique noire, de Richelieu à Mitterrand : 350 ans de présence française au sud Sahara, Paris, Colin, 1987.
Blardone (Bilbert)
- Initiation aux problèmes d'outre-mer. Colonisation, décolonisation, sous-développement, Lyon, Ed. de la Chronique sociale de France, 1959.
Blardone (Gilbert)
- Initiation aux problèmes d'outre-mer. Colonisation, décolonisation, sous-développement, Lyon, Ed. de la Chronique sociale de France, 1959.
Blet (Henri)
- Histoire de la colonisation française, Paris, Grenoble, B. Artaud, 1946, 3 vol.
Boussenot (G)
- « L'Assemblée de l'Union française ; son rôle, l'élargissement de ses pouvoirs », in Revue politique et parlementaire, janvier 1953, p.29. - Le partage de l'Afrique noire, Paris, Flammarion, 1971.
- Mythes et réalités de l'impérialisme colonial français 1871-1914, Paris, A. Colin, 1960.
- La colonisation française, Paris, Calmann-Lévy, 1949.
- L'Avènement de l'Afrique noire du XIXe siècle à nos jours, Paris, A. Colin, 1960.
Casanova (Arrighi de)
- « Le droit d'initiative de l'U.F. », in R.J.U.F., 1948, 319.
Césaire (Aimé)
- Discours sur le colonialisme, Paris, Présence africaine, 1976.
Charles (Raymond)
- La justice en France, Paris, P.U.F., 1953.
Charlier (R.)
- « La mutabilité des statuts coloniaux dans la Constitution de 1946 », Penant, 1948, p. 41-51.
-« Comment on légifère pour les territoires d'Outre-mer », Penant, 1949, n°59, p. 91-114.
Charmeil (Pierre)
- Les gouverneurs généraux des colonies françaises ; leurs pouvoirs et leurs attributions, Paris, Sagot, 1922.
Collard (Paul)
- Impressions d'un colonial, Paris, Société d'éditions géographiques, maritimes et coloniales, 1925.
Coquery-Vidrovitch (C)
– L'Afrique occidentale au temps des français : colonisateurs et colonisés 1860-1960, (Sous la direction de) Paris, La Découverte, 1992.

- L'Afrique noire de 1800 à nos jours, Paris, PUF, 1974.
- Afrique noire : permanence et ruptures, Paris : Payot, 1985.
- Décolonisations et nouvelles dépendances : modèles et contre-modèles idéologiques et culturels dans le tiers-monde, Lille, Presses universitaires de Lille, 1986.
Culmann (Henri)
- L'Union française et son destin, Paris, Gallimard, 1962.
Deschamps (Hubert)
- *Les Méthodes et les doctrines coloniales de la France* du XIIe siècle à nos jours, (Ss. la dir.) Paris, A. Colin, 1953.
- Histoire générale de l'Afrique noire, Paris, PUF, 1971.
- *L'Union française, Histoire, Institutions, réalités,* Paris, Berger-Levrault, 1952.
Devèse (Michel)
- La France d'Outre-mer. De l'Empire colonial à l'Union française, Paris, Hachette, 1948.
Dupeyron (Henri)
- *Les juges uniques et la réforme judiciaire,* thèse, droit, 1926-1927.
Eliesco (M.)
- Essai sur les conflits de lois dans l'espace sans conflit de souveraineté (un conflit d'annexion) thèse, droit, Paris, 1927.
Ellul (Jacques)
- *Histoires des institutions,* Paris, P.U.F., Thémis, 1988.
Fieldhouse (David K.)
– *Les Empires coloniaux à partir du XVIIe* siècle, Paris-Montréal, Bordas, 1973.
Gonidec (P.F.)
- *Les assemblées locales des territoires d'Outre-mer*, Paris, L.G.D.J., 1953.
- Droit d'Outre-mer, Paris, Ed. Montchrestien, (1959-1960).
- T1 : De l'empire colonial de la France à la communauté
- T2 : Les rapports actuels de la France métropolitaine et des pays d'outre-mer.
Grimal (Henri)
-Histoire du Commonwealth britannique, Paris, P.U.F., 1962.
Guehenno (Jean)
- La France et les Noirs, Paris, Gallimard, 1954.
-anotaux (Gabriel),
- Histoire des colonies françaises et de l'expansion de la France dans le monde Paris, Plon, 1929-1933, 6 vol.
Hardy (Georges)
- L'Enseignement aux indigènes dans les possessions françaises d'Afrique, Bruxelles, Institut colonial international, 1931.

- Histoire sociale de la colonisation française, P aris, Larose, 1953.
- Le Problème religieux dans l'Empire français, Paris, PUF, 1940.
Hô Chi Minh
- *Action et révolution, 1920-1967,* Paris, Union générale d'éditions, 1968.
Ki-Zerbo (Joseph)- Histoire de l'Afrique noire, Paris, Hatier, 1952.
Lampué (Pierre)
- L'Union française d'après la Constitution, Paris, L.G.D.J., 1946.
Laroui (Abdallah)
-*L'Histoire du Maghreb,* un essai de synthèse, Paris, Maspero, 1970.
Lombard (Jacques) -*Autorités traditionnelles et pouvoirs européens en Afrique noire,* Paris, Presses de la fondation nationale des sciences politiques, 1967.
Marseille (Jacques)
- *Empire colonial et capitalisme français. Histoire d'un divorce,* Paris, Albin Michel, 1984.
Mbokolo (Elikia)
- L'Afrique au XXe siècle, le continent convoité, Paris, Seuil, 1985.
- Afrique noire, Histoire et civilisation, Paris, Hatier, 1992.
Mus (Paul)
- Le destin de l'Union française. De l'Indochine à l'Afrique, Paris, Seuil, 1954.
Nguyen (Ai Quoc)
-« La question du statut de l'Etat associé d'après la Constitution », R.J.P.U.F. 1951, 466.
-Traité de droit international privé français, Paris, Sirey, 1948.
Perrot (Roger)
- Institutions judiciaires, Paris, Montchrestien, 1986.
Rassat (Michèle Laure) - Institutions judiciaires, Paris, P.U.F. 1993.
Senghor (L.S.)
-« Les Négro-Africains et l'Union française ». in Revue politique et parlementaire, juin 1947. p. 205
Suret-Canale (Jean)
- Afrique noire, 2e vol., L'Ere coloniale, Paris Editions sociales, 1964.
Tempels (R.P.)
- La philosophie bantoue, Paris, Présence africaine, 1949.

12. Ouvrages et articles spéciaux

Adouki (M.).
- L'évolution constitutionnelle du Congo, thèse, Paris I, 1975.
Amboulou (H.D).

- Le notariat Congolais de 1960 à nos jours, les éditions Hémar 2205.
Amboulou (H.D).
- L'administration du territoire et les collectivités locales en République du Congo, Les éditions Hémar, L'Harmattan 2005.
Amboulou (H.D).
- Les Libéralités et les successions en droit congolais, L'Harmattan 2010.
Amboulou (H.D).
- Le droit des collectivités locales au Congo, L'Harmattan 2010.
Amboulou (H.D).
- Le divorce et la séparation de corps en droit congolais, L'Harmattan 2011 -12-05.
Amboulou (H.D).
- Le notaire et le service public, L'Harmattan 2007.
Amboulou (H.D).
- Traité congolais de droit pénal et de procédure pénale, L'Harmattan.
Amboulou (H.D).
- Traité congolais de procédure civile, commerciale, administrative, financière et des voies d'exécution, L'Harmattan.
Amboulou (H.D).
- Pratique et déontologie notariales en droit positif, L'Harmattan.
Amboulou (H.D).
- Théorie générale des atteintes licites aux droits de la personnalité. Les éditions Hémar.
Amboulou (H.D).
- La légalisation et l'authentification des actes, les éditions Hémar 2007.
Antchouin Mongo (J.).
-La genèse du régime politique et constitutionnel de la République du Congo depuis la fin de l'ère coloniale, thèse, Paris II, 1972.
Assemekang (C.)
- Le Parlement congolais dans la Constitution du 24 juin 1973, Penant, 1976, n°753, pp. 330-335.
Baniafouna (Calixte).
- *Congo-démocratie : les déboires de l'apprentissage,* Paris, L'Harmattan, 1995, vol. 1.
Boutet (Rémy).
-*Les trois glorieuses ou la chute de Fulbert Youlou,* Dakar, Chaka, 1990.
Bousquet-Dénis (Jean).
- Les institutions judiciaires congolaises, Penant, 1979, n°766, p.417.
Breton (Jean-marie).
-Le contentieux administratif et la réorganisation de la justice en R.P.C., *R.J.P.IC.*, 1983, n°4, 763, 794.

-Recueil commenté de la jurisprudence administrative de la R.P.C. 1962-1984 (Brazzaville, I.N.S.S.E.J.A.G), 1987.

-Les bases formelles de l'ordonnancement juridique congolais : évolution et réformes, R.J.P.I.C., 1984, n°3, pp. 743-755.

Fanon (Frantz).

-*Pour la révolution africaine : écrits politiques*, Paris, F. Maspero, 1969.

Gabou (Alexis)

-L'administration centrale congolaise, thèse, droit, Nantes, 1973.

Gabou (Alexis).

-Le juge contrôleur de la légalité administrative au Congo, R.J.P.I.C., 1983, n°, 4, pp. 699-705.

Iloki (Auguste)

- Justice au Congo : pouvoir ou service public ? Penant, 1988, pp. 113-142.

Iloki (Auguste).

- Le recours pour excès de pouvoir au Congo, L'Harmattan.

Iloki (Auguste).

- Une juridiction d'exception en R.P.C, La Cour révolutionnaire de justice, Penant, juillet-décembre 1985, n°788-89 pp. 251-261 Lavroff (Dimitri) - Les systèmes constitutionnels en Afrique noire. Les Etats francophones, Paris, Pedone, 1976.

Lusignan (Guy de).

-*L'Afrique noire depuis l'indépendance. L'évolution des Etats francophones,* Paris, Fayard, 1970.

Mabounda (Marcel).

-*Le parti unique au Congo, thèse,* droit, Amiens, 1980.

Mafoua Makaya (Julien).

-L'évolution des institutions congolaises depuis l'indépendance : apparences et réalités, thèse, droit, Lyon 3, 1993.

Makoundzi-Wolo (N.) et Mayetela (N.).

-L'expérience des « pouvoirs populaires » en R.P.C., A.T.M., Paris, 1984, vol. VIII, 137, 1973.

Mamimoue (J.L.)

- *Le Congo-Brazzaville. Son évolution politique et administrative,* thèse, droit, Paris II, 1973.

Montsagna (Jean-Marie).

- L'interventionnisme économique au Congo : le socialisme congolais et la mise en valeur du pays, thèse, sciences politiques, Lyon 3,1994.

Moussoki (D.).

-*Du juridisme constitutionnel au Congo,* thèse, droit, Paris II, 1983.

Ngono (Emmanuel)

-*Finances publiques du Congo*, thèse, droit, Paris II, 1989.

Ngoundos Idourah (S).
- Justice et pouvoirs au Congo-Brazzaville (1958-1992), La confusion des rôles, L'Harmattan, 2002.
Pereira 'Claude)
- Evolution constitutionnelle et politique du Congo : de la communauté française à la République du Congo, Penant, 1984, n°784, pp.167-192.
Woungly Massaga
- *La révolution au Congo. Contributions à l'étude des problèmes politiques* d'Afrique centrale, Paris, Maspero, 1974.

TABLES DES MATIERES

Le Congo-Brazzaville
aux éditions L'Harmattan

COMPORTEMENTS (LES) ANTI-SOCIAUX DANS LE SYSTÈMES JURIDIQUE TRADITIONNEL CONGOLAIS
Ognimba Amédée
Avant l'époque coloniale, le Congo-Brazzaville actuel était constitué par des royaumes et chefferies. Ils possédaient des institutions judiciaires propres, et le droit de la répression qui s'y appliquait ne s'exerçait que sur les comportements anti-sociaux reconnus comme répréhensibles. Mais il y avait des actes anti-sociaux tolérés donc impunis. Voici d'abord une analyse exhaustive de ces comportements anti-sociaux, ce qui les caractérisait et les modes de répression.
(Coll. Pensée Africaine, 21.00 euros, 204 p.) *ISBN : 978-2-296-96995-7*

MVOUMVOU
Ensemble levons-nous et bâtissons !
Makosso Anatole Collinet
Natif de Mvoumvou au Congo, l'auteur y a passé une bonne partie de son enfance et est lié à cette commune. Mais Mvoumvou semble aujourd'hui à l'écart du mouvement de reconstruction amorcé partout dans le pays. Il est temps de rebâtir cette commune, d'en faire une sorte de nouvelle Jérusalem, d'y entreprendre d'importantes réformes devant lui permettre de retrouver son identité et sa place au coeur du Kouilou.
(Coll. Harmattan Congo, 12.00 euros, 90 p.) *ISBN : 978-2-296-96854-7*

CHINE (LA) AU CONGO-BRAZZAVILLE
Stratégie de l'enracinement et conséquences sur le développement en Afrique
Bokilo Julien
La Chine a besoin des matières premières dont dispose l'Afrique, ce qui semble justifier la stratégie d'enracinement chinoise au Congo. Cette étude montre les constances de cet échange, comment la Chine maintient les Africains dans une dépendance grâce aux ancrages idéologique, monétaire et humanitaire, comment elle mène une gestion ethnocentrique en Afrique. Voici une réflexion sur l'échange asymétrique et sa dynamique dans le jeu de coopération économique entre les pays riches et les pays pauvres.
(Coll. Etudes africaines, 32.00 euros, 314 p.) *ISBN : 978-2-296-96498-3*

LANGUE (LA) DE LA POLITIQUE AU CONGO-BRAZZAVILLE
Contexte sociopolitique et comportements langagiers
Mfoutou Jean-Alexis
Cet ouvrage met en évidence le rôle des événements et des pratiques politiques dans la conduite langagière des sujets parlants qu'il présente comme une réponse à un *stimulus*. L'auteur montre le nouveau rôle du français (langue refuge) et la manière dont cette langue est parlée dans le Congo-Brazzaville contemporain en proie à des conflits politiques et ethniques.
(Coll. Etudes africaines, 24.00 euros, 238 p.) *ISBN : 978-2-296-96937-7*

L'HARMATTAN, ITALIA
Via Degli Artisti 15; 10124 Torino

L'HARMATTAN HONGRIE
Könyvesbolt ; Kossuth L. u. 14-16
1053 Budapest

ESPACE L'HARMATTAN KINSHASA
Faculté des Sciences sociales,
politiques et administratives
BP243, KIN XI
Université de Kinshasa

L'HARMATTAN CONGO
67, av. E. P. Lumumba
Bât. – Congo Pharmacie (Bib. Nat.)
BP2874 Brazzaville
harmattan.congo@yahoo.fr

L'HARMATTAN GUINÉE
Almamya Rue KA 028, en face du restaurant Le Cèdre
OKB agency BP 3470 Conakry
(00224) 60 20 85 08
harmattanguinee@yahoo.fr

L'HARMATTAN CAMEROUN
BP 11486
Face à la SNI, immeuble Don Bosco
Yaoundé
(00237) 99 76 61 66
harmattancam@yahoo.fr

L'HARMATTAN CÔTE D'IVOIRE
Résidence Karl / cité des arts
Abidjan-Cocody 03 BP 1588 Abidjan 03
(00225) 05 77 87 31
etien_nda@yahoo.fr

L'HARMATTAN MAURITANIE
Espace El Kettab du livre francophone
N° 472 avenue du Palais des Congrès
BP 316 Nouakchott
(00222) 63 25 980

L'HARMATTAN SÉNÉGAL
« Villa Rose », rue de Diourbel X G, Point E
BP 45034 Dakar FANN
(00221) 33 825 98 58 / 77 242 25 08
senharmattan@gmail.com

L'HARMATTAN TOGO
1771, Bd du 13 janvier
BP 414 Lomé
Tél : 00 228 2201792
gerry@taama.net

Achevé d'imprimer par Corlet Numérique - 14110 Condé-sur-Noireau
N° d'Imprimeur : 90339 - Dépôt légal : août 2012 - *Imprimé en France*

www.ingramcontent.com/pod-product-compliance
Lightning Source LLC
LaVergne TN
LVHW011303061026
849535LV00005B/1385